Graf-Götz / Glatz · Organisation gestalten

Konzept und Beratung der Reihe Beltz Weiterbildung:

Prof. Dr. *Karlheinz A. Geißler*, Schlechinger Weg 13, D-81669 München.
Prof. Dr. *Bernd Weidenmann*, Weidmoosweg 5, D-83626 Valley.

Friedrich Graf-Götz / Hans Glatz

Organisation gestalten

Neue Wege und Konzepte für Organisationsentwicklung und Selbstmanagement

4. Auflage

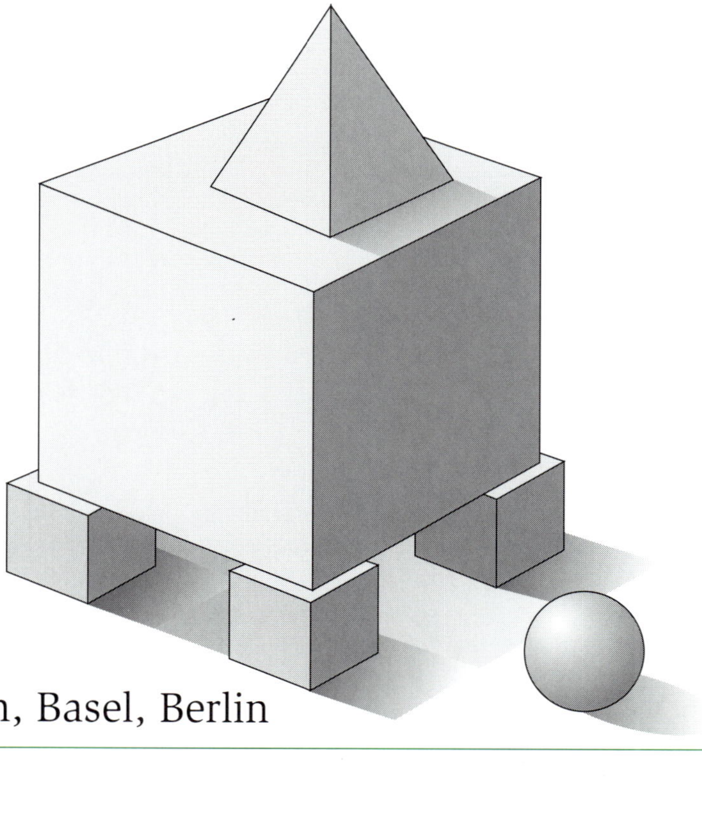

Beltz Verlag · Weinheim, Basel, Berlin

Über die Autoren:

Friedrich Graf-Götz, Jg. 1947, Pädagoge und Soziologe, ist als Mitarbeiter einer politischen Akademie in Österreich zuständig für Personal- und Organisationsentwicklung. Seit über 15 Jahren ist er zudem freiberuflicher Trainer, Berater und Supervisor.

Hans Glatz, Jg. 1951. Berufsweg: Lehre, anschließend in der betrieblichen Weiterbildung tätig. Nach dem Studium der Sozial- und Wirtschaftswissenschaften Lehr- und Forschungstätigkeit am Institut für Höhere Studien in Wien. Seit 1990 Organisations- und Unternehmensberater. Er ist Gesellschafter und Geschäftsführer der TRIGON Entwicklungsberatung Unternehmensberatung GmbH in Wien.

3., aktualisierte Auflage 2001
4., neu ausgestattete Auflage 2003

Lektorat: Ingeborg Sachsenmeier

www.beltz.de
Herstellung: Klaus Kaltenberg
Satz: Satz- und Reprotechnik GmbH, Hemsbach
Druck: Druckhaus Beltz, Hemsbach
Umschlaggestaltung: glas ag, Seeheim-Jugenheim
Umschlagabbildung: zefa visual media gmbh, Düsseldorf
Printed in Germany

ISBN 3-407-36414-8

Inhaltsverzeichnis

Einleitung

Warum eine Beschäftigung mit Organisieren und Managen?

Organisationen beeinflussen die Menschen

Organisationen üben auf die in ihnen tätigen Menschen einen starken Einfluss aus. Wir merken das nicht nur an den momentanen Stimmungen wie Arbeitslust und -frust oder an den Stressgefühlen, die Arbeitsanforderungen auslösen können, sondern auch an tief greifenden Verhaltensänderungen, die wir durch die Ausübung einer bestimmten beruflichen Tätigkeit erfahren können. Darauf Bezug nehmende Äußerungen sind zum Beispiel: »Pingelig wie ein Buchhalter!«, »Hektisch wie ein Manager!«.

Wie bedeutend der Einfluss von Organisationen ist, lässt sich auch daraus ableiten, dass sich die persönliche Identität und das Selbstwertgefühl moderner Menschen immer mehr aus ihrem Beruf und ihren Arbeitserfahrungen herleiten. Die persönliche Wahrnehmung dieses Einflusses macht sich vor allem an Personen fest (»Der Chef war heute wieder einmal unausstehbar«), während das Wissen um die dahinter steckenden Strukturen vergleichsweise gering ist. Ein Grund also, sich mit Organisation stärker zu beschäftigen – aber nicht der einzige.

Denn feststellbar ist des Weiteren, dass Organisationen stark aus der Rolle des Opfers wahrgenommen werden. Die neben allen Schwierigkeiten vorhandenen Chancen, sich in Organisationen beruflich zu behaupten und sein »Selbst« zu verwirklichen, werden dagegen selten wahrgenommen.

Demgegenüber ist jedoch festzustellen, dass der Einfluss von Mitarbeitern auf moderne Organisationen immer größer wird. Das ist vor allem in exponierten Wirtschaftsorganisationen festzustellen, wo in immer größerem Ausmaß Aufgaben an autonom und eigenverantwortlich operierende Einzelpersonen oder Gruppen übertragen werden.

Diese Entwicklung schreitet fort, weil das jeweilige Umfeld der verschiedenen Organisationen rasanten Veränderungen unterworfen ist, die sowohl für zentrale Instanzen als auch Expertenzirkel immer schwerer kalkulierbar werden. Wer hat zum Beispiel ein so weit reichendes Ereignis wie das Datum der Maueröffnung tatsächlich voraussagen und planerisch vorwegnehmen können? Umgekehrt ist auch nicht immer vorhersehbar, welche Auswirkungen eigene Aktivitäten auf die Umwelt haben. Beispielsweise erleben Parteien trotz hoher Investitionen in Wahlkampfaktivitäten an Wahltagen immer mehr Überraschungen.

Organisationen und Umwelt

Zur Charakterisierung der schwierigen Umweltbeziehung von Organisationen ist der Begriff Turbulenz in Mode gekommen. »Turbulenz ist ein Begriff für Rückkoppelungen, denen man nicht mehr ansieht, wo sie herkommen« (Baecker 1994, S. 22). Die Unkalkulierbarkeit der Umwelt und die Unvorhersehbarkeit zukünftiger Entwicklungen hat der Idee der Machbarkeit, die der Organisation traditionell anhaftet, jähe Grenzen gesetzt und fordert eine völlige Umorientierung. Hinzu kommt, dass zentral gelenkte, streng hierarchisch gegliederte, an verordneten Zielen und Werten festhaltende Organisationen mit ihrer Umwelt nicht ausreichend in Kontakt kommen, um auf veränderte Anforderungen schnell und flexibel genug zu reagieren.

Organisationsintern wird auf neue Herausforderungen jeweils mit der Herausbildung neuer Qualifikationen und differenzierterer Strukturen reagiert. In dieser Dynamik befangen, erreichen Organisationen eine Komplexität, vor der herkömmliche Organisationsmodelle mit ihren stabilen, auf Dauer ausgelegten Strukturen und ihren langfristigen Planungshorizonten versagen müssen.

Flexibilität ist wichtig

Wichtig wird die Entwicklung der Fähigkeit, mit überraschenden Veränderungen umgehen zu können. Das erfordert nicht nur entsprechend flexible Organisationsmodelle, die sich veränderten Aufgabenstellungen schnell und ohne größere Reibungsverluste anpassen, sondern auch selbstständige und eigenverantwortliche Mitarbeiter. Das »Selbstveränderungspotenzial« wird als ein entscheidender Wettbewerbsvorteil von Organisationen angesehen.

Entgegen aller Unkalkulierbarkeit dessen, was im Bereich unserer Organisationen und ihres Umfelds heute geschieht und geschehen sollte, ist mit einiger Sicherheit voraussagbar, dass eine positive emotionale Grundeinstellung zum Thema Organisation sowie Kenntnisse und Fähigkeiten des Organisierens in Zukunft einen hohen Stellenwert haben werden.

Die Familie – ein dominantes Organisationsmodell

Von Mitarbeitern wird immer mehr erwartet, dass sie ein Organisationsdenken entwickeln, das sie mit den neuen Gegebenheiten zurechtkommen lässt. Diese neue Anforderung bietet dem einzelnen Organisationsmitglied die Chance, an der organisatorischen Ausgestaltung der eigenen Arbeitszusammenhänge mitzuwirken und die persönliche berufliche Entwicklung an eigenen Bedürfnissen und Fähigkeiten zu orientieren.

Ein souveräner Umgang mit organisatorischen Zusammenhängen fällt uns jedoch schwer. Wie K. Buchinger meint, ist unser Organisationsdenken noch allzu sehr am Familienmodell orientiert. Er sieht drei Gründe für unsere Schwierigkeit, in Strukturen der Organisation zu denken:

1. Organisationen sind menschheitsgeschichtlich spät aufgetretene soziale Entwicklungen. Unser sozial-emotionales Erbgut stammt aus Erfahrungen in Kleingruppen.
2. Organisationsphänomene sind nicht unmittelbar wahrnehmbar. Wir erleben Arbeitssituationen positiv oder negativ. Sichtbar ist das Agieren von Personen oder das Funktionieren von Maschinen, aber die dahinter stehenden organisatorischen Einflüsse sind schwer zu erkennen. Bei der Frage nach den Gründen neigen wir zur Personalisierung.
3. Die Organisation und ihr Einfluss auf die in ihr wirkenden Menschen sind wenig erforscht. Wir haben daher auch vonseiten der Theorie wenig Anhaltspunkte, um die Organisation als eigenständiges soziales Gebilde zu erkennen.

So kommt es, dass sich Beschäftigte, besonders aber die Neulinge in der Arbeitswelt, in Organisationen bewegen wie in den vertrauten Kleingruppen. »Sie hoffen, in der Organisation eine bessere Familie zu finden, bemühen sich, gute Söhne und Töchter zu sein und dafür liebevolle Zuwendung zu erhalten« (Buchinger 1991, S. 179). Es fällt schwer, zu akzeptieren, dass, im Gegensatz zur Familie, Personen in Unternehmen ersetzbar sind, die Funktion hingegen nicht. Arbeitsplätze werden in der Regel schnell wieder neu besetzt, wenn eine Person mit der erforderlichen beruflichen Qualifikation gefunden wird.

Es fällt auch schwer, die menschlichen Beziehungen am Arbeitsplatz der Sachaufgabe unterzuordnen. Denn persönliche Tugenden wie Freundlichkeit, Liebenswürdigkeit, Hilfsbereitschaft etc., die wir im privaten Umgang mit Personen schätzen, sind im Unternehmen nebenrangig. Wichtig ist, dass dem Anforderungsprofil der Stelle entsprochen wird. Bei dieser Art von zweckbezogenem Kontakt fühlen sich viele Arbeitnehmer unwohl. Auch Vorgesetzte wünschen sich, dass ihre Mitarbeiter von alleine arbeiten, und Weisungsrechte, Kontrolle oder Kritik erst gar nicht eingesetzt werden müssen. Entsprechen die Mitarbeiter dem nicht, sind sie persönlich enttäuscht.

Es gibt noch viele andere Beispiele, die deutlich machen, dass familiäre Systeme und Organisationen oft miteinander verwechselt werden. Unternehmen tun selbst einiges dazu, die Unterschiede zu verwischen, indem sie sich etwa als große Familie präsentieren, den Chef als treu sorgenden Vater, das neue Produkt als jüngstes Kind usw.

Die Suggestion der Familie fördert beim einzelnen Organisationsmitglied neben dem Gefühl der Vertrautheit auch eine größere Bereitschaft, sich analog dem Kind ein- bzw. unterzuordnen. Das für eine Selbstorganisation erforderliche Erwachsenen-Ich hingegen bleibt unentwickelt.

Skeptische Distanz gegenüber Organisationen

Ergänzend ist Buchingers Erklärungsmodell hinzuzufügen, dass die skeptische Distanz, die wir Organisationen gegenüber haben, zu einem guten Teil auch auf schlechte Erfahrungen zurückzuführen ist. Es gab in der Menschheitsgeschichte ausreichend Gelegenheiten, Organisationen als Orte kennen zu lernen, von denen Gewalt und Unterdrückung ausging. Auch heute kann jeder Bürger immer wieder einmal erleben, dass die Rechte und Bedürfnisse des Einzelnen in Organisationen nicht optimal aufgehoben sind. Das gilt nicht nur für den Arbeitsplatz, sondern beginnt in der Schule und geht bis hin zu den Steuerbehörden. Oft empfinden wir Organisationen als übermächtig und nicht sonderlich sympathisch. Kein Wunder also, wenn wir misstrauisch sind, bei Schwierigkeiten schnell in eine Abwehrhaltung geraten und die erforderliche Distanz zum näheren Verständnis von Organisationsphänomenen nicht aufbringen können.

Selbstverwirklichung am Arbeitsplatz

Bei allen Vorbehalten, die wir Organisationen entgegenbringen, müssen wir jedoch feststellen, dass eine zunehmende Aufweichung der starren, uns so feindlich erscheinenden Strukturen zu beobachten ist. Denn Organisationen traditionellen Typs kommen in der Regel mit der modernen Entwicklungsdynamik, der Komplexität der Umwelt sowie den eigenen Strukturen nicht mehr zurecht.

Für Wirtschaftsorganisationen ist es mittlerweile zu einer Frage des Überlebens geworden, den traditionellen Anspruch auf zentrale Lenkung aufzugeben und Kompetenzen sukzessive an dezentrale, autonome Einheiten abzugeben. Diesen Einheiten wird vielfach Produktverantwortung oder gar ein eigenes Geschäftsfeld inklusive der zugehörigen zentralen Funktionen wie Verwaltung, Planung und Personal übertragen. Ohne Rücksicht auf lange Entscheidungsprozesse bewegen sie sich auf ihrem Markt äußerst selbstständig und entwickeln sogar zur Muttergesellschaft Kunden- und Lieferantenbeziehungen. All diese Veränderungen schreien nach dem eigenverantwortlichen Mitarbeiter, der nicht nur seine Arbeitskraft, sondern sämtliche Ideen, Gefühle und Kritik einbringt, nicht nur Forderungen erfüllt, sondern auch die Organisation mit angemessener Respektlosigkeit fordert. »Die Forderungen der 60er-Jahre nach Selbstverwirklichung am Arbeitsplatz wurden zur Zumutung der 80er-Jahre nach Einbringung des Selbst auch bei der kleinsten Arbeit. Nicht mehr den Helden der Arbeit und nicht mehr den Funktionär des Gegebenen sucht die revolutionierte Organisation, sondern den Menschen mit Kopf und Herz.« (Baecker 1995, S. 221)

Eine Voraussetzung dafür, dass die Entwicklung unserer Arbeitswelt in der erforderlichen Ganzheitlichkeit (Ulrich/Probst 1991) stattfinden kann und nicht nur ökonomischen Sachzwängen ausgeliefert bleibt, sind Organisationsbewusstheit (Buchinger 1991) sowie ausreichende Kenntnisse des Organisierens und Managens.

Organisieren und Managen

Das vorliegende Buch soll die Beschäftigung mit dem Organisieren und Managen unterstützen. Es wendet sich an Leser, die in ihrer professionellen Arbeit in oder mit Organisationen zu tun haben: Bildungs- und Organisationsverantwortliche in Betrieben, Manager, Erwachsenenbildner, Trainer, Berater, Lehrer, Beschäftige in Organisationen oder von Organisationsarbeit Betroffene. Das Thema »Organisieren und Managen« wird darin auf drei Ebenen behandelt.

Wesen und Merkmale von Organisationen

Im **ersten Kapitel**, »Organisation: ein Ort zweckorientierter Zusammenarbeit von Menschen«, wird auf das Wesen und die Merkmale von Organisation eingegangen, indem Beispiele, Begriffsklärungen, eine kurze Geschichte der Organisation sowie verschiedene Erklärungsmodelle vorgestellt werden. Ziel der Ausführungen ist, Verständnis für das soziale Gebilde der Organisation herzustellen und Wege zur Veränderung aufzuzeigen. Fragen geben dem Leser Gelegenheit, ihm bekannte Organisationsbereiche aus verschiedenen Perspektiven zu betrachten und dabei neue Erkenntnisse zu gewinnen. Zusätzlich werden diverse gängige Organisationsinstrumente vorgestellt, die aktuelle Anforderungen und Aufgaben sowie Wege zur Lösung und Veränderung in konkreten Organisationsbereichen sichtbar machen können.

Organisieren auf der Managementebene

Im **zweiten Kapitel**, »Organisationsgestaltung als Managementaufgabe«, wird die Aufgabe des Organisierens auf der Managementebene untersucht. Nach einer Einführung mittels Beispielen und theoretischen Abhandlungen zu Begriff und Geschichte des Managements werden aktuelle Managementaufgaben und -techniken vorgestellt. Verschiedene Selbstchecks geben Gelegenheit, das eigene Rollenverständnis und den eigenen Wirkungsbereich auf verschiedene zentrale Fragen hin zu untersuchen und Perspektiven für eine Weiterentwicklung zu erkennen.

Organisation als Selbstmanagement

Im **dritten Kapitel**, »Organisation als Selbstmanagement«, wird die zunehmend wichtige Dimension des Organisierens auf der individuellen Ebene des einzelnen Arbeitnehmers behandelt. Neben einführenden Texten zur Bedeutung der aktuellen Forderung nach Selbstmanagement werden verschiedene Anleitungen vorgestellt, die zu einer genaueren Bestimmung des eigenen Wollens und Könnens in der Organisation beitragen können.

Abgerundet werden diese Ausführungen durch die Vorstellung wichtiger Strategien beruflichen Selbstmanagements.

Zur besseren Anschaulichkeit wird der Text durch zahlreiche Beispiele, Grafiken und Karikaturen illustriert, die das Lesen leichter und – so hoffen wir – auch vergnüglicher machen werden.

Wir wollen die Gelegenheit dieser Einleitung auch dazu nutzen, all jenen zu danken, die am Zustandekommen dieses Buches einen wesentlichen Anteil haben. Allen voran Karlheinz A. Geißler, von dem die Anregung zu diesem Buch ausging und der die Arbeit mit vielen wertvollen Tipps und unerschütterlichem Optimismus begleitete.

Großen Dank schulden wir unseren Familien, die uns nicht nur ausreichend Raum für die Arbeit zubilligten, sondern mit vielen Worten der Aufmunterung unseren Durchhaltewillen aufrechterhielten.

Unser Dank geht auch an Frau Ingeborg Sachsenmeier vom Beltz Verlag, die unsere Arbeit mit freundlichen Worten und Geduld betreute, viele Verbesserungen anregte und für unsere zögernde Berücksichtigung der neuen deutschen Rechtschreibung großes Verständnis zeigte.

Organisation: ein Ort zweckorientierter Zusammenarbeit von Menschen

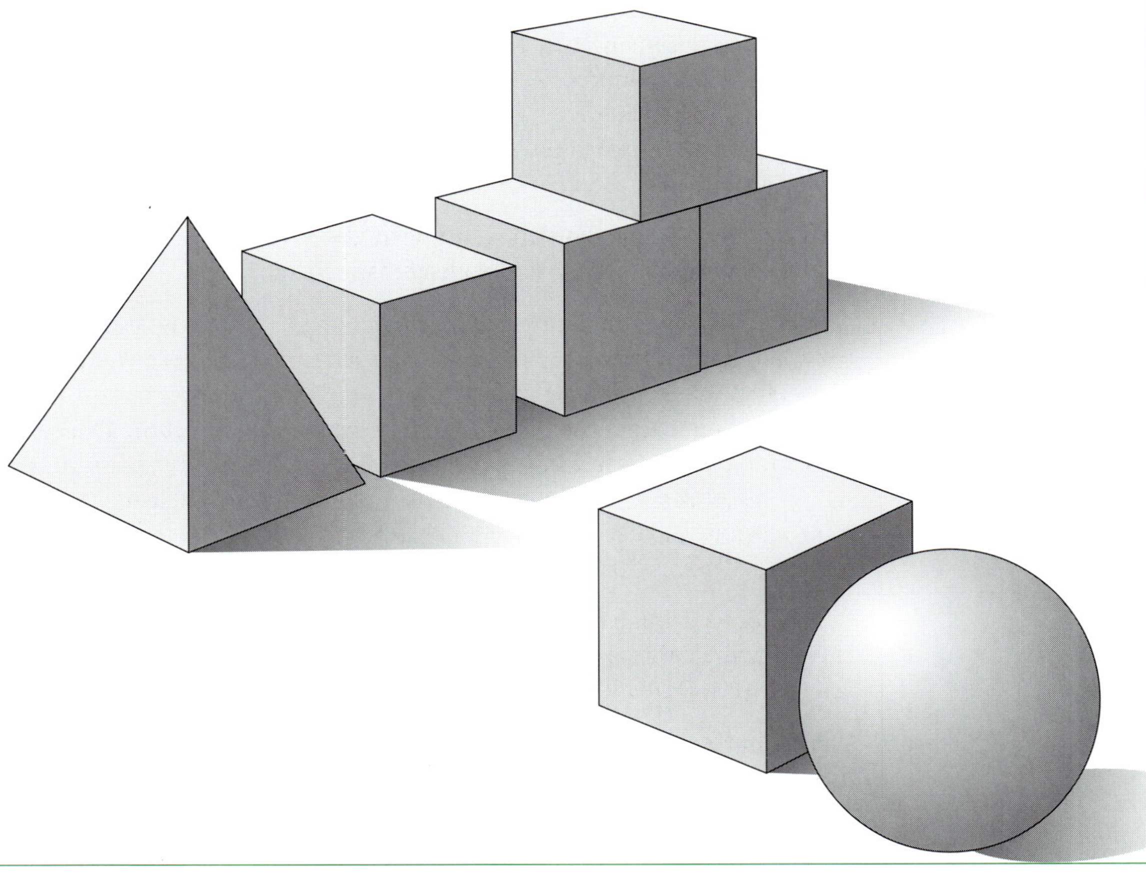

Drei Beispiele für das soziale Gebilde Organisation

Zum Einstieg in das Thema wollen wir Ihnen drei Beispiele für das soziale Gebilde Organisation und den Vorgang des Organisierens vorstellen.

1 Familie Mayer beschließt, einen Grillabend durchzuführen. Schnell werden die erforderlichen Abmachungen getroffen. Der Vater übernimmt es, seinen neuen Grillplatz vorzubereiten und das Feuer zu machen. Die Mutter besorgt den Einkauf, und die versammelten Kinder deponieren ihre Zusatz- und Sonderwünsche. Abgesehen davon, dass Herr Mayer die schlechte Qualität der Holzkohle kritisiert, die seine Frau eingekauft hat, sich auch kurz laut darüber ärgern muss, dass ihm sein Sohn ins Handwerk pfuscht, indem er unnötig viel Kohlen nachschüttet, verläuft der Abend in großer Harmonie und zur Zufriedenheit aller Beteiligten.

2 Eine örtliche Parteiorganisation beschließt nach einem eher schlechten Wahlausgang, eine Wochenendklausur durchzuführen, die die Aktualisierung des Arbeitsprogramms und konkrete Maßnahmen zur Umsetzung zum Ziele hat. Da sich die versammelten Mitarbeiter in der Einschätzung einiger grundlegender Fragen unsicher sind, beschließt man eine Umfrage unter der Bevölkerung zu starten, die einen genaueren Aufschluss über die Wünsche der Wähler erbringen soll. Parallel dazu möchte die Gruppe mit einem externen Moderator genauer herausarbeiten, was die politische Identität der Organisation ausmacht und welche Ressourcen für die politische Arbeit vorhanden sind.

3 Nach mehreren unzureichenden Bemühungen, die Lieferfristen zu senken, beschließt das Management einer Firma für Büromöbel eine umfassende Dezentralisierung. Den einzelnen Produktionsbereichen werden weitgehende organisatorische Kompetenzen zugesprochen. Obwohl im Gegensatz zu vorher die Bereiche eine Mitsprache bei der Festlegung der Termine erhalten, lassen sich die Lieferzeiten drastisch senken.

Eine erste Aufgabe

Unterstreichen Sie bitte die Textteile der Punkte 1 bis 3, denen Sie Hinweise auf Organisation und den Vorgang des Organisierens entnehmen.

Die erste Geschichte ist ein Beispiel für einen **typischen Organisationskonflikt**. Eine vorhandene Organisation, nämlich eine Familie, organisiert einen Grillabend. Die notwendigen Verabredungen werden schnell getroffen, sicherlich weil sie von bewährten vorhandenen Regelungen abgeleitet werden, die da heißen: Der Vater ist für das Feuer zuständig, die Mutter kauft ein, und die Kinder bekommen vorgesetzt. Die Zusatz- und Sonderwünsche der Kinder wollen wir als einen ersten, aber missverstandenen Protest einiger Organisationsmitglieder gegenüber dieser so selbstverständlichen und schnellen Arbeits- und Kompetenzaufteilung interpretieren. Wir lesen auch weiter, dass der Vater kritische Anmerkungen zur Qualität der Holzkohle macht, was wir damit erklären wollen, dass hier das Bedürfnis vorliegt, die eigene Kompetenz des Feuermachens gegenüber möglichen Übergriffen sorgsam abzugrenzen. Die versteckte Botschaft lautet: »Der Grillplatz ist mein Revier, ich verstehe eine Menge davon, mischt euch ja nicht ein.« Die Einmischung erfolgt später trotzdem, und zwar durch den Sohn, der nach Meinung des Vaters zu viel Kohlen nachfüllt. Wir sehen darin ein Signal, dass der Bub die Arbeit des Vaters gerne übernehmen und sich nicht ausschließlich mit der Rolle des Konsumenten bescheiden möchte. Der Vater wehrt diesen Eingriff ab, indem er die Inkompetenz seines Sohnes hervorhebt. Wir wollen glauben, dass der Grillabend der Familie letztlich doch einigermaßen harmonisch verläuft. Speziell der Vater ist jedoch gut beraten, bei der nächsten zu organisierenden Familienaktivität die »Ressourcen« seiner Organisation genauer zu überprüfen und die vorhandenen Strukturen zugunsten einer neuen, alle Familienmitglieder motivierenden Lösung zu verändern.

Das nächste Beispiel veranschaulicht Maßnahmen, die in einer Organisation getroffen werden, um eine **aktuelle Krisensituation** zu überwinden. Wie andere Organisationen müssen auch Parteien in Zeiten eines heiß umkämpften Wählermarktes die Wünsche ihrer »Kunden« genauer studieren. Gleichzeitig stehen sie vor der Notwendigkeit, das alte Konzept einer Allerweltspartei aufzugeben und sich darauf zu besinnen, was sie wirklich leisten und glaubhaft verkörpern können. Ihr Angebot muss letztlich angesichts der zahlreicher werdenden Konkurrenz vom Wähler identifiziert und angenommen werden können.

Das dritte Beispiel veranschaulicht eine **Organisationsveränderung**, die in einer Möbelfabrik aufgrund neuer Marktanforderungen nach Verkürzung von Lieferfristen eingeleitet wird. Typisch an dem Beispiel ist das Eingeständnis des Managements, dass die üblichen Methoden, nämlich die Anordnung von Maßnahmen, nicht zum Ziel führten. Die durchgeführte Dezentralisierung bedeutet eine Abgabe von Managementkompetenzen an den Ort, an dem die Verbesserung letztlich auch vollzogen werden soll. Eine Geschichte also, die für die aktuelle Entwicklung vieler Organisationen beispielhaft ist.

Wir wollen Ihnen nun eine weitere Aufgabe stellen, indem wir Ihnen einige gängige Bilder von Organisation vorstellen und Sie bitten, das Bild zu identifizieren, das Ihrer realen Organisationserfahrung entspricht, und die Darstellung zu suchen, die Ihre Idealvorstellung von Organisation wiedergibt.

Ihre persönlichen Bilder von Organisation – real/ideal

Bild	Meine reale Erfahrung	Meine Idealvorstellung
Zahnräder 		
Familie 		
Bergsteigergruppe 		
Gruppe von Pilzen 		
Theater 		
Militär 		
Kette 		
Baum 		
Beide Gehirnhälften 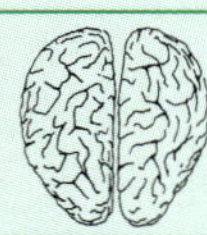		
Sonstiges		

Die Bilder, die wir in uns tragen, sind wie Landkarten, mit denen wir uns in der Wirklichkeit zurechtfinden. Sie sind der symbolische Ausdruck all unserer Annahmen, Werte, Einstellungen und Glaubenssysteme, die wir im Laufe unseres Lebens entwickelt haben. Unsere Bilder ermöglichen uns eine Orientierung in der uns umgebenden Wirklichkeit. Sie geben uns Anhaltspunkte für unsere Deutungen und leiten unser Handeln. Zunächst sind sie weder wahr noch falsch, aber dadurch, dass sie unser Wahrnehmen und Handeln anleiten, schaffen sie ihre eigene Wirklichkeiten. Sie wirken solcherart als sich selbst erfüllende Prophezeiungen. Von diesem Verständnis ausgehend, müssen wir auch unsere Organisationen als reale Entsprechungen unserer zu kollektiver Geltung gelangten Bilder ansehen. Sie sind Ergebnis von Einigungsprozessen darüber, was »wirklich« ist.

Dazu einige Beispiele:

Inneres Bild (Annahmen, Werte, Glaubenssätze)	**Organisatorische Entsprechung**
Menschen werden nur durch finanzielle Leistungsanreize motiviert.	Leistungslohn, Prämiensysteme, Mitarbeiteraktien, Incentives.
Die Menschen brauchen Sicherheit und klare Verhältnisse.	Stellenbeschreibungen, Standardisierung der Abläufe, geregelter Aufstieg, Pragmatisierung.
Die Menschen suchen in ihrer Arbeit Erfüllung und Selbstverwirklichung.	Delegation von Verantwortung, Projektorganisation, innerbetriebliche Stellenausschreibung, Assessment Center.

So hilfreich Bilder für die Orientierung in der uns umgebenden Wirklichkeit sein können, so fatal ist es, wenn wir sie mit der Wirklichkeit selbst verwechseln. So wie die Speisekarte nicht die Speise oder die Landkarte nicht die Landschaft ist, so sind auch unsere Bilder nicht die wahren und objektiven Entsprechungen der Wirklichkeit. Um jedoch eine umfassendere und reichere Erfahrung der Wirklichkeit zu bekommen, ist es ratsam, öfters den Standort zu wechseln und auch andere Wahrnehmungen kennen zu lernen, sodass die Wahl des eigenen Bildes nicht von der Gewohnheit, sondern vom Nutzen bestimmt ist, den Orientierung in der Welt allemal haben soll.

Wir wollen Ihnen nun in den nachfolgenden Ausführungen verschiedene Standorte und Perspektiven für Ihre Erfahrung mit Organisationen anbieten. Eine kurze theoretische Einführung lädt sie ein, die Perspektive des außen stehenden Beobachters zu übernehmen, die den Nutzen hat, einen allgemeinen Überblick zu erhalten, indem regelmäßig beobachtbare Zusammenhänge beschrieben und verschiedene hilfreiche Systematisierungen vorgestellt werden. In der weiteren Folge stellen wir Ihnen Grundsätze, Orientierungen und Rezepte vor, die der Perspektive von Organisationspraktikern, erfahrenen Managern und Beratern entstammen. Und darüber hinaus soll Ihnen das Buch Gelegenheit geben, über die Einführung neuer Standorte und Beobachtungsfelder ihre eigene Perspektiven zu erweitern, neue »Bilder« ihrer Organisationswirklichkeit zu erhalten und zu erfolgreichen Handlungsorientierungen zu kommen.

Übung

Versuchen Sie in den nachfolgenden Texten, Ihre »Bilder« wieder zu finden, suchen Sie nach Ihrer organisatorischen Ausdrucksform und überprüfen Sie, welchen Nutzen sie für die Zusammenarbeit von Menschen haben bzw. was sie auch verhindern können.

1. Zum Begriff der Organisation

Unter Organisation kann sowohl eine bestimmte Tätigkeit (»das Organisieren«) als auch ein bestimmtes soziales Gebilde verstanden werden. Ersteres ist Gegenstand der Managementtheorie. Letzteres ist Gegenstand der Organisationssoziologie, aus deren Forschungsbereich im Folgenden einige Daten wiedergegeben werden sollen.

Organisation im soziologischen Sinn meint eine Festlegung von Regelungen, wie Menschen, Informationen und Sachmittel zusammenwirken, um bestimmte Aufgaben zu erfüllen.

Der Begriff Organisation existiert im deutschen Sprachgebrauch seit dem 17./18. Jahrhundert. Er wird auf das französische »organisation« zurückgeführt. Das Stammwort ist das französische Wort »organe«, zu Deutsch »Organ, Werkzeug«. Der ursprünglichen Bedeutung nach ist Organisation ein Werkzeug zur Erreichung von Zielen.

Eine kleine Geschichte der Organisation und ihrer Theorie

Zur Entstehung der Organisation: Für den Menschen waren Oganisationen in seinem Kampf gegen äußere Gefahren, Hunger und Naturkatastrophen eine Notwendigkeit. Ihre Entstehung war die Folge von Zwang, der von Orten ausging, die aufgrund wichtiger Funktionen als Marktplatz, Kultstätte oder Fluchtburg zentrale Bedeutung erhielten.

Nach G. Schwarz (1995) waren in diesen frühen Organisationen folgende vier Regeln maßgeblich:

1. Die Zentralperson trifft bei wichtigen Problemen alleine die Entscheidungen für andere (Entscheidungsaxiom).
2. Die Zentralperson weiß alles und hat immer recht (Wahrheitsaxiom).
3. Die Zentralperson wird als Autorität anerkannt und vermittelt bei Konflikten (Weisheitsaxiom).
4. Die Zentralperson herrscht über die anderen (Dependenzaxiom).

In ihren Anfängen war Organisation also ein System der Über- und Unterordnung, das aufgrund seiner hohen existenziellen Bedeutung zur »heiligen

Ordnung« erklärt wurde. Dieser Umstand verhinderte lange Zeit die gedankliche Auseinandersetzung mit Organisationen und bewirkte eine Immunisierung gegenüber menschlichen Veränderungswünschen. Organisationsfragen, die aufgeworfen wurden, waren ausschließlich praktischer Art und beschränkten sich auf das Militär, die Kirche und den Staat.

Es ist auch kein Zufall, dass in den ersten klassischen Texten zur Entwicklung der Organisationsthematik die Aspekte von Macht und Herrschaft eine zentrale Rolle spielen (Büschges 1976).

Die Beschäftigung mit der spezifischen Problematik von Wirtschaftsorganisationen beginnt erst in der ersten Phase der industriellen Entwicklung (1840–1890). Im Vordergrund standen praktische Fragen, die sich dem Unternehmertum beim Aufbau und der Führung der aufkommenden Industriebetriebe stellten. Es ging darum, unerwünschtes Arbeitsverhalten auszuschließen, erwünschtes Arbeitsverhalten herbeizuführen und durch die Einführung genereller Regelungen zur Aufgabenverteilung, Informationsweitergabe und Hierarchisierung zu ordnen.

Organisationen werden beweglicher

Die rationale, technokratische und planbare Organisation stand lange Zeit im Vordergrund der Überlegungen. Erst in den letzten Jahrzehnten, seit die Märkte enger und die Konkurrenz härter geworden sind, schicken sich Organisationen an, die statischen Ordnungssysteme abzubauen, um beweglicher zu werden, damit sie mit den raschen Veränderungen ihres Umfeldes mithalten können. Die Entwicklung zeigt deutlich, dass eine zentrale Planung und Steuerung hoffnungslos überfordert ist. In der Organisation arbeitende Menschen sollen mitdenken und all ihr Können und ihre Kreativität zur Verfügung stellen. Damit zeichnet sich auf dem Gebiet der Organisation eine Entwicklung ab, die Norbert Elias als ein Merkmal des Zivilisationsprozesses überhaupt beschreibt: Fremdzwänge werden sukzessive zugunsten einer stärkeren Selbstkontrolle und Selbstverantwortung des Einzelnen aufgehoben (Elias 1997).

Eine wissenschaftliche Beschäftigung mit Organisation setzte erst um die Jahrhundertwende ein, wobei das Bild, das die Wissenschaft ursprünglich von Organisation entwarf, ein mechanisches war, das den Menschen auf ein Rädchen im Getriebe reduzierte und als Verlängerung der Maschine betrachtete. Frederic W. Taylor, der wichtigste Vertreter des neu geschaffenen »Scientific Managements«, konzentrierte sich auf die Arbeitsorganisation und legte mit seinen Schriften den Grundstein für stark spezialisierte, arbeitsteilige Produktionsverfahren, deren Ergebnis und Symbol das Fließband war.

Henry Fayol, der Begründer der **administrativen Schule**, hatte wie Max Weber die Organisation als Ganzes im Blick. Er betrachtete als Führungskraft eines größeren Betriebs die Organisationsprobleme von der Spitze aus und konzentrierte sich dabei auf eine genaue Beschreibung der administrativen Aufgaben, für die er eine Reihe von Prinzipien formulierte. Seine Arbeiten waren grundlegend für das heute noch sehr verbreitete Stab- und Liniensystem.

Max Weber gilt als Begründer der **bürokratischen Schule**. Vom Leitbild der Maschine ausgehend, beschrieb er technische Lösungen für die Neuorganisation der Verwaltung. Er meinte, mit Spezialisierung und Arbeitsteilung, Abgrenzung der Verantwortungsbereiche, Hierarchisierung, schriftlicher Aktenführung und verschiedenen anderen formalen Regelungen sei eine optimale Nutzung menschlicher Arbeitskraft möglich. Gleichzeitig entwarf Weber ein düsteres Zukunftsbild, da er annahm, dass den nach seinem Modell funktionierenden Verwaltungsapparaten eine große Machtstellung im Staat zukommen würde.

Etwa zur gleichen Zeit als Taylor seine wichtigsten Arbeiten verfasste, nahmen die ersten Arbeitssoziologen und -psychologen Studien über die Einflussfaktoren der Produktivität auf.

Der Mensch rückt in den Mittelpunkt

Einer der Ersten war Mayo, der im Laufe verschiedener Experimente zu der damals überraschenden Erkenntnis kam, dass »der Arbeiter ein menschliches Wesen ist und auch am Arbeitsplatz den Wunsch hat, als ein solches behandelt zu werden« (Bruzelius/Svensson 1976, S. 15). Seine Forschungen und die anderer Sozialwissenschaftler rückten den Menschen in den Mittelpunkt der Betrachtung und begründeten die so genannte **»Human Relation«-Schule**, die in weiterer Folge als Gegenbewegung zum Scientific Management und anderen technischen Ansätzen Bedeutung erlangte.

In der so genannten **soziotechnischen Schule** nach dem Zweiten Weltkrieg wurde versucht, die beiden Bewegungen zu integrieren und sowohl die soziale als auch die technische Seite der Organisation zu berücksichtigen. In der weiteren Entwicklung nahm das Interesse an Organisationsfragen enorm zu, und es entstand eine Fülle neuer Forschungsrichtungen und theoretischer Ansätze, die dem Thema Organisation immer weitere Aspekte zufügten.

Die **entscheidungstheoretische Schule** konzentrierte sich auf die Untersuchung des Entscheidungsvorgangs und leitete daraus Erkenntnisse für Organisationstrukturen, Führungsverhalten und andere wichtige Bereiche ab.

Kybernetische und systemtheoretische Ansätze betrachteten Organisationen als Netzwerk von Regelkreisen und leisteten wichtige praktische Beiträge zur Systemsteuerung.

Die systemisch-evolutionäre Organisationstheorie

Gegenwärtig nehmen die systemisch-evolutionären Theorien großen Einfluss auf die Organisationslehre. Sie integrieren eine Reihe von Forschungsergebnissen aus der neueren Biochemie und erkennen zwischen Organisationen und Organismen viele Parallelen (Maturana/Varela 1990).

Konflikte als Chance zur Entwicklung

Im Gegensatz zu älteren systemtheoretischen Annahmen, die davon ausgingen, dass Organisationen von ihrer Umwelt determiniert sind, erkennen Systemiker eine gewisse Autonomie. Danach sind Organisationen mit ihren Umwelten »strukturell verkoppelt« und folgen in stetiger Auseinandersetzung mit den Einflüssen von außen in einer Art Überlebensprinzip (»Autopoiese«) einer jeweils eigenen Systemlogik. Die Organisationen selbst bestehen wiederum aus einer Reihe von Subsystemen, die ebenfalls ihre jeweils eigenen Spielregel haben und nach typischen Interaktionsmustern miteinander in Beziehung treten. Das sich daraus ergebende Spannungsverhältnis wird weniger als Konfliktpotenzial, sondern als Chance für die Entwicklung des Gesamtsystems angesehen. Der systemische Ansatz hat durch Konzepte und praktische Interventionstechniken der Familientherapie eine wertvolle Ergänzung erhalten und in der Zunft der Organisationsberater große Verbreitung gefunden.

Ein wesentliches Verdienst der systemisch-evolutionären Theorie ist, überzeugend dargestellt zu haben, dass die nach wie vor stark verbreitete zweckrationale, mechanistische Sicht von Organisation eine unangemessene Trivialisierung darstellt. Dieses Verständnis geht Hand in Hand mit der Vorstellung, Führungspersonen wären wie Steuermänner oder Techniker und könnten sozialen Systemen mittels Knopfdruck, Anordnung oder Gesetzen eine gewünschte Ordnung geben.

Heinz von Foerster (1993) hat zur Demonstration der Begrenztheit des Maschinenmodells für das Organisationsdenken die Unterscheidung zwischen trivialen und nichttrivialen Maschinen vorgenommen.

Eine triviale Maschine ist dadurch charakterisiert, dass gleiche Inputs (x) stets zu gleichen Outputs (y) führen. Ein Getränkeautomat zum Beispiel wird auf höchst berechenbare Art und Weise auf den Einwurf einer Münze und auf Knopfdruck hin ein bestimmtes Getränk liefern.

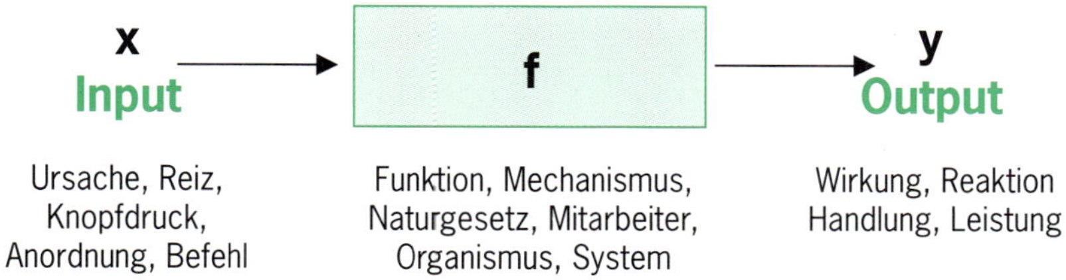

Bei nichttrivialen Maschinen hingegen – und Menschen oder soziale Systeme müssen als solche angesehen werden – darf nicht erwartet werden, dass auf einen bestimmten Input ein bestimmter Output erfolgt. Da bei nichttrivialen Maschinen keine bestimmte, im Voraus bekannte Funktion erwartet werden darf, sondern in Abhängigkeit von der Zeit (t_0), von einer Unzahl verschiedener innerer Zustände (Z) und nicht voraussehbaren Abläufen auszugehen ist, kann der Output (y) nicht berechenbar sein.

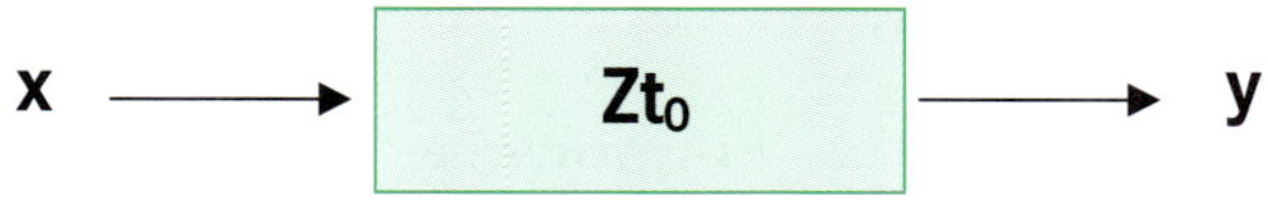

Wenn Sie also bei einer Nichttrivialmaschine x eingeben und als Output y erhalten, so gilt das nur für einen bestimmten Zeitpunkt (t_1). Zu einem späteren Zeitpunkt befindet sich das System in einem anderen Zustand und wird daher auf die identische Eingabe von x mit einer anderen Ausgabe reagieren. Schon eine geregelte Interaktion, wie sie zwischen Schachspielern stattfindet, lässt auf eine bestimmte Eröffnung x eine Vielzahl von Erwiderungen y zu. Um einiges komplexer ist bekanntlich die Interaktion von Mensch und Esel, zwischen Menschen und selbstverständlich das Leben in sozialen Systemen.

Nichttriviale Maschinen dürfen als wahrhaft autonom angesehen werden. Sie sind unberechenbar, weil sie nach eigenen Gesetzen agieren, haben aber den Vorteil, dass sie spontan und kreativ sein können. Systeme mit den Merkmalen nichttrivialer Maschinen kommen ohne Steuermann aus und sind zur **Selbstorganisation** fähig.

2. Organisation als soziales System

Wollen mehrere Personen ein gemeinsames Projekt realisieren, so benötigen sie Organisation. Das gilt für einen Grillabend genauso wie für die Durchführung einer Aktion, eines Projektes oder eines Kundenauftrages. Sind mehrere Aufgaben vorhanden und die Aufgaben längerfristig angelegt, so wird auch die Organisation komplexer entwickelt werden müssen. Die Organisation ist allerdings nicht Selbstzweck, sondern ein oft nötiges Mittel, um Ziele zu erreichen.

Sie verwenden die Begriffe »Organisation«, »organisieren« vermutlich öfter: Was meinen Sie eigentlich damit? Wie würden Sie die Begriffe einem, der noch nie davon gehört hat, erklären?

✎ Organisation:
Mittel, um ein Projekt, Vorhaben möglichst
erfolgreich zu planen und durchzuführen

organisieren:

Welche Bedeutungen hat nun Organisation? (Schauen Sie doch auch einmal in einem Lexikon nach.)

✎ strukturieren, vorausdenken, planen
Organisation: Zus. schluss v. Menschen
für einen best. Zweck

Zu Demonstrationszwecken führen wir an dieser Stelle eine erfundene Firma ein. Sie heißt SoftPower, wurde vor zehn Jahren gegründet und erstellt kaufmännische Spezialsoftware für Mittelbetriebe. Sie hat mittlerweile 50 Beschäftigte und zwei Geschäftsführer. Wir werden am Beispiel dieses Unternehmens immer wieder bestimmte Organisationsfragen demonstrieren.

Das Unternehmen ist eine Organisation

Die dort tätigen 50 Personen bilden die Organisation. Sie haben mehr oder weniger klar umschriebene Aufgaben und stehen in ganz bestimmten Beziehungen zueinander (etwa als Chef, Sekretärin, Verkäufer ...). Dadurch, dass sie auf ein gemeinsames Ziel ausgerichtet sind (»... wir machen die anwenderfreundlichste Software!«), können sie als Organisation mehr leisten als jeder für sich. Die Organisation hat gegenüber dem Einzelnen den Vorteil, dass sie komplexere Vorhaben bewältigen kann.

Das Unternehmen hat eine Organisationsform

Mit den Jahren ist bei SoftPower ein einmaliges Gebilde mit verschiedenen Elementen entstanden. Es gibt eine Linienorganisation mit Abteilungen und einer Geschäftsführung; es gibt ein Organigramm sowie Stellenbeschreibungen. Damit ist grob festgelegt, wer was macht (machen soll) und darf. Es gibt also eine bestimmte Ordnung.

Die konkrete Organisationsform eines Unternehmens ist abhängig von

- der Art des »Geschäfts« (Produktion, Dienstleistung, professionelle Leistung),
- der Größe (Familienbetrieb, Konzern),
- dem Alter (Pionier-, Differenzierungs-, Integrationsphase),
- den Wertvorstellungen der maßgeblichen Personen (beeinflusst z.B. den Grad der Mitbeteiligung).

Das Unternehmen wird organisiert

Mitarbeiter von SoftPower sagen: »... Organisation ist der ständige Kampf gegen die Unordnung ...« Management hat bei uns etwas mit »Manege« zu tun: Eine mehr oder weniger große Zahl von Individuen ist zum gemeinsamen, aufeinander abgestimmten Handeln zu bewegen. Organisationsleistungen werden auf mehreren Ebenen erbracht:

- Die Selbstorganisation jedes Einzelnen im Rahmen seiner Aufgaben und Ziele hat einen hohen Stellenwert.
- Organisation ist eine bedeutende Aufgabe der Führungskräfte (etwa eine Abteilung organisieren).
- Organisation wird auch als »Profiaufgabe« von hauptberuflichen Organisatoren und/oder Beratern wahrgenommen. Bei SoftPower werden solche Leistungen bei Bedarf zugekauft.

Eine dumme Frage: Braucht man »Organisation« wirklich?

Theoretisch wäre es denkbar, dass bei SoftPower jeden Tag bei Arbeitsbeginn die Aufgaben neu verteilt werden. Das geht bei einem Ein-Mann-/Eine-Frau-Unternehmen klaglos, bei 50 Personen schon etwas schwerer. Vermutlich würde die Effzienz der Firma sehr leiden! Ein sinnvolles Maß an Ordnung und Regelhaftigkeit hilft, die Aufgaben effektiver und stressfreier zu erfüllen.

Die strenge Formalisierung von Organisationen wird aufgelöst

Eine zu strenge Formalisierung der Organisation, wie wir sie vor 10 bis 15 Jahren noch in der Wirtschaft hatten (und heute noch in der Verwaltung haben), wird heutzutage weitgehend abgelehnt. Moderne Organisationsexperimente sind etwa die Clusterorganisation von Kyocera. Mitarbeiter sind in so genannten Ressourcenpools organisiert und arbeiten für ein spezielles Produkt oder Projekt auf Zeit in jeweils neuen Konstellationen zusammen.

Die Organisation »designen«

Organisationsdesign hat den Zweck, proaktiv, das heißt, im Hinblick auf aktuelle und zukünftige Anforderungen wirksame organisatorische Strukturen, Regeln und Prozesse zu schaffen. Solche Regelungen und Strukturen befriedigen die Bedürfnisse nach:

- Klarheit,
- Wirtschaftlichkeit,
- Vision, Richtung,
- Verständlichkeit,
- Entscheidungsfähigkeit,
- Stabilität/Anpassungsfähigkeit,
- Selbststeuerung,
- Überleben im Umfeld.

Das Design setzt bei drei Bereichen an:

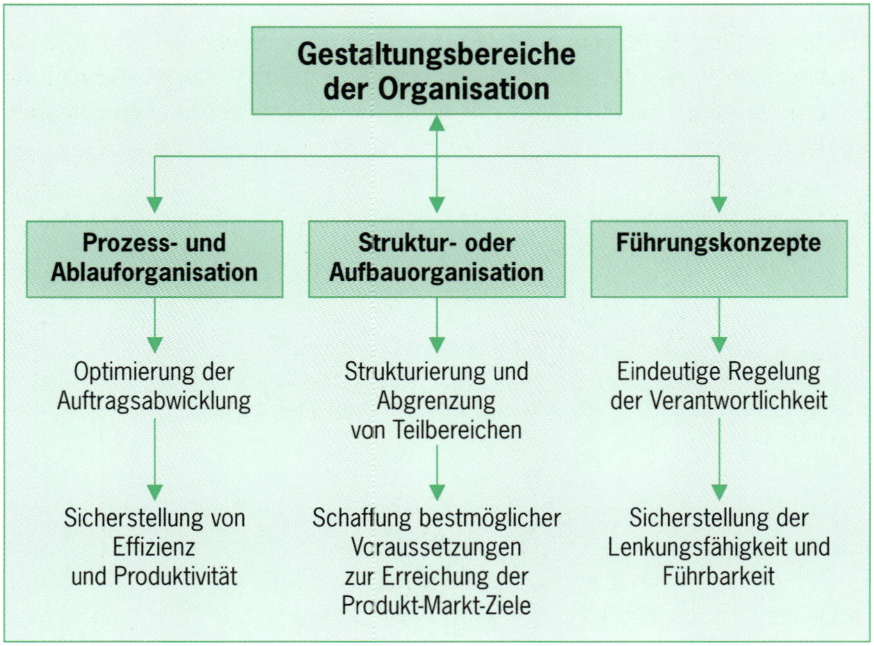

Um wieder auf unser Unternehmen SoftPower zurückzukommen:

Die **Aufbauorganisation** steht für das »Trennen« und »Kästchenmachen«. Die Abgrenzung der Stellen, Abteilungen und Bereiche und ihre formalen Beziehungen zueinander (Wer ist wem unterstellt?) wird grafisch durch das Organigramm dargestellt.

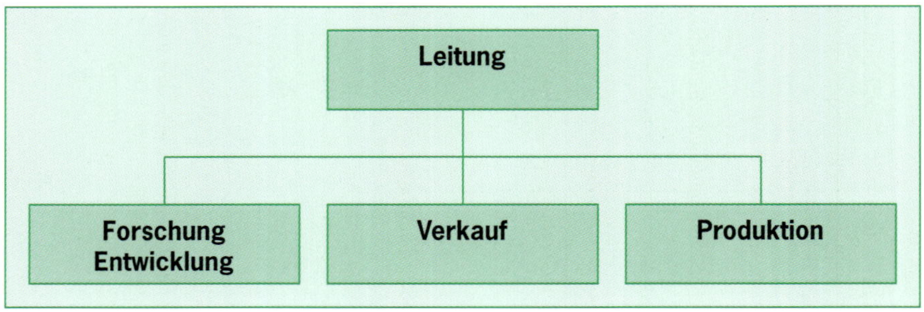

Die **Ablauforganisation** steht für das »Verbinden«, um Arbeitsprozesse in Fluss zu bringen. Die Ablauforganisation beschreibt, wie die Mitarbeiter, Abteilungen, Bereiche bei konkreten Arbeits- und Leistungsprozessen, etwa der neuen Version des Textverarbeitungsprogrammes, zusammenarbeiten, damit die Kunden das Produkt rasch, fehlerfrei und zu vernünftigen Kosten erhalten.

Sobald mehrere Stellen bei der Erstellung einer Aufgabe mitwirken, muss klar sein:

- welche Tätigkeiten
- in welcher Reihenfolge
- durch welche Stellen

erledigt werden. Besonders wichtig ist das, wenn die Beteiligten örtlich voneinander getrennt sind.

Eine schlechte Ablauforganisation erleben wir gelegentlich in Krankenhausambulanzen, wo ein Patient stundenlang warten muss, bis er die Arbeitsschritte von der Aufnahme über die Untersuchung bis zur Behandlung und Entlassung duchlaufen hat.

Das **Führungskonzept** legt bei SoftPower fest, wie die Führungskräfte auf die Mitarbeiter Einfluss nehmen, damit eine eindeutige und befriedigende

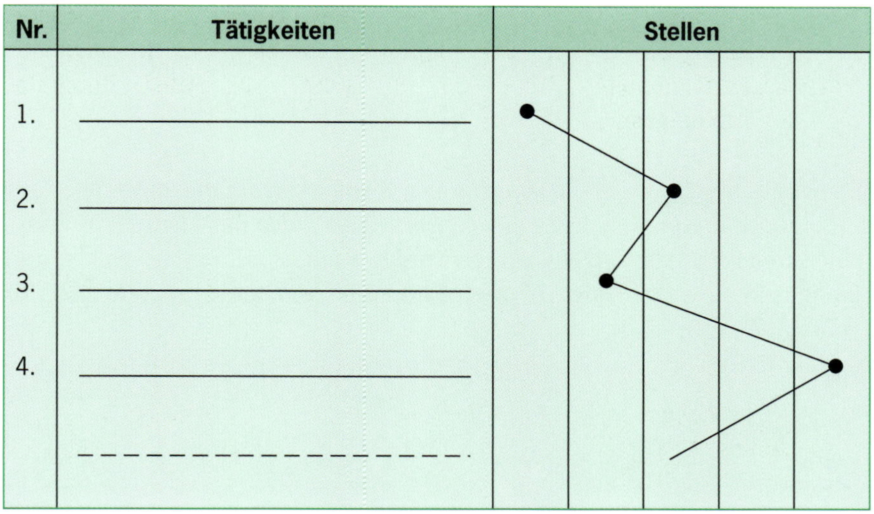

Aufgabenerfüllung gewährleistet ist. Es hat im Unternehmen viele hitzige Diskussionen gebeben, wie Führung richtig auszuüben wäre. Das Resultat ist ein Führungskonzept mit viel Freiraum und Verantwortung bei den Mitarbeitern. In Kapitel 2, »Organisationsgestaltung als Managementaufgabe«, beschäftigen wir uns mit verschiedenen Führungskonzepten.

Eine Erfahrung, die bei SoftPower gemacht wurde, gilt für viele Organisationen:

> *In den letzten Jahren wurde zu stark auf die Aufbauorganisation und deren klare Struktur geachtet. Das hat zu einer starken Abgrenzung von Stellen (Sachbearbeiter, Leiter ...) und Funktionen (Produktion, Marketing, Vertrieb etc.) geführt. Die eigentliche Daseinsberechtigung, der Zweck von SoftPower, dem Kunden Nutzen zu bieten, ist bei Mitarbeitern und Führungskräften zunehmend in den Hintergrund getreten. Statt den Kunden zu dienen, beschäftigten sie sich mit sich selbst. Statt miteinander zu reden, pflegten sie die Abteilungsgärtchen. Erst Markteinbrüche bewirkten ein Umdenken: Das Unternehmen kann nur überleben, wenn die Mitarbeiter für die Kunden Außergewöhnliches leisten. Durch abteilungsübergreifende Zusammenarbeit und Optimierung aller Prozesse werden die Kundenwünsche nach besseren EDV-Lösungen heute bestmöglich, rasch und zu akzeptablen Kosten in ein entsprechendes Produkt umgesetzt.*

Von der vertikalen zur horizontalen Organisation

In der aktuellen Managementliteratur wird für eine prozessorientierte Organisation plädiert: Die Struktur soll sich den Kernprozessen des Unternehmens anpassen (z.B. Glasl/Lievegoed 1996; Hammer/Champy 1996; Gaitanidis 1994).

Perspektivenwechsel ist gefordert

Die nachstehende Grafik eines regionalen Energieversorgungsunternehmens verdeutlicht diesen Perspektivenwechsel: Nicht mehr das Denken in Funktionen und Fachabteilungen steht im Vordergrund, sondern das Denken und Handeln in Prozessen, der Wunsch, die konkreten Kundenbedürfnisse zu erfüllen.

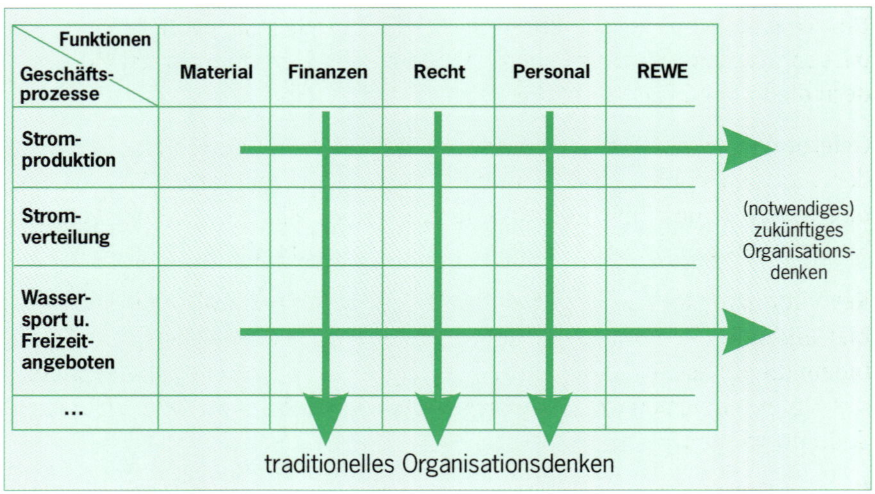

Mintzberg hat den Wandel im Selbstverständnis von Organisationen mit dem Bild der Veränderung von der »Palastorganisation zur Zeltorganisation« beschrieben.

Palastorganisation	Zeltorganisation
❖ bewahren	❖ erneuern
❖ stabilisieren	❖ dynamisieren
❖ starr	❖ flexibel
❖ verteidigen	❖ offen

Faustregeln für das Design einer Organisation

Passen Sie die Organisation den Zielen und Strategien an. Nicht »gewachsene« Strukturen sollen festlegen, was zukünftig möglich ist. Organisationsdesign verbessert die Effektivität der Organisation dann, wenn die Elemente/Subsysteme untereinander stimmig sind und mit den Unternehmenszielen harmonieren.

Auf die häufige Frage »Gibt es eine ideale Organisationsform für uns?« existiert keine einfache Antwort. Es gibt nur Annäherungen an ideale Formen. Alte Strukturen, die Kultur, die Besonderheiten des Geschäftes, der Stil der Führungskräfte und die Menschen werden jeder neuen Form ihren Stempel aufdrücken.

Das Organisationsdesign muss einen kontinuierlichen, evolutionären Anpassungsprozess erlauben. Nicht die perfekte Organisation ist das Ziel, sondern die lernende Organisation.

Gelernt wird vom Umfeld, von den Kunden, Partnern und intern voneinander, aus gemachten Fehlern, durch kreatives Ausprobieren. Nicht die Einheitskultur ist das Ziel, sondern das produktive Miteinander verschiedener Kulturen etwa im Vertrieb oder der Entwicklungsabteilung.

Revolutionäre Organisationsänderungen brauchen mehr als kleine Anstöße hier und dort. Sie können nur auf der höchsten Zielebene gestartet werden, indem die Erwartungen des Umfeldes (speziell Kunden) neu untersucht und der Unternehmenszweck, die Vision und die Ziele in diesem Lichte neu definiert werden.

Bei der Durchführung von Organisationsveränderungen müssen sich Ablaufwissen über die Zusammenhänge und inhaltliches Wissen über die einzelnen Aufgaben ergänzen. Von außen übergestülpte Patentlösungen werden nicht lange halten!

> *»Auf Unternehmensebene geht es in Zukunft um ein ständiges Experimentieren mit organisatorischen Festlegungen, die korrigierbar bleiben müssen, und damit um den Verzicht auf das perfektionistische Streben nach der einen optimalen Struktur, die auf Dauer allen anderen überlegen ist. Die beste Struktur ist jene, die sich ohne allzu großen Aufwand aus gegebenem Anlaß weiterentwickeln läßt.«*
>
> R. Wimmer

> »Wir können **gegen** Veränderungen leben. Das ist dumm!
> Wir können **mit** Veränderungen leben. Das versuchen viele!
> Wir können aber auch **von** Veränderungen leben. Das können nur die Fähigsten!«
>
> Klaus Schwab

Die Grenzen der Gestaltung: Formelle und informelle Organisation

Wir spüren oft, dass zur Lebens- und Handlungsfähigkeit einer Organisation mehr gehört als Grundsätze, Ziele und Pläne, Strategien und Regelungen. Nicht alles, was eine leistungsfähige Organisation ausmacht, ist durch formale Regelungen zu erreichen. Es ist wichtig, dass auch die informelle Seite beachtet wird, das, was geschieht und getan wird, obwohl es nirgends explizit niedergeschreiben oder gefordert ist. Etwa, dass sich jemand um die Information zwischen zwei Abteilungen kümmert, obwohl es nicht seine Aufgabe ist.

In einem großen Unternehmen kursiert der Spruch: »Bis die Zentrale reagiert, ist alles passiert!«

Bei SoftPower fördern den Erfolg die klare Zielsetzung, das gute Projektmanagement sowie die oft freundschaftliche Verbindung zwischen einzelnen Mitarbeitern. So macht man sich auf Fehler rasch aufmerksam, bei einem Bier werden oft gute Ideen weitergesponnen, und es macht Spaß, miteinander zu arbeiten. Die Qualität der informellen Organisation zeigte sich z.B. bei folgendem Anlass: Die Marketinggruppe der Firma hatte eine Marktnische für Controllingsoftware entdeckt. Sie besprach dies mit der Entwicklergruppe und leistete bereits Vorarbeiten für ein neues Produkt, obwohl die Geschäftsleitung noch gar nicht offiziell den Startschuss gegeben hatte.

Die **informellen Aspekte von Organisationen** sind im Laufe der Zeit mehr und mehr ins Blickfeld geraten und werden zunehmend wichtiger genommen. Betrachtete man sie früher eher als störend, weiß man heute, dass sie einen wichtigen Beitrag zur Erfüllung der Organisationszielsetzung leisten.

Im Folgenden (S. 35) finden Sie einige Fragen, um das Formelle und Informelle der Organisation, in der Sie tätig sind, näher zu beleuchten.

Fragen zur formellen/informellen Organisation

1 Was sind die formalen Ziele ihrer Organisation, und wo und wie sind sie niedergelegt (Leitbild, Grundsätze ...)?

✎ ______________________________

____

2 Würden alle Mitglieder ihrer Organisation diesen Zielen zustimmen?
Schätzen sie, wie viel Prozent voll/teilweise/kaum hinter diesen formellen Zielen stehen!

✎ ______________________________

____

3 Was sind die informellen Ziele ihrer Organisation? Durch welche Handlungen werden sie spürbar?

✎ ______________________________

____

4 Kennen sie Beispiele von »Verhaltensweisen« der Mitarbeiter, die den formalen Zielsetzungen widersprechen bzw. auf geringe Übereinstimmung hindeuten?

✎ ______________________________

____

5 Gibt es in ihrer Organisation festgelegte Aufgaben, die aber niemand durchführt? Wenn ja, warum ist das so?

✎ ______________________________

____

6 In welchem Ausmaß ergreifen Organisationsmitglieder Initiative für Aufgaben, für die sie formell gar nicht zuständig sind? Wie wirkt sich das aus?

✎ ______________________________

____

Modelle als »geistige Landkarten« von Organisationen

Damit eine Organisation für die Analyse und Gestaltung fassbar wird, greifen wir zu einem Modell der Organisation. Das Modell vereinfacht die Wirklichkeit und hilft uns, Organisationsprobleme zu erkennen und intelligent zu lösen. Wir stellen ihnen zwei solche Modelle vor.

Organisationslandkarte 1: Das Sieben-S-Modell
(nach: Peters/Waterman 1994)

Die Struktur, die Strategie, die Menschen, der Führungsstil, die Systeme und Verfahren, die Leitmotive und das Wertsystem sowie die vorhandenen und angestrebten Stärken und Spezialkenntnisse sind die Kernelemente. Peters und Waterman brachten diese Faktoren in die unten stehende vernetzte Form und trimmten alle Variablen so, dass sie mit S beginnen. Die Außenkreise beinhalten die Hard- und Software der Organisation, im Zentrum steht das Selbstverständnis, neudeutsch die »Corporate identity«.

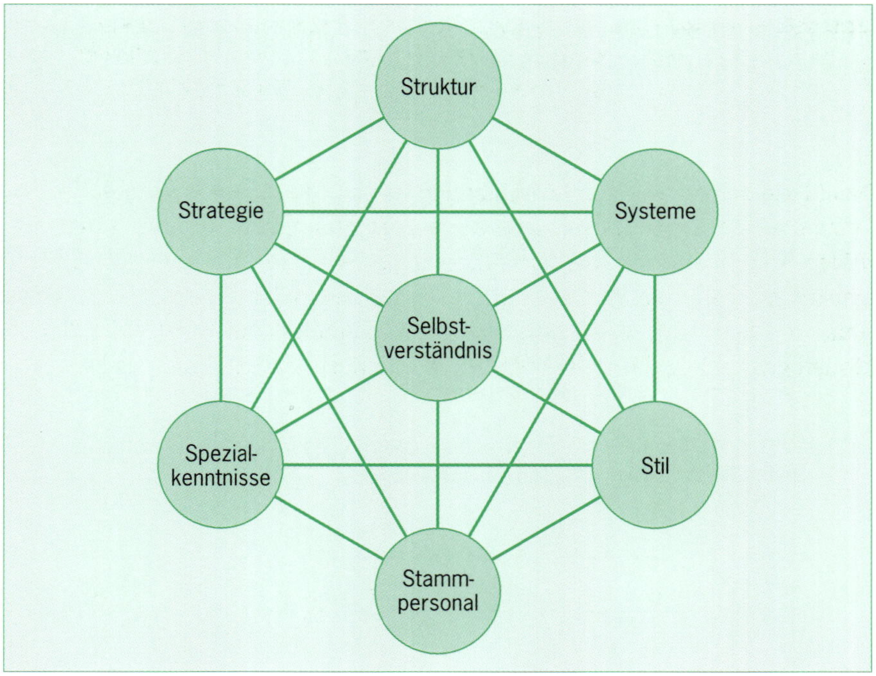

Selbstverständnis	Wer sind wir? Was wollen wir erreichen? Was können wir? Lernen wir beständig weiter? Für wen sind wir wichtig (von Nutzen)?
Strategie	Wie wollen wir unsere Ziele erreichen? Was tun wir heute, um morgen am Ziel zu sein? Wie gut haben unsere Führungskräfte die Strategie verinnerlicht und zur Richtschnur für das Alltagshandeln gemacht?
Struktur	Wie organisieren wir uns? Sind unsere Informations- und Entscheidungsprozesse befriedigend? Entsprechen die Strukturen und Abläufe den Kundenanforderungen? Wie sichern wir reibungslose Abläufe?
Systeme	Wer übernimmt Verantwortung? Welche Unterstützung haben unsere Mitarbeiter im Verkauf? Wie ermöglichen wir die Selbststeuerung des Einzelnen?
Stil	Welcher Führungsstil herrscht bei uns? Wie kommen Entscheidungen zustande? Wie gehen wir mit Verbindlichkeit um?
Stammpersonal	Wie wichtig sind uns die Mitarbeiter? Halten wir sie auch in Krisenzeiten, oder sind sie Spielmasse? Wie steht es mit der Wertschätzung der Mitarbeiter?
Spezialkenntnisse	Welche Spezialkenntnisse verlangen wir von unseren Mitarbeitern? Wie viel investieren wir in die Mitarbeiter? Wie gut sind unsere Weiterbildung und Personalentwicklung?

Organisationsmodell mit sehr technisch instrumentellem Zugang

Das Modell und die exemplarisch angeführten Fragen können ihnen helfen, Elemente ihrer Organisation zu hinterfragen und daraus Veränderungsprioritäten abzuleiten. Das Sieben-S-Modell basiert stark auf einem technisch instrumentellen Zugang. Die Menschen sind zwar wichtig, aber nur als Wissens- und Leistungsträger. Wir stellen dem Modell daher ein ganzheitliches Modell gegenüber, das von einem umfassenden Menschenbild ausgeht.

Organisationslandkarte 2: Organisation als kulturelles, soziales und technisches System

Organisationen werden von Menschen geschaffen und getragen. Jedem Modell einer Organisation liegt unausgesprochen ein **Menschenbild** zugrunde. Bekannt ist die Unterscheidung von McGregor in Theorie X (Mensch ist faul und muss gelenkt werden) und Theorie Y (Mensch sucht Sinn stiftende Tätigkeit und kann sich selbst motivieren und steuern). Wer den Menschen primär als Vernunftwesen sieht, wird bei Veränderungen an Logik und Einsicht appellieren. Wer den Menschen komplexer als geistig, psychosoziales und physisches Wesen sieht, wird dies auch beim Aufbau und der Veränderung von Organisationen berücksichtigen.

Ganzheitliches Organisationsmodell

Glasl legt in seinem Organisationsmodell ein Menschenbild zugrunde, wonach »jeder Mensch grundsätzlich für sein eigenes Denken, Fühlen, Wollen und Handeln verantwortlich sein kann« (Glasl/Lievegoed 1996). Jeder Mensch hat zwar ererbte Fähigkeiten, welche von der Umwelt gefördert, gehemmt oder verändert werden können, aber im Grunde hat jeder Mensch die Möglichkeit, sich selbst weiterzuentwickeln. Und er hat das Recht, sich weitgehend nach eigenen Vorstellungen und Werten entwickeln zu dürfen. Zudem hat er einen Anspruch auf Achtung und Wertschätzung seiner Persönlichkeit. Glasl sieht den Menschen als körperlich-physisches Wesen, als sozial-seelisches Wesen und als geistig-kulturelles Wesen. Er hat darauf aufbauend das folgende Organisationsmodell mit sieben Elementen entwickelt (siehe Glasl/Lievegoed 1996).

Subsystem	Organisationsinterne Elemente/Aspekte	Aspekte in der Außenbeziehung
Kulturelles Subsystem	1 **Identität** Die gesellschaftliche Aufgabe der Organisation, Mission, Sinn und Zweck, Leitbild, Fernziel, Philosophie, Grundwerte, Image nach innen, historisches Selbstverständnis der Organisation.	Image bei Kunden, Lieferanten, Banken, Politik, Gewerkschaft etc., Konkurrenzprofil, Position in Märkten und Gesellschaft; Selbstständigkeit bzw. Abhängigkeit.
	2 **Ziele, Strategien** Langfristige Programme der Organisation, Unternehmenspolitik, Leitsätze für Produkt-, Markt-, Finanz-, Preis-, Personalpolitik.	Leitsätze für den Umgang mit Lieferanten, Kunden etc., PR-Konzepte, Marktstrategien; Übereinstimmung mit Spielregeln der Branche.
Soziales Subsystem	3 **Strukturen** Statuten, Gesellschaftervertrag, Aufbauprinzipien der Organisation, Führungshierarchie, Linien- und Stabsstellen, zentrale und dezentrale Stellen, formales Lay-out.	Strukturelle Beziehung zu externen Gruppen, Präsenz in Verbänden etc., strategische Allianzen.
	4 **Menschen, Gruppen, Klima** Wissen und Können der Mitarbeiterinnen und Mitarbeiter, Haltungen und Einstellungen, Beziehungen, Führungsstile, informelle Zusammenhänge und Gruppierungen, Rollen, Macht und Konflikte, Betriebsklima.	Pflege der informellen Beziehungen zu externen Stellen, Beziehungsklima in der Branche, Stil des Umgehens mit Macht gegenüber dem Umfeld.
	5 **Einzelfunktionen, Organe** Aufgaben, Kompetenzen und Verantwortung, Aufgabeninhalte der einzelnen Funktionen, Gremien, Kommissionen, Projektgruppen, Spezialisten, Koordination.	Verhältnis zum üblichen Branchenverständnis über Arbeitsteilung, Funktionen zur Pflege der externen Schnittstellen.
Technisch-instrumentelles Subsystem	6 **Prozesse, Abläufe** Primäre Arbeitsprozesse, sekundäre und tertiäre Prozesse, Informationsprozesse, Entscheidungsprozesse, interne Logistik, Planungs- und Steuerungsprozesse, Supportprozesse.	Beschaffungsprozesse für Ressourcen, Lieferprozesse, Speditionslogistik, Aktivitäten zur Beschaffung externer Informationen.
	7 **Physische Mittel** Instrumente, Maschinen, Geräte, Material, Möbel, Transportmittel, Gebäude, Räume, finanzielle Mittel.	Physisches Umfeld, Platz im Umfeld – Verkehrssystem, Verhältnis Eigenmittel – Fremdmittel.

Anleitung für ihre persönliche Organisationsdiagnose (nach F. Glasl)

Sie können mit diesem Modell sehr rasch eine Diagnose des Entwicklungsbedarfes ihrer eigenen Organisation durchführen.

Schritt 1: Gehen sie die Fragen auf Seite 41 durch und bewerten sie den IST-Zustand auf einer Skala von 0 (gut) bis 100 (stark veränderungsbedürftig).

Falls ihnen ein wesentlicher Aspekt fehlt, ergänzen sie den Fragenkatalog!

Auswertung

Schritt 2: Wählen Sie jene fünf Aspekte aus, die Ihnen am meisten veränderungsbedürftig erscheinen.

Schritt 3: Beantworten Sie zu jedem gewählten Aspekt auf einem Blatt die folgenden drei Fragen:

- So sehe ich momentan den IST-Zustand …, das ist problematisch daran …, die Ursachen dafür sind …
- So stelle ich mir den »guten« SOLL-Zustand vor, das müssten wir erreichen …
- Mit den folgenden Maßnahmen könnte der gewünschte Zustand erreicht werden …

Schritt 4: Lassen Sie dieselbe Diagnose von weiteren Mitarbeitern Ihrer Abteilung/Firma machen, vergleichen und diskutieren Sie die Ergebnisse. Sie haben jetzt eine gute Grobdiagnose erstellt, wo Sie etwas verändern sollten, und bei den Beteiligten ein Bewusstsein für den Veränderungsbedarf geschaffen.

Elemente / Aspekte der Organisation	
1 **Identität**	0 100
Orientieren wir uns an den Bedürfnissen oder Problemen unserer Kunden?	
Wird der Daseinszweck im Unternehmen kommuniziert?	
Welches Image hat unsere Organisation in der Umwelt?	
2 **Konzepte, Strategien**	
Sind unsere grundsätzlichen Strategien klar?	
Sind wir sensibel für Tendenzen in der Umwelt?	
Korrespondieren die Strategien mit vorhandenen Stärken?	
3 **Strukturen**	
Ist unsere Organisation marktgerecht strukturiert?	
Kommunizieren die Bereiche ausreichend miteinander?	
Verändern wir unsere Strukturen entsprechend neuen Anforderungen?	
4 **Menschen**	
Treffen Fähigkeiten, Wissen, Können die zukünftigen Anforderungen?	
Wie sind die Einstellung, das Verhalten, die Motivation zur Leistung?	
Ist die Personalentwicklung aktiv und gezielt?	
Werden Reibungen und Konflikte produktiv bearbeitet?	
5 **Funktionen**	
Übernehmen die Mitarbeiter gern Verantwortung?	
Sind Aufgaben klar definiert und mit Kompetenz ausgestattet?	
6 **Abläufe**	
Sind die Abläufe gut aufeinander abgestimmt?	
Stehen Zweckmäßigkeit und inhaltliche Güte im Vordergrund?	
Wie ist die Qualität von Entscheidungen (gibt es Lücken, Doppelgleisigkeiten, etc.?)	
Wie verlaufen Informationsprozesse?	
7 **Sachmittel**	
In welchem Zustand sind Gebäude, Anlagen und Ausstattung?	
Wie gut stehen wir finanziell da?	
Wie gut fördert die räumliche Situation die Zusammenarbeit?	

Organisationskultur; die ungeschriebenen Regeln der Organisation

Die Unternehmenskultur beeinflusst die Arbeitsbeziehungen

Die **Kultur ist der geistige Pol des Unternehmens**. Sie besteht aus einem Bündel von Vorstellungen (Ideen, Werten, Normen, Denkmustern, Glaubenssätzen), das das Verhalten der Menschen im Unternehmen stark beeinflusst, ohne dass es diesen bewusst sein muss. Beeinflusst werden die Arbeitsbeziehungen der Mitarbeiter untereinander und ihr Auftreten nach außen. Die Kultur eines Unternehmens können wir oft sehr rasch »erspüren«. Erinnern Sie sich an Besuche in einer Firma oder einem Amt, die Ihnen jeweils besonders angenehm oder unangenehm waren: wie wirkten der Empfang, die Behandlung durch die Mitarbeiter, die Räumlichkeiten auf sie? Hatten sie einen spontanen Eindruck, was dort gut oder nicht gut läuft? Wie entstand dieser? Wenn Sie diese Fragen für sich beantworten, werden Sie ein erstes grobes Bild der jeweiligen Organisationskultur haben (z.B. steril, distanziert, verschlossen oder aber: freundlich, hell, Vertrauen erweckend usw.).

Jede Organisation hinterlässt einen ganz bestimmten Eindruck, den wir nicht so sehr durch die offizielle Selbstdarstellung erhalten, sondern auch durch konkrete Erfahrungen, durch die Räumlichkeiten und andere Details. Organisationskultur ist also nicht eine Idee oder Absicht, die man wie ein Heiligenbild über die Organisation hängt. Sie offenbart sich in den konkreten Erscheinungen selbst, in der Art und Weise, wie ein Büro eingerichtet ist, wie Menschen einander begegnen, wie sich Arbeitsabläufe konkret vollziehen usw.

Die Organisationskultur erfüllt folgende Funktionen:

- Sie schafft und stützt das »Wir-Gefühl« (Wer sind wir?) und das Image nach Außen.
- Sie vermittelt den Sinn für alle Aktivitäten nach innen und außen (Wozu ist das gut?), sie prägt das Motivationsklima und zieht (gute) Mitarbeiter an.
- Sie sichert den Grundkonsens und das Verständigungspotenzial (Wie gehen wir miteinander um?).
- Sie sorgt für »Weltoffenheit« und garantiert Lern- und Entwicklungspotenzial (Wo wollen wir hin? Welche Werte halten wir hoch?).

Organisationskultur schließt auch den Bereich der Gefühle (Ärger, Furcht, Frust), Werte, Normen und Einstellungen ein, der in der Regel einen versteckten und unterdrückten Teil des Organisationslebens darstellt, weil im Gegensatz zu den sachlichen Inhalten der Arbeit selten darüber kommuniziert oder publiziert wird. Bildlich werden der sichtbare und unsichtbare Teil des Organisationslebens oft als Eisberg dargestellt. Nur ein kleiner Teil der Aspekte einer Organisation ist sichtbar (z.B. Deklarationen zur Kundenfreundlichkeit), der größere Teil verbirgt sich unter der Oberfläche (gelebte Einstellung zum Kunden), ist deswegen aber nicht weniger bedeutsam.

Die unsichtbaren Aspekte, die das Organisationsleben mitbestimmen, werden nicht am grünen Tisch entwickelt, sondern sind das Resultat der Erfahrungen, die eine Organisation mit gelungenen und misslungenen Problemlösungen in der Vergangenheit gemacht hat.

Der organisatorische Eisberg

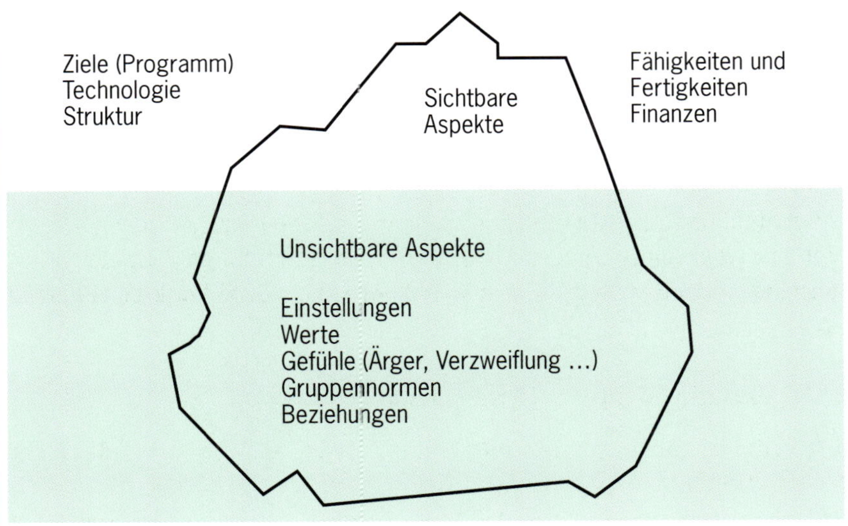

Ein Beispiel: Die Teilnehmer eines Parteigremiums machen die Erfahrung, dass kritische Fragen vom Vorsitzenden stets barsch zurückgewiesen werden. Sie lernen somit: Kritik ist nicht erwünscht, es haben ausschließlich zustimmende Äußerungen Platz. So werden Jasager geformt.

Kulturtypen von Organisationen

Es gibt in der Literatur viele unterschiedliche Typenbeschreibungen. Die im Folgenden wiedergegebene Darstellung (nach Glasl 1997) ist sehr bildhaft und listet in der linken Spalte das typische Verhalten und in der rechten Spalte die Schattenseiten des jeweiligen Kulturtyps auf. Sie eignet sich gut als Anstoß zur Analyse von Kulturzuständen in Organisationen.

	Typisches Verhalten	Schattenseiten
1 **Das Theater**	Es ist immer was los.	Es besteht die Gefahr, »ausgepowert« zu werden.
	Es werden ständig spektakuläre Experimente, Modelle und Neuanfänge gestartet.	Schwächen werden überspielt durch Sensationsdarstellung und Theaterdonner.
	Beachtung und Applaus sind wichtige Ziele.	Es herrscht ständiger Erfolgszwang.
	Rollenvielfalt ist gefordert: Primadonnen, Introvertierte, Spaßige, Böse und Gute.	Erfolglose verschwinden schnell von der Bühne.
	Die Regie spielt eine wichtige Rolle.	Die Truppe als Haufen von Selbstdarstellern ist ohne Regie nicht arbeitsfähig.
2 **Die Festung**	Verbesserung der Sicherheit und Ausbau der eigenen Position.	Es herrscht das Gefühl, ständig angegriffen zu werden.
	Ein hoher Wert ist, spannungsfreie, loyale Beziehungen zueinander zu unterhalten.	Die Ursachen von Unstimmigkeiten werden draußen gesucht.
	In Abgrenzung zur Außenwelt wird die eigene Position hochgehalten.	Man glaubt und »weiß«, dass die Vertreter der Außenwelt unwissend und gefährlich sind.
	Nach außen werden selbstbewusste Eigendarstellungen gegeben.	Über die Außenwelt entstehen Mythen und Legenden.
3 **Die Kreuzritterschar**	Die wichtigen Vertreter der eigenen Organisation haben ein starkes Sendungsbewusstsein.	Die Konzentration auf die eigene Mission behindert die Sicht auf die Außenwelt.
	Es wird stets an der »Eroberung« von Mitgliedern, Regionen und Positionen gearbeitet.	Leben in ständiger Offensive gegenüber der Außenwelt.
	Die eigenen Sichtweisen und Überzeugungen sollen verbreitet werden.	Starkes Bestreben, zu dominieren.
	Im Inneren wird auf strenge Ordnung und Harmonie geachtet.	Interne Rangunterschiede werden geleugnet; Konflikte treten auf, wenn ein Oberritter ausscheidet.
4 **Das Sanatorium**	Man hat alles schon einmal erlebt.	Man möchte sich abkapseln, seine Ruhe haben und keine alten Wunden berühren.
	Man sucht den inneren Frieden und ist bereit, dafür jeden Preis zu bezahlen.	Man fühlt man sich verkannt und verraten und pflegt die erhaltenen Verletzungen.
	Es gibt nichts zu verbergen.	Unangenehme Informationen werden weggefiltert (könnten Schmerzen bereiten).
	Das Verhalten ist wohlwollend, freundlich.	Kritik wird überhöht und umgedeutet.
	Man beschäftigt friedfertige Mitarbeiter.	Stark harmonisierende Tendenzen.

Mit dieser Checkliste können Sie nun die Kultur Ihrer eigenen Organisation testen

Checkliste: Organisationskultur

Was ist für Ihre Räumlichkeiten (Büro, Empfang, Besprechungszimmer ...) typisch? Wie unterscheiden sie sich von den Räumlichkeiten anderer Organisationen?

✎ ______________________________

____

____

____

Erinnern Sie sich an Arbeitsabläufe, die Sie am eigenen Leib erlebt haben. Versuchen Sie, Eigenschaftswörter dafür zu finden
(z.B. schnell – langsam, freundlich – unfreundlich, umständlich – einfach ...).

✎ ______________________________

____

____

____

Erinnern Sie sich daran, wie die Mitarbeiterinnen der Organisation miteinander umgehen und wie ihre Beziehungen zu den Kunden aussehen?
Welche Verhaltensweisen können sie erkennen
(z.B. anpackend – zögernd, interessiert – uninteressiert, belehrend – zuhörend ...)?

✎ ______________________________

____

____

Erkennen sie einen der beschriebenen vier Kulturtypen mit seinen typischen Stärken und Schwächen wieder?

✎ ______________________________

____

____

Wie wird mit Konflikten umgegangen? Werden sie übergangen oder angesprochen?

✎ ___

___

___

___

Werden Fehler zugegeben?

✎ ___

___

___

___

Werden Kreativität und Spontaneität zugelassen?

✎ ___

___

___

___

___

In welchem Bereich sehen Sie Entwicklungsbedarf?

✎ ___

___

___

___

___

Ein Instrument zur Diagnose notwendiger Kulturveränderungen: Die U-Analyse (nach F. Glasl)

Bevor Veränderungen stattfinden, müssen die Menschen oft wachgerüttelt werden: »So wollen wir nicht mehr weiterarbeiten!«, »Wir wollen andere Verhaltensweisen gegenüber unseren Kunden zeigen!« usw. Die Konsequenzen einer Veränderung auf den Ebenen Abläufe, Verhalten und Wertvorstellungen müssen bewusst gemacht werden. Dazu hilft eine Übung. Wie Sie dabei vorgehen, zeigt das nachfolgende Schema:

- Situation auswählen, Ist- und die Sollzustand definieren (z.B. wie gehen wir heute mit Kunden um – wie soll es ein?).
- Von der Ist-Situation ausgehend, die Hintergründe in Verhalten, Strukturen und Wertvorstellungen analysieren (Raster nutzen).
- Persönliche Commitments formulieren.

Veränderungen initiieren

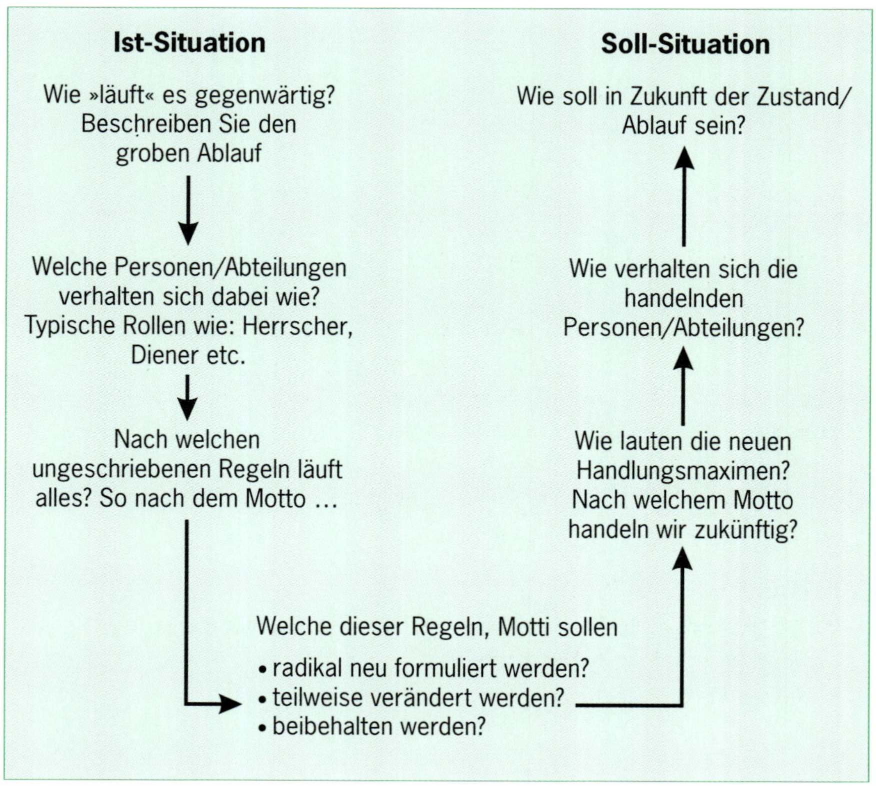

Auch Organisationen altern!

Aus unserer persönlichen Entwicklung wissen wir, dass wir bestimmte Lebensphasen durchlaufen haben. Wir sind gewachsen, wir sind reifer geworden, wir spürten aber auch manchmal, dass wir starrer wurden, neuen Ideen kritisch gegenüberstanden oder uns ihnen verschlossen. Schließlich mussten wir vielleicht schmerzliche Krisen durchmachen (z.B. Arbeitsplatzverlust), um wieder frei zu werden für Neues (z.B. Bereitschaft, völlig umzulernen).

Gleiches gilt für Organisationen, auch sie sind keine statischen Gebilde. In ihnen finden permanent Veränderungs- und Entwicklungsvorgänge statt. Um diese Vorgänge anschaulich zu machen, entwickelten Glasl und Lievegoed (1993) ein **Phasenmodell** von Organisationen mit vier unterscheidbaren Entwicklungsphasen.

Vier Lebensphasen einer Organisation
(nach Glasl/Lievegoed 1996)

1. Pionierphase (oder Gründungsphase)

Merkmale

- Die Führung geht stark von einer Person aus (auch autoritär).
- Die Aufgaben und Arbeitsabläufe sind überschaubar.
- Es herrscht Personenorientierung bei Zielen, Mitteln (»Wer macht was gerne, am besten?«).
- Eigeninitiative jedes Mitarbeiters ist nötig, möglich und wird gefordert.
- Der Kunde steht im Zentrum, wir tun alles für ihn.
- Große Flexibilität und hohe Identifikation (»Ich/Wir sind das Unternehmen XY«).

Schwierigkeiten, die sich in Phase 1 ankündigen und den Übergang zu Phase 2 einleiten

- Überforderung des Pioniers.
- Wachstum bringt Unübersichtlichkeit und Planungsdefizite.
- Unzureichende Erfolgskontrolle.
- Kommunikationsstörungen treten auf.

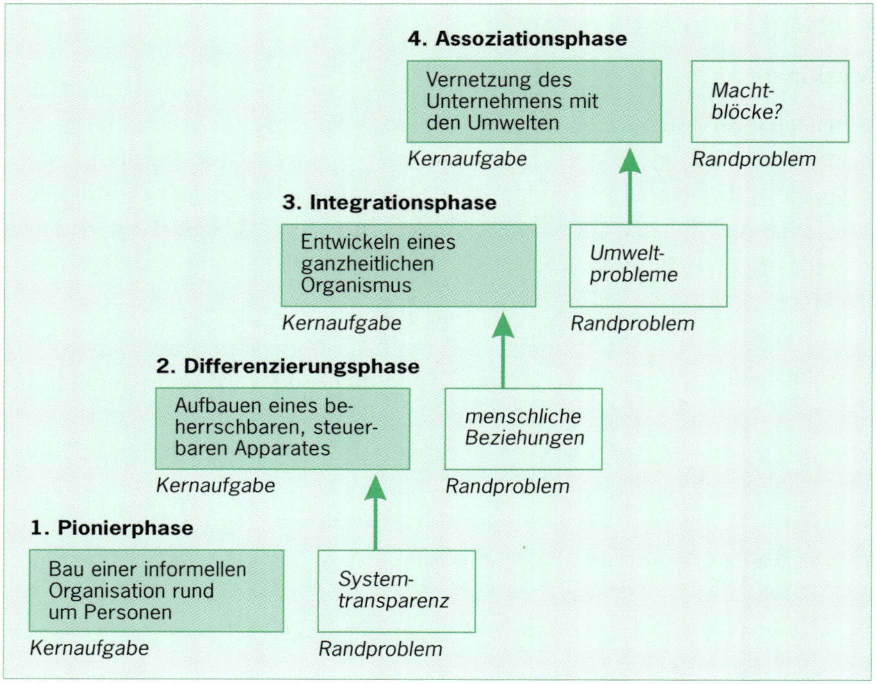

2. Differenzierungsphase (Bürokratisierung)

Merkmale

- Aufgaben, Verantwortung und Kompetenzen werden schriftlich festgelegt.
- Zentralisierung der Entscheidungsbefugnisse (Dienstweg).
- Ausgeprägtes Abteilungsdenken.
- Papier, Statistiken, Analysen, Berichte gewinnen Einfluss.
- Verwaltungsaufgaben treten in den Vordergrund.
- Kunden/Klienten werden zu anonymen Zahlen.
- Die Organisation wird zur Karriereleiter für die Mitarbeiter.

Schwierigkeiten, die sich in dieser Phase ankündigen und die 3. Phase einleiten

- Abteilungsdenken, geringe horizontale und vertikale Kommunikation.
- Fragen nach dem Sinn werden laut.
- Innere Verabschiedung, Resignation greift um sich, Motivationsprobleme.
- Erstarrung des Organisationslebens, Herausforderung fehlt.

3. Integrationsphase

Merkmale

- Delegation von Verantwortung.
- Entscheidungen werden gemeinsam, in bewussten Schritten vorbereitet und gefällt.
- Suche nach einem Profil, einem Leitbild, nach Werten (Wer sind wir eigentlich?).
- Marktorientierung: (Wieder-)Entdeckung des Kunden.
- Denken in Entwicklungen und Prozessen.
- Bedürfnis nach Partnerschaft und Vertrauen wird formuliert.
- Selbstständiges Arbeiten in Gruppen und allein ist erwünscht.

Schwierigkeiten, die in Phase 3 auftreten

- Rückfälle in technokratisches Verhalten (rigide Führung).
- Leichtfertiges Zerstören von Vertrauen durch »Durchgreifen«.
- Gegenseitige Überforderung, Infarktgefahr.
- Erfolge eines Teams werden von Einzelnen in Anspruch genommen.

4. Vernetzungs-/ Assoziationsphase

Merkmale

- Hoch entwickeltes Projekt- und Prozessmangement mit weitgehenden Kompetenzen.
- Großer Einfluss der Mitarbeiterinnen und Mitarbeiter auf Arbeitsprozesse (Selbstorganisation).
- Minimale Hierarchie (Lean Management).
- Permanente Verbesserung von Produkten, Leistungen und Prozessen durch intensiven Kontakt mit Kunden und Lieferanten (Qualitätsmanagement).
- Vernetzung der Organisation mit dem Umfeld (Partner, Kommunen, usw.).

Schwierigkeiten, die in Phase 4 auftreten

- Entstehung von Machtblöcken.

Die Schöpfer des Phasenmodells gehen davon aus, dass die Phasen 2 bis 4 nur aufgrund von Lernprozessen, nämlich in Auseinandersetzung mit Schwierigkeiten der jeweils vorangegangen Phase, erreicht werden können. Die Phasen 3 und 4 zeichnen sich dadurch aus, dass sie auch die Vorteile der ersten beiden Entwicklungsstufen integrieren und ihnen einen adäquaten Stellenwert zuweisen.

Bestimmen Sie die Entwicklungsphase Ihrer Organisation

Fragen zur Bestimmung der Entwicklungsphase Ihrer Organisation

Welche der oben aufgezählten Merkmale treffen für Ihre Organisation zu? Welcher oder welchen Entwicklungsphase/n ist sie daher zuzurechnen?

✎ ______________________________

____

____

____

Kennen Sie Krisenerscheinungen Ihrer Organisation, und welcher Phase sind diese zuzuordnen?

✎ ______________________________

____

____

____

Welche »Lösungsvorstellungen« für Probleme gibt es in Ihrer Organisation, und welcher Phase sind diese zuzuordnen?

✎ ______________________________

____

____

____

Ausblick auf künftige Organisationsmodelle

Veränderungen am Markt und bei den Kundenbedürfnissen verlangen einen ständigen Wandel unserer Unternehmen. Die letzten Jahre haben beispielsweise dazu geführt, dass die Anweisung von oben immer mehr abgelöst wird durch Eigeninitiative und selbstverantwortliches Handeln der einzelnen Mitarbeiter. Damit dieses Handeln möglich wird, müssen Führungskräfte und Organisationsexperten dafür Sorge tragen, dass die Aufbau- und Ablauforganisation laufend weiterentwickelt und angepasst wird.

Im Folgenden zeigen wir Ihnen Modelle, die in den letzten Jahren in innovativen Unternehmen und Organisationen entstanden sind.

Der Kunde steht im Mittelpunkt

Die **umgedrehte Pyramide** (Peters 1994) symbolisiert den Bewusstseinswandel: Der Kunde steht zuoberst, die Führung versteht sich als Dienstleistung an den Mitarbeitern, um den Kunden optimal zufrieden zu stellen. Coaching durch die Führungskraft hilft den Ausführenden zu selbstverantwortlichem Handeln und unterstützt sie bei der Lösung von Kundenproblemen.

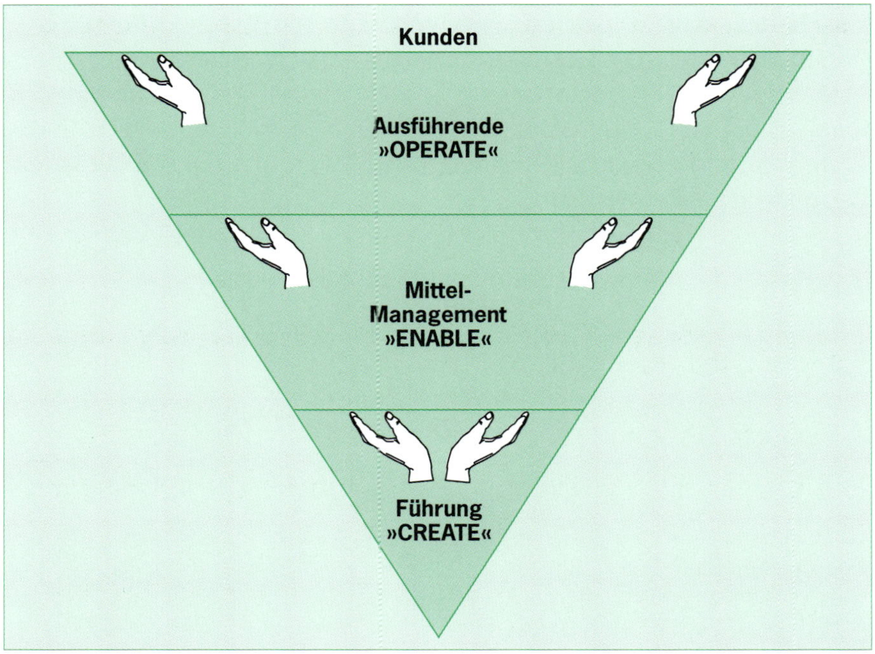

Die **Kleeblattorganisation** (nach Nollen 1996) zeichnet sich durch eine Dreiteilung aus:

- eine kleine Stammorganisation mit Stammbelegschaft,
- flexible Kontrakte mit Randbelegschaften und kapazitätsorientierten freien Mitarbeitern sowie
- eine enge Verflechtung mit Zulieferern.

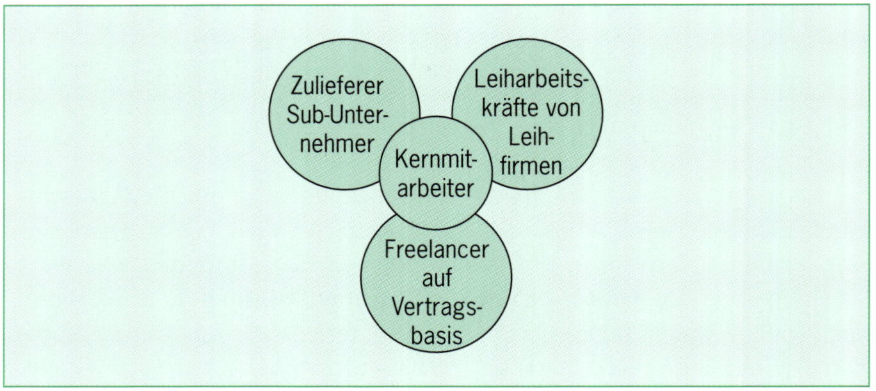

Netzwerk von Kompetenzzentren

Ein noch radikaleres Modell ist die **Scheibenorganisation**. Das Unternehmen löst sich völlig von der Pyramide und ist als Netzwerk von Kompetenzzentren organisiert. Die Geschäftsführung ist eine zentrale Scheibe, die als Team die Schlüsselprozesse steuert. Sie lenkt die Selbstorganisation in den Kompetenzzentren. Die Mitarbeiter entwickeln ihre Kompetenzen durch Wechsel in und zwischen den Kompetenzzentren und durch Übernahme übergreifender Projektaufgaben.

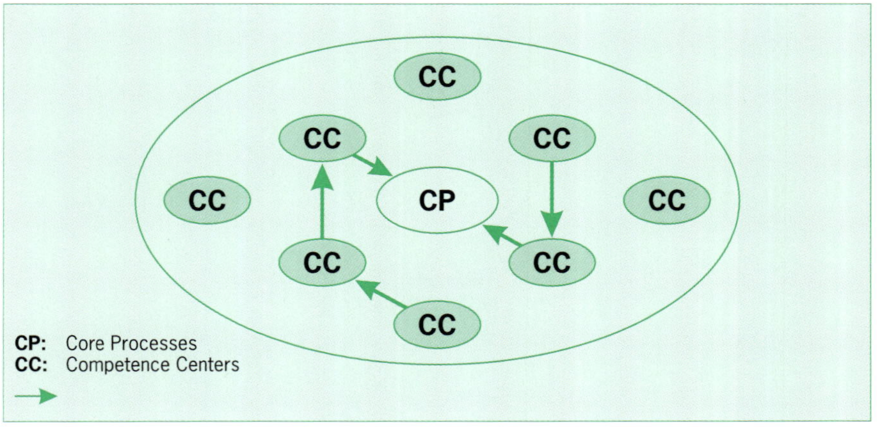

Eine weitere Spielart ist die **fraktale Organisation**. Sie zeichnet sich durch weitgehend autonome Einheiten aus (das sind die Fraktale), die sich entlang den Schlüsselprozessen des Unternehmens ansiedeln und über ein Netz von Dienstleistungsbeziehungen miteinander verbunden sind. Sie unterliegen den Veränderungen des Marktes und der Nachfrage und verändern sich ständig. In solchen Unternehmen geben starke gemeinsame Leitbilder und Sinnsysteme Orientierung und Zusammenhalt trotz rascher Veränderungen. Im Endeffekt entsteht durch eine solche Struktur ein extrem flexibles und fließendes Unternehmen, das Kundenbedarfe rasch erkennt und Kernkompetenzen zu kundenspezifischen Problemlösungen aktiviert. Verändert sich die Nachfrage, können zu deren Befriedungung sehr rasch andere Leistungseinheiten gebildet werden. Fällt die Nachfrage ganz weg, sind diese wenig stabilen Gebilde leicht aufzulösen.

Extrem flexible und fließende Struktur

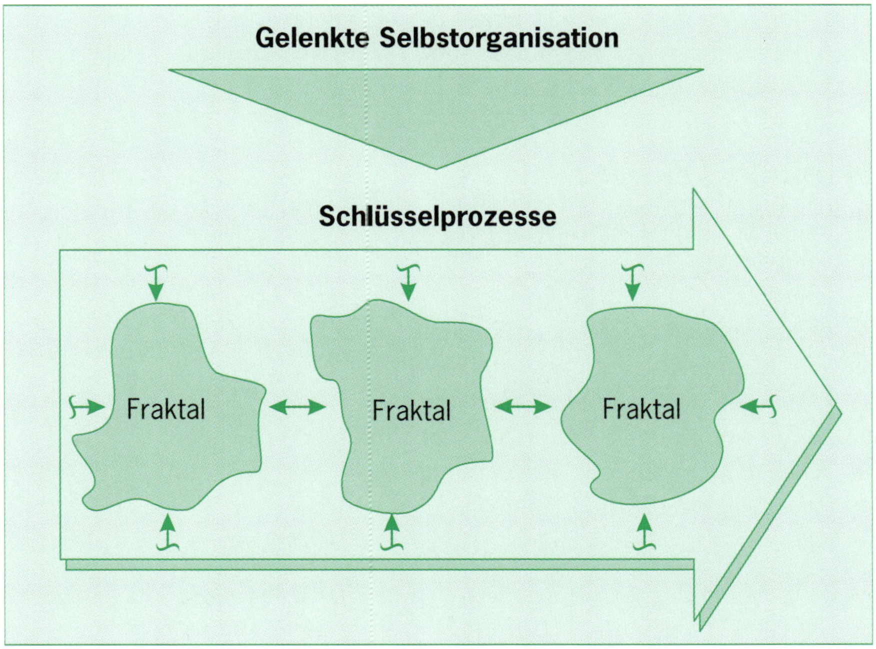

3. Veränderungen in Organisationen herbeiführen und gestalten

Veränderung ist nötig: Aber wie gehen wir sie an?

Die meisten Unternehmen, Verwaltungsbetriebe und sozialen Einrichtungen entsprechen in ihrer gegenwärtigen Form nicht mehr in vollem Umfang den Anforderungen, die an sie gestellt werden. Kunden- und Marktbedürfnisse verändern sich rasch, neue Technologien schaffen neue Möglichkeiten, und auch die veränderten Einstellungen und Bedürfnisse der Mitarbeiter fordern Veränderungen in Organisationen heraus.

Beeinträchtigung der Leistungsfähigkeit von Organisationen

Die Leistungsfähigkeit von Organisationen ist oft durch eine Reihe von Reibungsverlusten beeinträchtigt:

- fehlende Kundenorientierung,
- komplizierte Dienstwege,
- überbordender Papierkrieg,
- verkrampftes Taktieren statt Zusammenarbeit,
- verschleppte Entscheidungsprozesse,
- Krankenstände und hohe Fehlzeiten,
- Verlust von Know-how durch Personalfluktuation,
- Widerstand gegen jede Veränderung,
- kostspielige Fehler und Pannen
  usw.

Es ist nicht eine Frage, ob, sondern in welchem Umfang ein Unternehmen von solchen Erscheinungen betroffen ist. Wenn ein Unternehmen heute mit tief greifenden Veränderungen konfrontiert ist, kann es diesen Druck intern unterschiedlich verarbeiten:

- Radikal durch »Bombenwurf«, das heißt, dass oft überfallartig neue Strukturen eingeführt, Mitarbeiter gekündigt und unbequeme Kollegen entfernt werden.

- Entwicklerisch durch Beteiligung der Mitarbeiter an der Veränderung. Ihre Intelligenz und ihre Motivation zur Zukunftssicherung des Betriebes werden herausgefordert, ihre Interessen einbezogen, und gemeinsam wird eine Reorganisation durchgeführt.

Wir vertreten die Meinung, dass für die Bewältigung immer neuer Herausforderungen eine Entwicklungsstrategie der richtige Weg ist. Das **Selbstveränderungspotenzial** der jeweiligen Organisation muss gestärkt werden. Unternehmen müssen lernen, Veränderungen selbst zu gestalten, und sich proaktiv zeitgerecht und angemessen den Veränderungen anpassen, sie müssen diese als Chancen nützen. Solche rasch lernenden Unternehmen werden selbst zu Vorreitern für Innovationen am Markt (z.B. durch überlegene Servicequalität, durch Vertriebsinnovationen usw.), an die sich andere anpassen müssen.

»Einen Großteil der Veränderungen, die sich in unserer Gesellschaft abspielen, können wir blockieren, indem wir die Organisationen daran hindern, sich zu ändern. Dann und nur dann wird die Organisation zum unentrinnbaren Alptraum der Gesellschaft.«
Baecker 1994

Der Weg zur Selbstveränderung und Veränderung durch Einbeziehen der Betroffenen heißt **Organisationsentwicklung**. Wenn Veränderungen langfristig zu mehr Erfolg führen sollen, dann kann es nicht nur darum gehen, Kosten zu senken. Das ist heute oft das Verständnis von Veränderung und Sanierung. Es geht vielmehr darum, die Organisationen effektiver zu machen (Kosten, Qualität, Tempo), aber genauso, sie menschengerechter zu machen (interessante, herausfordernde Arbeit ohne totale Überforderung, Mitgestaltung, Sinnfindung, Anerkennung und Erfolgsbeteiligung). Ohne Wirtschaftlichkeit lässt sich keine humane Arbeitswelt gestalten – aber ohne humane Arbeitswelt wird es auch keine längerfristige Wirtschaftlichkeit geben.

Organisationsentwicklung: Veränderungen mit den Betroffenen schaffen

Organisationsentwicklung ist vom englischen »Organisational Development« abgeleitet und bedeutet so viel wie »geplanter organisatorischer Wandel«. Die Wurzeln der Organisationsentwicklung liegen in den USA, wo in den Zwanzigerjahren erstmals in Unternehmen Betroffene an der Diagnose und Lösung von Problemen beteiligt wurden. Heute gehören der Denkansatz und viele Werkzeuge der Organisationsentwicklung zum selbstverständlichen Repertoire von Führungskräften und Beratern.

In der Darstellung auf der folgenden Seite sind drei Wege der Veränderung mit ihren Voraussetzungen, Kosten und Nutzen gegenübergestellt:

- **Machtstrategien** kommen leider immer noch zur Anwendung, besonders in Parteien, Krankenhäusern und Einrichtungen, die sich noch nicht am Markt ausrichten müssen und daher noch Energie für solche »Machtspiele« haben.
- **Rationale Strategien** werden von vielen großen, internationalen Beratungsfirmen verkauft. Sie erscheinen einfach und klar: Ein externer Berater entwickelt das optimale Konzept, die Führung »verkauft« es den Mitarbeitern – besser gesagt, sie drückt es ihnen aufs Auge.
- Bei **Entwicklungsstrategien** geht es darum, gemeinsam mit den betroffenen Mitarbeitern die Situation und die Ursachen von Problemen zu diagnostizieren und neue, wirksamere Formen des Tuns und der Zusammenarbeit zu entwickeln. Das ist die Basis für persönliches Engagement und die Einsicht der Mitarbeiter. Nur so können die Fähigkeiten der Mitarbeiter auf allen Ebenen für notwendige Veränderungen genutzt werden. Das ist Organisationsentwicklung.

In den Neunzigerjahren hat die Organisationsentwicklung schlagartig an Bedeutung gewonnen. Sie soll helfen, die Eigeninitiative der Mitarbeiter zu stärken, echte Teamarbeit zu verwirklichen und so zu effektiveren Arbeitsprozessen zu gelangen.

Worum geht es bei der Organisationsentwicklung (OE)?

Zielgruppe der OE sind organisatorische »Familien«:

- natürliche organisatorische Einheiten (kleine Firma, Beratungsstelle);
- Gruppen/Abteilungen/Betriebe.

Gegenstand der OE sind die konkreten Probleme der täglichen Zusammenarbeit und der gemeinsamen Zukunft:

- Sachprobleme und Kommunikationsprobleme;
- interne und externe (Umfeld-)Beziehungen.

Drei Wege der Veränderung und ihre Konsequenzen			
	Rationale Strategie	**Machtstrategie**	**Entwicklungsstrategie**
Menschenbild und Beteiligung	Rationalistisches Menschenbild; Mensch als vernünftiges Wesen – ist primär logischen Argumenten offen.	Menschen können beliebig durch Macht gebogen werden; sind an Machterhalt interessiert.	Mensch als wertvollste Ressource; sachliche und emotionale Seite wird wichtig; Lernfähigkeit vorausgesetzt.
Gewählter Beratungsansatz	Experten analysieren den Veränderungsbedarf, schlagen Lösungen vor. Gutachten haben einen hohen Stellenwert.	Mächtige ordnen selbst Veränderungen an oder holen sich ihre Vertrauten (Experten). Lösungen werden verordnet.	Fachexperten und Betroffene arbeiten gleichberechtigt an Veränderungen. Berater stellen auch Methoden-Know-how bereit.
Motivation für Veränderungen	Motivation über logische Argumente, Einsicht ins Unvermeidliche wird erwartet; Mensch als Nutzenmaximierer.	Zwang und Belohnung mit eigenem Machtzuwachs. Angst vor Nichtmitmachen.	Eigene Entwicklungsmöglichkeiten im Unternehmen; Sinn der Arbeit ist wichtig; Selbstbewusstsein durch Leistung.
Konfliktlösungsstrategie	Konflikte sind sachliche Auffassungsunterschiede und daher durch geeignete Bewertungstechniken lösbar.	Anordnung und Vorgaben werden durchgesetzt. Widerstand wird gebrochen.	Aktiver Einbezug in Veränderungsprojekte; offene Information, begründete Entscheidungen; Sachgegner werden nicht eliminiert, sondern integriert.
Vorteile des Ansatzes	Gute Systematik von Gesamt- und Teillösungen; schnell, keine Friktionen, Experten bringen Know-how ein.	Einfach und rasch zu »Lösungen«, weil wenige Beteiligte und wenig Rücksicht auf Argumente und Widerstände genommen wird.	Nutzung des kreativen Potenzials aller Mitarbeiter; Beteiligte sehen eigene Veränderungsnotwendigkeit ein, Zusammenarbeit wird gestärkt; das Unternehmen »lernt«.
Nachteile des Ansatzes	Betroffene sind schwer ins Boot zu holen; Verhaltensänderungen bleiben oberflächlich; Betroffene lernen nicht.	Veränderungen bleiben äußerlich, werden sabotiert, unterschwelliger Widerstand; Menschen lernen nicht, selbst tätig zu werden.	Dauert oft länger; Umwege werden nötig, Systematik leidet, unpopuläre Entscheidungen oft schwieriger zu treffen.

Der Weg der Veränderung ist gekennzeichnet von **offener Information und aktiver Beteiligung der Betroffenen**:

- Kommunikation in und zwischen Gruppen;
- direkte Mitwirkung, Partnerschaft.

OE ist ein **längerer Prozess**, der über Monate läuft:

- kontinuierlicher Prozess;
- rollende Planung.

OE findet am **Ort des Geschehens** statt; am Arbeitsplatz, im Betrieb durch:

- Workshops und Beratung;
- On the Job-Training in Problemlösung;
- Arbeit von Teams an konkreten Teilproblemen über Hierarchien hinweg.

Organisationsentwicklung hat drei Erfolgsvoraussetzungen:

1. OE erfordert eine **neue Denkhaltung bei Vorgesetzten und Mitarbeitern**. Der Mitarbeiter muss lernen, sachliche und emotionale Konflikte offen zu legen und arbeitshemmende Probleme offen ansprechen. Der Vorgesetzte muss die Informations- und Entscheidungsprozesse in seiner Organisationseinheit zielorientierter und transparenter gestalten.

2. OE muss traditionelles **Hierarchiedenken überwinden**. Die Problemlösungen werden von der Hierarchie unabhängig gemacht, indem die Probleme zur Lösung an die Stelle mit der höchsten Fachkompetenz delegiert werden, was wiederum zu einer Versachlichung beiträgt. OE schafft damit die Voraussetzung für die verantwortungsvolle Einbindung leistungsbereiter Mitarbeiter, indem sie ihnen echte Mitgestaltungsmöglichkeiten bietet.

3. Mitarbeiter und Führungskräfte brauchen ein **Gleichgewicht von Sach- und Sozialkompetenz**. Erfolgreiche Organisationsentwicklung setzt voraus, dass sach- und sozialkompetent vorgegangen wird. Das bedeutet, dass sich Mitarbeiter und Führungskräfte ein Grundverständnis von psychologischen Prozessen und Gruppenprozessen aneigenen müssen. Sie müssen sich auch Methoden aneignen, um in und mit Gruppen ergebnisorientiert zu arbeiten.

Phasen in einem Veränderungsprojekt

Wenn wir selbst in Veränderungsprojekten stehen, brauchen wir Orientierungshilfen, wie solche Projekte idealtypisch ablaufen und worauf wir besonders achten müssen. Vier Phasen können in Organisationsentwicklungsprojekten unterschieden werden.

Die konkrete Gestaltung dieser Phasen ist sehr variabel, es ist jedoch wesentlich, ein Verständnis zu entwickeln, worum es in der jeweiligen Phase geht und was erreicht werden soll. Führungskräfte können solche Veränderungsprozesse selbst begleiten, wenn sie sich die nötige Prozess- und Methodenkompetenz angeeignet haben. Oft werden Berater beigezogen, die die Führungskräfte entlasten, unterstützen und dafür sorgen, dass notwendige Veränderungen rasch und sachgerecht mit den Betroffenen gefunden werden.

Damit diese Phasen für Sie greifbarer werden, finden Sie auf der nächsten Seite eine Anleitung, ein konkretes kleines Veränderungsvorhaben in diesen vier Phasen durchzuspielen.

Phase	Themen und Schwerpunkte	Wege und Instrumente
1 **Orientierungs- und Planungsphase**	Anstehende Probleme aus verschiedenen Blickwinkeln betrachten, bei Bedarf Projekt einleiten.	❖ Gespräche, ❖ Vorgehensvorschläge, ❖ Projektantrag an Geschäftsführung.
2 **Situationsdiagnose, »unfreezing«**	Betroffene analysieren die Situation, Berater unterstützen, erste Ansatzpunkte für Veränderungen werden formuliert.	❖ Workshops, Interviews, ❖ Selbstdiagnosematerial, ❖ Diagnosefeedback.
3 **Veränderungen planen und Entscheidungen herbeiführen, »moving«**	Der angestrebte Sollzustand wird erarbeitet, Ableitung von Veränderungszielen, Erarbeitung von Detailkonzepten und Realisierungsplänen.	❖ Workshops, Gespräche, ❖ Arbeitsteams, ❖ Führungskreise.
4 **Veränderungen umsetzen, Erfolgskontrolle, »refreezing«**	Realisierung der vereinbarten Maßnahmen, Kontrolle und Nachjustierung der Maßnahmen.	❖ Umsetzungsteams, ❖ Einsetzen von Verantwortlichen, ❖ Training, ❖ Soll-Ist-Vergleiche.

Zehn Minuten persönliche Organisationsentwicklung

Zehn Minuten, und nicht länger, sollen Sie nun über Ihre gegenwärtige Situation nachdenken und sie ändern.

1 Orientierung/Was ist meine Lage hier …

Welche Informationen über Ihre gegenwärtige Situation hier und jetzt sind verfügbar? (Nur beobachten und sammeln, nicht beurteilen oder bewerten!) Was ist die Art Ihrer Tätigkeit oder Zusammenarbeit mit anderen hier? Wie werden Sie durch die Tätigkeit beeinflusst? Gedanken? Gefühle? Körperliche Empfindungen? Was sehen, riechen, hören Sie? Wie stehen Sie im Verhältnis zu anderen hier im Raum?

(3 Minuten)

✎ ____

____

____

____

____

____

____

____

2 Diagnose (unfreezing)

Was bedeutet das in Punkt 1 festgestellte? Gibt es eine Lücke zwischen Ihren Wünschen und der tatsächlichen Lage? Was möchten sie verändern?

(2 Minuten)

✎ ____

____

____

____

____

____

____

3 Aktion (moving)

Wie können Sie »eingreifen«, um die Situation gleich jetzt zu verbessern, Ihre Wünsche stärker zu berücksichtigen? (Eingriffe sind bei Ihnen selbst oder bei anderen möglich, wenn diese einverstanden sind!) Schreiben Sie Ihre Verbesserungsvorschläge hier nieder, und führen Sie sie möglichst durch.

(3 Minuten)

✎

4 Erfolgskontrolle (überprüfen)

In welcher Weise hat die von Ihnen investierte Zeit geholfen, den Unterschied zwischen »Orientierung«, »Diagnose«, »Aktion« zu verstehen? Meinen Sie, dabei etwas gelernt zu haben? Wenn ja, woraus (aus welchen Informationen oder Anzeigen) lässt sich das schließen?

(2 Minuten)

✎

Fünf Prozesse stehen hinter Veränderungsprojekten

Damit Veränderungen gelingen und eine neue Qualität entsteht, ist es hilfreich, sich der verschiedenen Dimensionen und Anforderungen bewusst zu sein, die eine echte Veränderung erfordern. In nachstehender Übersicht unterscheiden Glasl und Jäckel (1996) fünf Dimensionen von Veränderungsprozessen. Einzelne davon werden jeweils im Verlauf eines Entwicklungsprojektes besonders in den Vordergrund treten. Beispielsweise spielt am Beginn die Diagnose der Situation eine große Rolle, bei der Umsetzung von Veränderungen liegt der Schwerpunkt auf Lernen und professioneller Realisierung.

Prozess	Ziel
Diagnoseprozesse Probleme aufzeigen durch Befragungen, Beobachtungen. Fakten sammeln und untersuchen. Analysen und Interpretationen, Datenrückkoppelung, Selbstdiagnose.	**Bewusstseinsbildung**
Zielfindungs- und Sollentwurfsprozesse Visionen und Ziele erarbeiten; Wertaussagen, Leitsätze und Strategien formulieren; Pläne, Programme und Maßnahmen erstellen.	**Willensbildung**
Lernprozesse Auf der *sachlich-fachlichen* Ebene geht es darum, Wissen und Können zu vermitteln und zu trainieren. Lernmöglichkeiten müssen geschaffen, Pilotprojekte eingerichtet werden. Auf der *persönlichen* Ebene geht es darum, alte Verhaltensweisen loszulassen und neue zu erlernen; Konflikte zu klären und zu lösen; abzugewöhnen und umzugewöhnen; Motive, Einstellungen, Erwartungen zu ändern.	**Wissen und Fähigkeiten** **Emotionale Veränderungen**
Management der Veränderungsprozesse Vorinformation über Sinn und Zweck der Organisationsentwicklung geben; OE-Aktivitäten entwerfen, verbindlich planen, budgetieren, koordinieren, zeitlich planen; spezielle Organe einrichten (Steuergruppe, Projektorganisation), entscheiden.	**Planen, Lenken, Informieren**
Umsetzungsprozesse konsequent durchführen Dauerhaftes Umsetzen der neuen Maßnahmen in der Organisation; Verankerung durch Instrumente und Strukturen und Rahmenbedingungen; Routine bilden.	**Realisieren, Controlling, Informieren**

Wichtig ist, nicht in verkürzte Veränderungen zu schlittern nach dem Motto »quick and dirty«. Die Kenntnis der Basisprozesse kann ihnen helfen, die Schritte eines Änderungsprojektes bewusster zu gestalten.

Instrumente für die Gestaltung einzelner Phasen eines Veränderungsprojektes

Alles beim Alten lassen kostet nur die Zukunft

Sie haben nun wichtige Grundlagen für Organisationsveränderungen kennen gelernt. Sie haben damit einige Voraussetzungen, Veränderungsprojekte selbst durchführen zu können. Als Führungskraft oder Verantwortlicher können Sie geplante oder laufende Projekte umfassender beurteilen und gezielter steuern.

Wir stellen Ihnen nun einige Instrumente vor, die Sie in verschiedenen Veränderungsphasen für sich oder in Teams einsetzen können. Die folgende Übersicht gibt Ihnen einen Überblick über die vorgestellten Instrumente und deren hauptsächlichen Einsatzzweck.

Phase/Basisprozess	**Instrumente**
Für die Diagnosephase (unfreezing)	Leitfaden für ein Diagnosegespräch
	SPOT-Analyse
	Kräftefeldanalyse
Für die Sollentwurfsphase Ziel und Visionen entwickeln	Zielrichtung einer Veränderung klären
	Zielpositionen festlegen
Zur Gestaltung von Lernprozessen	Lernformen on the job
	Seminarlernen
	Projektarbeit
Um das Veränderungsvorhaben insgesamt sachgerecht zu managen	Aufbau der Projektorganisation
Um die Umsetzung zu unterstützen	Projektmanagement anwenden

Leitfaden für ein Diagnosegespräch

Veränderungsbereitschaft der Betroffenen ermitteln

Eine notwendige Veränderung kündigt sich oft durch eine diffuse Unzufriedenheit von Mitarbeitern, Kunden oder Partnern an. Um die Sichtweisen verschiedener Betroffener kennen zu lernen und Anhaltspunkte für Problemlage und Veränderungsbereitschaft der Betroffenen zu erkunden, haben sich Einzel- und Gruppengespräche bewährt.

Die nachstehenden Fragen geben Ihnen Anhaltspunkte für die Gestaltung eines solchen Einzel- oder Gruppengesprächs. Fassen Sie die Ergebnisse mehrerer Einzel- und/oder Gruppengespräche zusammen, und diskutieren Sie die Ergebnisse mit relevanten Gruppen von Mitarbeiterinnen und Mitarbeitern sowie mit zahlreichen Führungskräften.

Welche Problemsichten gibt es?	Wer sieht das Problem wie?
	Was wird ausgeblendet?
Welche relevanten Umwelten der Organisation(seinheit) gibt es?	Wie sehen die das Problem?
	Was sehen sie nicht?
Wodurch wird das Problem aufrechterhalten?	Welche Muster gibt es?
Von welcher Seite gibt es Veränderungsdruck?	Von welcher Seite gibt es Veränderungsenergie?
	Welche positiven Vorstellungen von einem »problemlosen« zukünftigen Zustand gibt es?
	Welche Personen/Gruppen werden der Veränderung positiv/ablehnend gegenüberstehen?
Was passiert, wenn alles so bleibt, wie es ist?	Wofür ist es gut, dass es das Problem gibt?
	Was wird dadurch erreicht/vermieden?
	Für wen hat das Problem Vorteile, für wen Nachteile?
Wie viel Zeit steht zur Verfügung?	Aus der Sicht der Marktlage, der Kunden.
	Aus der Sicht des Managements.

SPOT-Analyse: Diagnose im Team / in der Abteilung

Die SPOT-Analyse als Diagnoseinstrument

Sie eignet sich als Diagnoseinstrument im Marketingbereich, in Teams, bei Qualitätszirkeln und in der Organisationsentwicklung in der Diagnosephase. Durchgeführt wird sie als moderiertes Kleingruppengespräch. Zu jedem Feld (S-P-O-T) wird zuerst ein Brainstorming gemacht, anschließend einigt sich die Gruppe auf die drei bis vier bedeutsamsten Faktoren. Wenn alle vier Felder bearbeitet sind, stellt sich die Gruppe die Frage:

- Wie können aus den drei bis vier Problem-Faktoren Satisfaction-Faktoren werden?
- Wie können die Threat-Hauptfaktoren zu Opportunity-Faktoren werden?

SPOT-Matrix

	Gegenwart	Zukunft
Positiv	**S** **»Satisfactions«** ● Was läuft gut? ● Worauf können wir uns verlassen? ● Was stellt uns zufrieden? ● Was gibt uns Energie? ● Worauf sind wir stolz? ● Was sind unsere Stärken?	**O** **»Opportunities«** ● Wozu wären wir noch fähig? ● Was sind die Zukunftschancen? ● Was können wir im Umfeld nutzen? Was liegt noch brach? ● Was können wir ausbauen? ● Welche Möglichkeiten haben wir?
Negativ	**P** **»Problems«** ● Was ist schwierig? ● Welche Störungen behindern uns? ● Was fehlt uns? Was fällt uns schwer? ● Wo liegen unsere Fallen?	**T** **»Threats«** ● Wo lauern künftig Gefahren? ● Schwierigkeiten, die auf uns zukommen ● Womit müssen wir rechnen? ● Was sind unsere Befürchtungen?

Die Kraftfeldanalyse

Veränderungsbereitschaft ausloten

Sie wird eingesetzt, um die unterstützenden und bremsenden Kräfte eines Veränderungsvorhabens oder Projektes zu erkunden. Die Form ist wiederum ein moderiertes Kleingruppengespräch. Das Ergebnis ist eine Liste der fördernden/hemmenden Hauptfaktoren und Maßnahmen zu deren Verstärkung/Abschwächung.

Themen für eine Kraftfeldanalyse aus der Praxis: Zusammenlegung der Abteilungen X und Y, Einsatz einer neuen EDV-Benutzeroberfläche, patientengerechtere Ambulanzgestaltung im Krankenhaus usw.

Man geht nach folgenden Punkten vor:

Unser Projekt / Unser Vorhaben:

✎ ______________________________

____

____

Sinn und Zweck der Veränderung:

✎ ______________________________

____

____

Angestrebtes Ergebnis/Ziele:

✎ ______________________________

____

____

Betroffene Personen/Gruppen/Einheiten (Umfeldanalyse):

✎ ______________________________

____

____

Kraftfeldanalyse

Fördernde Kräfte sammeln: Wer wird uns bei unserem Vorhaben unterstützen, welche Faktoren werden die geplante Veränderung fördern? Eintragen im Formblatt, Verstärkungsmaßnahmen formulieren.

Hemmende Kräfte sammeln: Wer wird uns dabei behindern, welche Faktoren werden die geplante Veränderung hemmen? Eintragen im Formblatt, Abbaumaßnahmen formulieren.

Kräfte	**Einflussstärke**				**Mögliche Maßnahmen**	**Wirksamkeit**			
Fördernde Kräfte	0	1	2	3	Zur Verstärkung	0	1	2	3
Hemmende Kräfte					Zum Abbau				

Einflussstärke: 0 = kaum Einfluss Wirksamkeit: 0 = vermutlich unwirksam

Aktionsplan

Verstärkungsmaßnahmen				
Welche?*	Wie?	Bis wann?	Wer?	OK?

Abbaumaßnahmen				
Welche?*	Wie?	Bis wann?	Wer?	OK?

* Ankreuzen ausreichend

Zielrichtung einer Veränderung klären

Gemeinsame Orientierung herstellen

Ziel dieser Übung ist es, Klarheit über den Ausgangspunkt und das gewünschte Ergebnis einer Veränderung zu gewinnen. Das gibt der Gruppe eine Orientierung, wohin die »Reise« gehen soll. Die Aussagen werden von einer Gruppe zusammengetragen, verdichtet und diskutiert. Aus dem Ergebnis können relativ leicht Veränderungsleitsätze oder ein kurzes Veränderungsleitbild erarbeitet werden.

Folgendes Beispiel soll Ihnen als Anhaltspunkt für die eigene Vorgehensweise dienen:

Veränderungsprojekt (z.B. »wirksamer Führen«):	
Mit der Veränderung wollen wir …	
weg von …	**und hin zu …**
z.B: unklaren Leistungsanforderungen an Sachbearbeiter.	z.B: periodischen Zielvereinbarungen mit jedem Mitarbeiter.

Zielpositionen festlegen

Messbare Zielgrößen formulieren

Diese Übung dient dazu, quantitative oder qualitative messbare Größen zu formulieren, an denen die erfolgreiche Durchführung eines Veränderungsprojektes gemessen wird. Die Zielpositionen werden zumeist mit einer kleinen Gruppe von Entscheidungsträgern erarbeitet.

Die Fragestellung für die Gruppe lautet: Welche Ergebnisse sollen in ein bis zwei Jahren erreicht sein, damit das geplante Veränderungsprojekt als erfolgreich bezeichnet werden kann? (Messbarkeit beachten!)

Veränderungsprojekt:		
	Ergebnis	**Wie messbar?**
1		
2		
3		
4		
5		

Veränderungsprozesse managen und steuern

Veränderungsprojekte werden ins Leben gerufen, weil die bestehende Organisation ihre Aufgabe nicht (mehr) zufrieden stellend erfüllt. Das heißt, es werden der »normalen« Organisation ihre eigenen Defizite vor Augen geführt. Das ist konfliktträchtig. Beharrende Kräfte werden versuchen, das Organisationsentwicklungs-Projekt zu behindern.

Damit OE-Projekte für die Organisation neue Werte, Ziele, Maßnahmen entwickelt können, brauchen sie einen klaren Auftrag, klare Rollen der am Projekt Beteiligten und eine von der traditionellen Kultur und Hierarchie deutlich abgegrenzte eigenständige Arbeitsform.

Wichtige Erfolgsfaktoren für die OE-Projektarbeit sind:

Erfolgsfaktoren der Organisationsentwicklung

- klar definierte Aufgaben und Ziele,
- transparente Vorgehensweisen (Arbeitsplan, Etappen),
- klare Rollen im Projekt (Wer ist wofür verantwortlich?),
- Klarheit, wie und von wem nötige Entscheidungen getroffen werden,
- Raum und Zeit für die beteiligten Mitarbeiter,
- kontinuierliche Umsetzung von Ergebnissen in der »Normalorganisation«,
- Investitionen in Lernen, Training und Reflexion,
- Unterstützung durch qualifizierte OE-Berater, falls keine internen Spezialisten zur Verfügung stehen.

Eine professionelle Projektorganisation für ein OE-Projekt könnte etwa so aussehen:

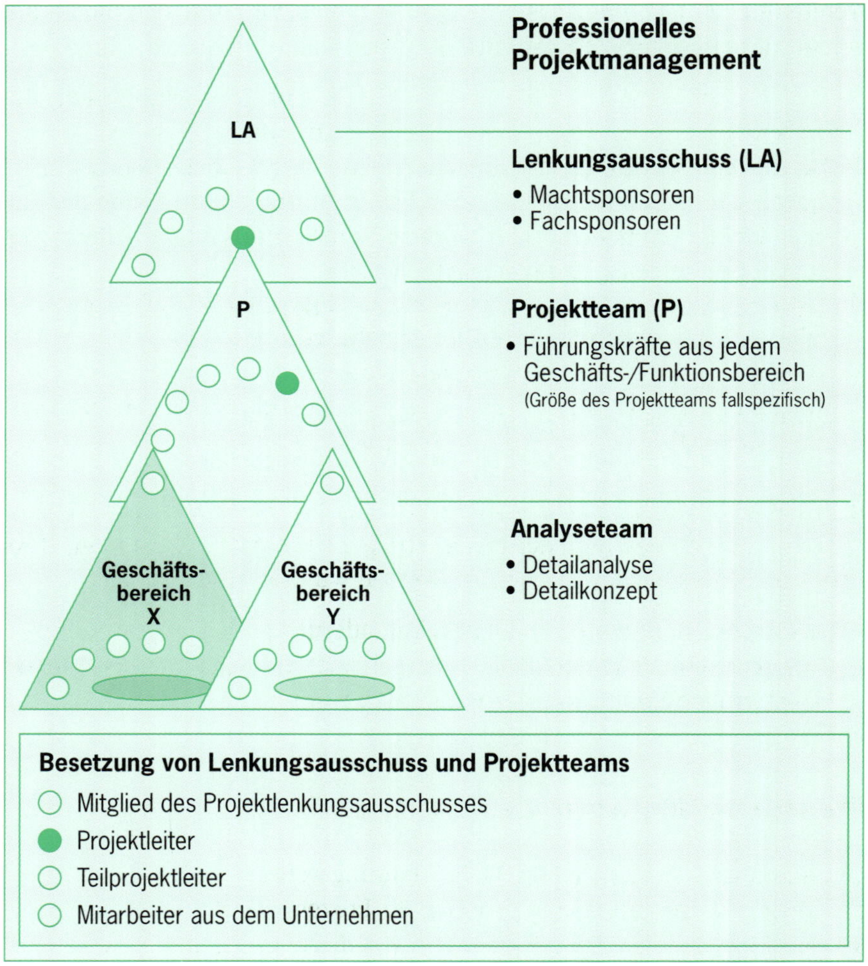

Verbündete gewinnen und mit Konflikten produktiv umgehen

In einer Organisation werden Veränderungen nur dann wirksam umgesetzt, wenn die entscheidenden Menschen aktiv mitmachen und sich nicht quer legen. Nun, wer ist »entscheidend«?

- Ganz sicher sind dies die Vorgesetzten, die mit der Richtung und der Wirkung der Veränderung einverstanden sein müssen.
- Die eigenen Mitarbeiterinnen und Mitarbeiter sind entscheidend.
- Entscheidende Personen sind natürlich auch externe und interne Kunden, die gleichfalls von einer Änderung in meinem Verhalten bzw. in der erbrachten Leistung betroffen sind.
- Darüber hinaus gibt es in einer größeren Organisation noch viele Menschen, die mit Interesse oder mit Argwohn verfolgen, was aus den Veränderungsvorhaben wird. Sie beobachten neugierig, was passiert, weil ihnen ähnliche Veränderungen ins Haus stehen könnten (Nachbarbereiche, Personalvertretung, Stabsstellen usw.).

Norbert Zimmermann, Miteigentümer und Vorstand der Berndorf AG, über seine Erfahrungen bei der Umstrukturierung seines Unternehmens: »Aus heutiger Sicht stellt sich das Ausleben der Meinungsverschiedenheiten zwischen den Betroffenen, den Interessenvertretern und dem Sanierer und Eigentümer als etwas sehr Positives dar. Die intensive Auseinandersetzung mit den verschiedensten Alternativen zur Sicherung des Überlebens des Unternehmens hat die gesamte Belegschaft total aktiviert.«

Der richtige Umgang mit den betroffenen Menschen ist eine wichtige Voraussetzung, damit Sie Veränderungen erfolgreich umsetzen können. Drei Aspekte, die uns wichtig erscheinen, werden wir hier beleuchten:

- Wie kann ich Verbündete für mein Veränderungsvorhaben gewinnen?
- Wie gehe ich mit Widerständen, die bei Veränderungen auftreten, um?
- Wie kann ich Konfliktsituationen produktiv lösen?

Wie kann ich Mitspieler und Verbündete gewinnen?

Veränderungsprojekten stehen nach Erfahrungswerten etwa 20 Prozent der Mitarbeiter aufgeschlossen gegenüber, 20 Prozent eher ablehnend. In der Mitte »steht« die schweigende Mehrheit. Von dieser gilt es möglichst viele zu Mitträgern zu machen. Dazu müssen Sie herausfinden, wer die Mitspieler und Gegenspieler bei Veränderungsvorhaben sind. Es ist hilfreich, einen Blick auf das eigene soziale Umfeld zu werfen und zu untersuchen, wo man mit Unterstützung rechnen kann und wo mit Widerstand. Weil wir bei Veränderungsvorhaben mit unserer Zeit und Energie immer sparsam umgehen müssen, lohnt sich die Überlegung, welchen Menschen wir mehr Zeit und Energie widmen als anderen. Denn dies hat Auswirkungen auf das Vorgehen. Daraus lässt sich dann eine Strategie ableiten.

Vier Typen von Mit- bzw. Gegenspielern

Peter Block (1992) unterscheidet nach dem Grad inhaltlicher Übereinstimmung und persönlichen Vertrauens vier Typen von Mit- bzw. Gegenspielern:

- **Gleichgesinnte** und **Verbündete** (beide sind so genannte »Mitspieler«),
- **Gegner** und **Opponenten** (beide sind eher »Gegenspieler«).

Die unten stehende Matrix verdeutlicht diese Zuordnung und hilft herauszufinden:

- Wie stehen relevante Gruppen/Personen zu einem bestimmten Veränderungsvorhaben?
- Wie gewinne ich Mitspieler und Verbündete?

Wie stehen relevante Personen/Gruppen zu einem bestimmten Veränderungsvorhaben?

Personen oder Gruppen, die möglicherweise von ihrem Projekt betroffen sind, können dazu unterschiedliche Haltungen und Rollen einnehmen.

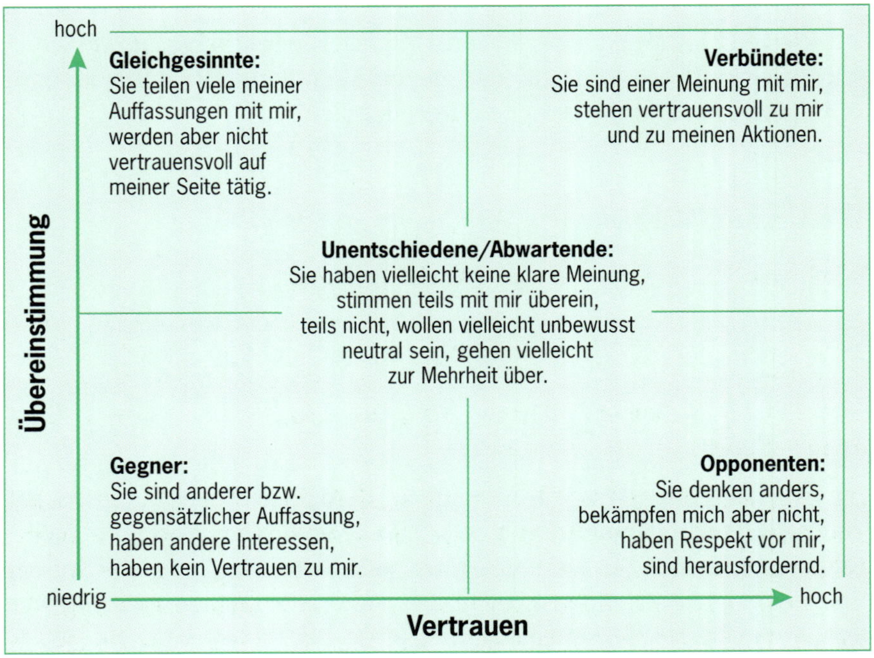

Wie kann ich mehr Mitspieler gewinnen?

Durch Informationsweitergabe und Gespräche sollen Neutrale bzw. Unentschlossene gewonnen werden!

Unentschlossene mit »ins Boot ziehen«

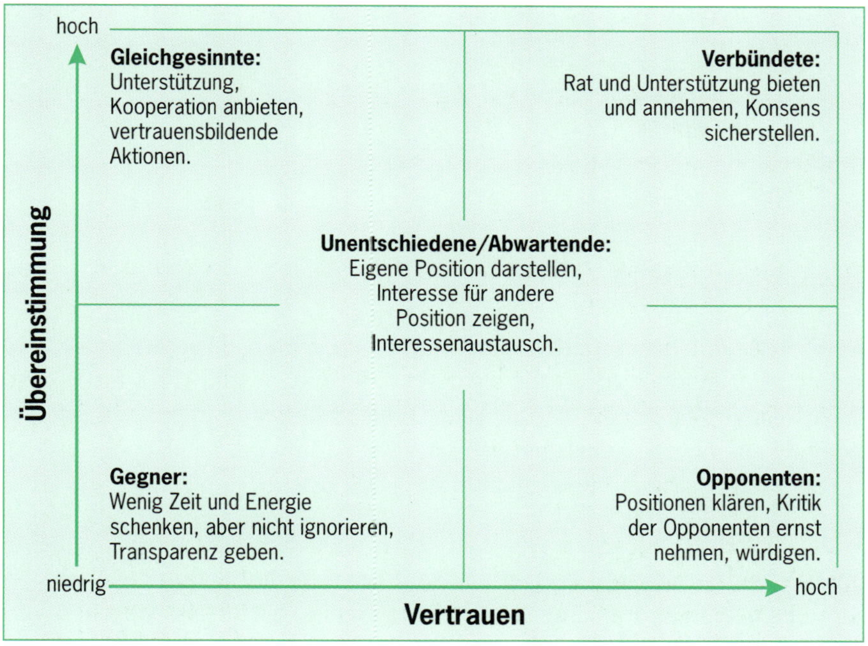

Widerstand für Veränderungen nutzbar machen

Wie reagieren Menschen auf Veränderungen, die plötzlich auf sie zukommen? Versuchen Sie, sich an eine Situation zu erinnern, in der Sie unvorbereitet mit etwas Neuem (z.B. Versetzung, Abteilungsauflösung, Kündigung, im Privatleben) konfrontiert waren.

Die erste Reaktion bei Veränderungen ist oft Schock! Man steht im Nebel, Stressreaktionen folgen. Nach kurzer Orientierung (»Ist das Neue gefährlich/unangenehm/…?«) kommt es zu Sofortreaktionen. Manche werden kämpferisch (verbale Auseinandersetzung), andere fliehen (Rückzug, Verweigerung). Nach einiger Zeit wird man offener für echte Fragen und ist

Widerstände abbauen

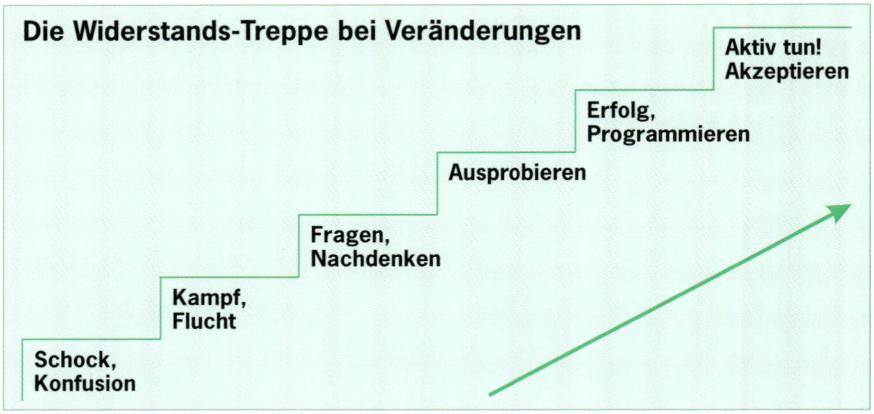

bereit, sich mit der Situation auseinander zu setzen. Hier muss der, der Veränderungen will, zur Stelle sein, gut informieren und für konstruktive Diskussionen Zeit haben. Für die Betroffenen müssen Chancen und Erfolgsmöglichkeiten herausgearbeitet werden. Erst dann wird der Weg frei für das Akzeptieren des Neuen und die tatkräftige Mitarbeit.

Grundsätzlich erfolgt **kaum eine Veränderung ohne Widerstand**. Wenn bei einer Veränderung keine Widerstände auftreten, bedeutet dies oft, dass von vornherein niemand an ihre Realisierung glaubt. Nicht das Auftreten von Widerständen, sondern deren Ausbleiben sollte uns beunruhigen!

Widerstand **enthält immer eine wertvolle »verschlüsselte Botschaft«**. Wenn Menschen sich gegen etwas sinnvoll oder sogar notwendig Erscheinendes sträuben, haben sie irgendwelche Bedenken, Befürchtungen oder Angst. Die Ursachen für Widerstand liegen im emotionalen Bereich. Wir müssen sie herausfinden und entkräften.

Mit dem Widerstand gehen, nicht gegen ihn, das bedeutet, **die Energie des Widerstandes wird produktiv umgelenkt**. Die unterschwellige emotionale Energie muss aufgenommen – zunächst einmal ernst genommen – und sinnvoll kanalisiert werden. Wege dazu sind:

- Druck wegnehmen und dem Widerstand Raum geben.
- Antennen ausfahren, in Dialog treten, Ursachen erforschen.
- Gemeinsame Absprachen anstreben und Vorgehen neu festlegen.

Widerstand zeigt an, dass die Voraussetzungen für ein Vorgehen im geplanten Sinne noch nicht gegeben sind. Verstärkter Druck führt lediglich zu Gegendruck. Besser ist es daher, Nachdenkpausen einzuschalten und sein Vorgehen eventuell zu verändern.

Konflikte konstruktiv bearbeiten

Wenn wir etwas bewegen und verändern wollen, werden Konflikte auftreten. Wir sollten uns der positiven und negativen Kräfte von Konflikten bewusst sein und durch unser Verhalten dazu beitragen, Konflikte nicht unnötig eskalieren zu lassen, sondern kreativ und produktiv zu lösen. Wir haben drei idealtypische Wege, wie wir agieren können:

1 **Gewinner-Gewinner-Situationen schaffen** Die widersprechenden Meinungen werden diskutiert, gegeneinander abgewogen und neu formuliert. Es wird kooperativ eine Problemlösung angestrebt, die für alle Beteiligten annehmbar ist. Voraussetzung für eine konstruktive Konfliktlösung sind: gegenseitiges Vertrauen, ungezwungene Meinungsäußerung, freier Zugang zu den erforderlichen Informationen und partizipative Entscheidungsfindung.	Wenn sie Konflikte konstruktiv lösen wollen, müssen Sie aktiv etwas unternehmen ! Versuchen Sie, die Betroffenen zur Lösungsfindung frühzeitig einzubeziehen.
2 **Gewinner-Verlierer-Spiele vermeiden** Der Gewinn der einen »Partei« führt zu einem Verlust für die andere Partei. Bei der Machtanwendung setzt eine Partei auf Kosten der anderen ihren Standpunkt durch. Die Machtanwendung ist nur dann vertretbar, wenn die Konfliktbewältigung in kürzester Zeit erfolgen muss. Im Normalfall sind Möglichkeiten für eine gemeinsame Lösungssuche gegeben.	Wer als Gewinner eines Konfliktes einen Verlierer zurücklässt, ist früher oder später selbst der Verlierer. Nur Gewinner sind produktive Leistungsträger.
3 **Verlierer-Verlierer-Spiele zerstören Motivation und Klima** Wenn keine Partei erreicht, was sie erreichen wollte, weil man sich gegenseitig »das Wasser abgräbt«, entstehen Frust und Aggression. Der schlechteste Ausweg ist die Flucht. Das zerstört eine Organisation. Ein gangbarer Weg wird sein, in der konkreten Situation faire Kompromisse zu finden (selbst wenn der bittere Nachgeschmack entsteht: »Ich habe nicht bekommen, was ich wollte«) und zukunftsorientiert nach neuen Chancen für beide Konfliktparteien zu suchen.	»Konflikte sind schädlich und müssen daher vermieden werden!« Diese Haltung ist gefährlich: Wegsehen löst keine Konflikte, es lässt sie bestenfalls einschlafen.

Tipps für Ihre Konfliktgespräche

Um Konfliktgespräche werden wir in einer Organisation nicht herumkommen, die Kunst besteht darin, sie zu führen. Grundregeln:

- Ich-Botschaften formulieren statt Du-Botschaften.
- Die eigenen Ziele nennen und die des Gegenübers ernst nehmen.
- Wertschätzung der Person, trotz unterschiedlicher Positionen.
- Schrittweise zu Vereinbarungen kommen und kompromissfähig sein.

Die folgende Checkliste hilft Ihnen, Konfliktgespräche besser vorzubereiten oder Gespräche zu analysieren, um daraus zu lernen (nach Stürzl 1993).

Konfliktgespräche optimal vorbereiten

Checkliste für ihr persönliches Konfliktgespräch

Thema: Konfliktbewältigung		**Stichworte**
Stufe 1	Konflikt auf den Tisch legen (Konfrontation): ❖ Die Ernsthaftigkeit der eigenen Störung muss dem anderen deutlich werden, also nicht »durch die Blume« sagen. ❖ Ich-Botschaften senden statt Du-Botschaften.	»Mich stört …«
Stufe 2	Nennen des eigenen Ziels.	»Ich möchte …«
Stufe 3	Feststellung des Ziels des anderen: ❖ durch direkte Fragen, ❖ Kontrollfrage zum eigentlichen Ziel, ❖ durch aktives Zuhören, ❖ Akzeptanz seines Ziels als seines Ziels.	»Was möchtest du?« »Wie siehst du das?« »Was sagen Sie dazu?«
Stufe 4	Suche nach Gemeinsamkeit.	»Was wollen wir beide?«
Stufe 5	Ideen suchen, akzeptieren, bewerten, wie das Problem gelöst werden kann.	»Worauf können wir uns einigen?«
Stufe 6	Vereinbarung: ❖ konkret, detailliert, zeitlich befristet, ❖ nach vereinbarter Zeit überprüfen, ob sich die Vereinbarung in die Praxis umsetzen lässt und ob wir damit zurechtkommen. Wenn Lösung nicht möglich: ❖ Vertagen (festen Termin vereinbaren). ❖ Sinnfrage (»Hältst du es für sinnvoll …?«). ❖ Es gibt Probleme, die können wir nicht lösen – aber wir können aufhören, uns von ihnen faszinieren zu lassen.	»Was vereinbaren wir?«

Konflikte zwischen Personen und Gruppen durch »Rollenverhandeln« lösen

In jedem Arbeits- oder Projektteam kommt es, selbst bei bestem Wollen und Können, zu Spannungen und (unterschwelligen) Konflikten und Auffassungsunterschieden. Werden diese gut bearbeitet, wird neue Energie für die gemeinsame Arbeit frei. Wir beschreiben hier eine Vorgehensweise, die zu überprüfbaren Vereinbarungen zwischen Personen/Gruppen führt.

»Wo gehobelt wird, fliegen Späne.«

Vorgehen bei zwei Konfliktpartnern

(nennen wir sie A und B):

1. A und B formulieren auf einem Blatt Papier wechselseitig Wünsche an den jeweils anderen.
   - Ich wünsche mir, dass du in Zukunft mehr tust …
   - Ich wünsche mir, dass du in Zukunft weniger tust …
   - Ich wünsche mir, dass du weiterhin tust …

2. Nun tauschen sie die Blätter aus. Jeder liest die Wünsche des anderen durch und überlegt, auf welche Wünsche er gerne eingehen möchte.
   Die beiden beginnen ihre Verhandlungen. Dies ist ein Prozess des Gebens und Nehmens: Wenn A einem Wunsch von B entspricht, muss auch B einem Wunsch von A entsprechen. (Zum Beispiel: »Ich (A) bin bereit, dich (B) bei deinem Projekt zu unterstützen, wenn du mich regelmäßig und unaufgefordert über die Verhandlungen mit dem Kunden informierst!«)
   Eine dritte Person kann in schwierigen Fällen als Beobachter fungieren und eingreifen, wenn die Verhandlungen unfair werden.

3. Die Runde ist abgeschlossen, wenn beide Partner schriftliche Vereinbarungen bezüglich ihres Verhaltens getroffen haben.
   Das Ergebnis wird von beiden unterschrieben und ein Termin für die Überprüfung festgelegt.

Bei mehreren Personen werden weitere Verhandlungsrunden geführt, bis alle Unstimmigkeiten bereinigt sind.

Menschen und Organisationen lernen immer – die Frage ist nur, was!

Von der Organisationsentwicklung zur lernenden Organisation

Die Organisationsentwicklung ist ein einmaliger, an ganz bestimmten Anforderungen orientierter Vorgang. Da Anpassungsprozesse dieser Art aufgrund der raschen Veränderungen im Umfeld von Organisationen heute bereits als nicht ausreichend empfunden werden, entstand die Idee der lernenden Organisation: Die Organisation soll lernen, das findet auf zwei Ebenen statt:

- auf der kognitiven Wissensebene
- auf der kulturellen und Wertebene

Lernen auf der **Wissensebene** heißt:

- Fehler als »Schatz« sehen.
- Systematische Beschaffung von Umfeldwissen (Kunden, Markt, Konkurrenz) durch Mitarbeiter und Umsetzung in Verbesserungen.
- Mitarbeiter und Teams werden angeregt, »selbstgesteuert« zu lernen, mit eigener Schwerpunktsetzung (z.B. Lernprojekte, Experimente ...).

»Wir brauchen Menschen, die beim Arbeiten darüber nachdenken, was sie tun und warum sie es tun, und dann bessere Theorien finden«, sagt der Direktor des Organizational Learning Center am MIT (Massachusetts Institute of Technology).

Lernen auf der **Ebene von Werten** erfolgt durch Austausch mit fremden Weltbildern und Kulturen, um das eigene »Sinnmodell« und die tragenden Leitvorstellungen weiterzuentwickeln. Argyris (1996) spricht auch von »Double Loop Learning«. Es führt zur Überwindung des bestehenden Sinnmodells, etwa der Hierarchie zugunsten einer horizontalen Netzwerkorganisation. Auslöser und Verstärker für solche Lernprozesse sind:

- Problemdruck,
- Sogwirkung von Chancen,
- hohe Reflexionsfähigkeit im Unternehmen,
- Suche nach übergreifenden Kontexten im Wertschöpfungsstrom,
- In halbjährlichen Klausuren der Geschäftsfeldleiter wird die strategische Ausrichtung gemeinsam überprüft und laufend angepasst.
- Regelmäßige Mitarbeiterbefragungen in den Geschäftsfeldern fördern permanent Verbesserungsmöglichkeiten zutage (etwa: Einbeziehen von Kunden in Projektteams).
- Mitarbeiter sammeln Erfahrungen bei anderen Firmen.

Dimensionen des lernenden Unternehmens

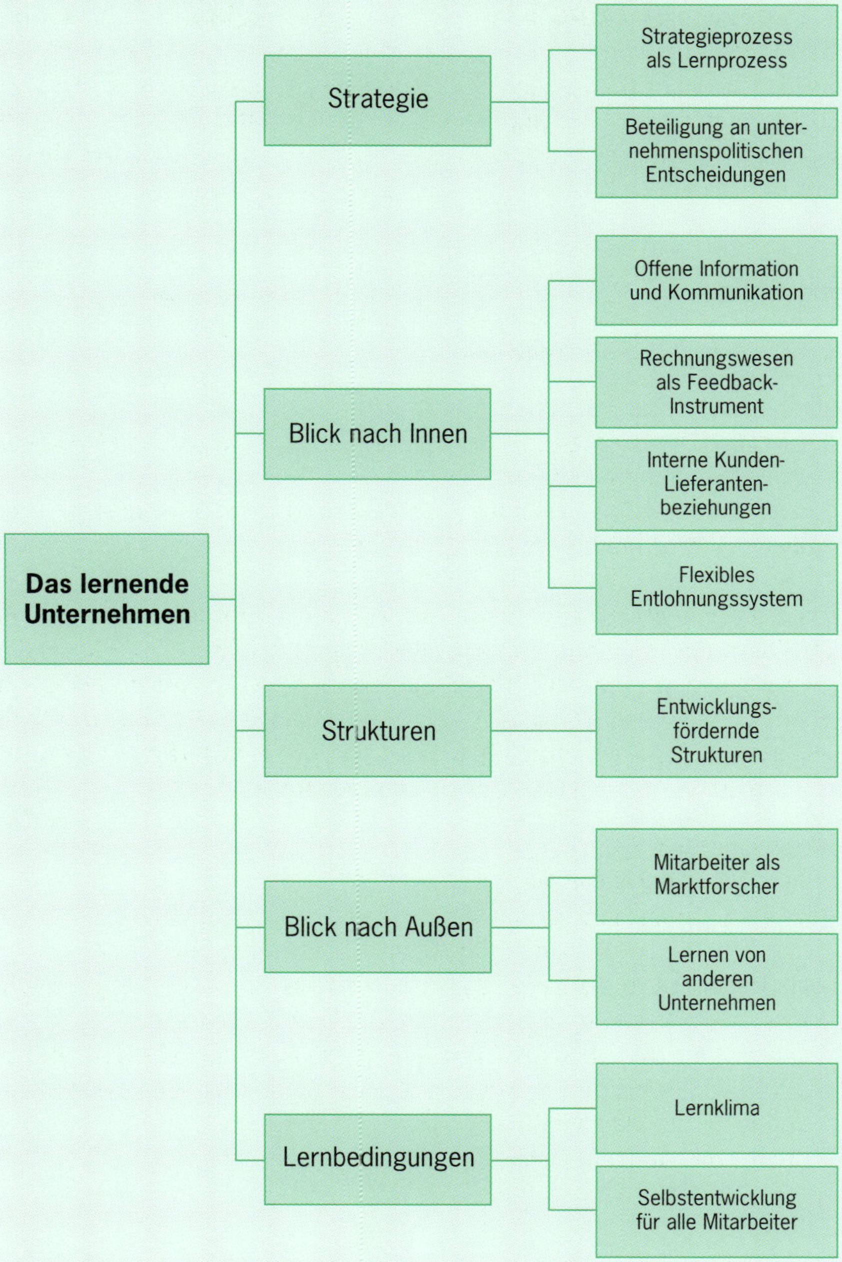

Kurzdiagnose: Sind wir ein lernendes Unternehmen?	**Istzustand**	**Handlungsbedarf**
1 Strategieprozess als Lernprozess Neue Strategien und Ideen werden in Pilotversuchen erprobt, ständiges Experimentieren in kleineren Bereichen ist selbstverständlich; in der Umsetzung wird konsequent auf Frühwarnsignale geachtet und Feed-back eingeholt.	0% 100%	0% 100%
2 Beteiligung an unternehmenspolitischen Entscheidungen Entscheidungen werden mit Eigentümern, Mitarbeitern, Kunden diskutiert, um Konsens zu entwickeln, bessere Entscheidungen zu erhalten und die Umsetzung zu erleichtern.	0% 100%	0% 100%
3 Offene Information und Kommunikation Information fließt offen und schnell, insbesondere zu den Mitarbeitern an der Kundenfront; die eingesetzte Informationstechnologie ist benutzerfreundlich und leicht zu bedienen.	0% 100%	0% 100%
4 Rechnungswesen als Feed-back-Instrument Das Rechnungswesen liefert aktuellste Informationen, die dem Mitarbeiter helfen, aus den Konsequenzen seiner Entscheidungen zu lernen; es unterstützt ihn in seiner Rolle als »interner Unternehmer«.	0% 100%	0% 100%
5 Interne Kunden-/Lieferantenbeziehungen Abteilungen und Gruppen des Unternehmens verstehen sich als Kunden und Lieferanten und handeln Leistung und Gegenleistung z.B. hinsichtlich Dienstleistung, Qualität und Preis untereinander aus.	0% 100%	0% 100%

Kurzdiagnose: Sind wir ein lernendes Unternehmen?	Istzustand	Handlungsbedarf
6 Flexibles Entlohnungssystem Es gibt individuell unterschiedliche Entlohnungsmöglichkeiten; das Belohnungssystem fördert Engagement für Lernen, Experimentieren und Innovation.	0% 100%	0% 100%
7 Entwicklungsfördernde Strukturen Die Strukturen des Unternehmens sind flexibel und können rasch verändert werden; Rollen- und Aufgabenverteilungen sind nur grob festgelegt und an den Kundenbedürfnissen ausgerichtet.	0% 100%	0% 100%
8 Mitarbeiter als Marktforscher Alle Mitarbeiter, insbesondere die an der Kundenfront, sammeln Informationen insbesondere von Kunden und Lieferanten: Diese Daten sind im Unternehmen willkommen, werden analysiert und verwertet.	0% 100%	0% 100%
9 Lernen von anderen Unternehmen Alle Möglichkeiten, von anderen Unternehmen zu lernen (z.B. von Geschäftspartnern, Mitbewerbern, »Branchenbesten«), werden genützt.	0% 100%	0% 100%
10 Lernklima Es gibt eine »Kultur der dauernden Verbesserung«, Fehler werden nicht bestraft, sondern als Lernchance gesehen.	0% 100%	0% 100%
11 Selbstentwicklung für alle Mitarbeiter Am Arbeitsplatz werden Lernmöglichkeiten bewusst geschaffen. Kurse, Seminare, Workshops stehen allen offen: Jeder Mitarbeiter lernt eigenverantwortlich.	0% 100%	0% 100%

Quelle: Raiffeisenakademie, in Anlehnung an Pedler/Burgoyne/Boydell 1994

Neun Gebote für das lernende Unternehmen

Gebot 1	Nichts ist so beständig wie der Wandel. Das lernende Unternehmen hat den Veränderungsprozess institutionalisiert. Es entwickelt sich ständig weiter.
Gebot 2	Die meisten Unternehmen lernen nur in der Krise. Der clevere Manager versteht es jedoch, auch in ruhigen Zeiten einen stetigen Lernprozess am Leben zu halten.
Gebot 3	Der Mitarbeiter ist der Motor des Wandels. Die Führungsspitze delegiert so viel Kompetenz wie möglich nach unten. Teamarbeit ersetzt den autoritären Führungsstil.
Gebot 4	Das lernende Unternehmen ist nicht mehr in voneinander isolierte Abteilungen organisiert, sondern nach Geschäftsprozessen. Diese gilt es zu verbessern, nicht einzelne Funktionen.
Gebot 5	Der Kunde ist König, auch im Unternehmen. Die einzelnen betrieblichen Stellen stehen in einem Kunden-Lieferanten-Verhältnis zueinander.
Gebot 6	Die Kunden – egal ob externe oder interne – sind an der Entwicklung des Produktes beteiligt.
Gebot 7	Die Mitarbeiter kommunizieren direkt und gut miteinander. Ideen werden schnell ausgetauscht und diskutiert.
Gebot 8	Der Vergleich macht Sie sicher. Das lernende Unternehmen misst sich mit seinen Konkurrenten, einzelne Töchter vergleichen sich untereinander.
Gebot 9	Risiko wird belohnt. Nicht der Fehler ist das Problem, sondern den Fehler immer wieder zu machen.

Quellen: Prof. Horst Wildemann, TU München, und Beratergruppe Neuwaldegg

Resümee

Die Entwicklung in Richtung Flexibilität wird immer weitergehen

Die Transformation unserer stabilen »Palastorganisationen« zu flexiblen »Zeltorganisationen« steht erst am Anfang. Die Turbulenzen auf den Märkten, die rasche Veränderung von Kundenbedürfnissen und der starke Wettbewerbsdruck werden dafür sorgen, dass die Entwicklung in Richtung Flexibilität und Anpassungsfähigkeit verstärkt weitergeht. Die Transformation unserer heutigen Organisationen erfordert zuallererst einen mentalen Wandel in den Köpfen der Mitarbeiter und Führungskräfte: Organisation ist Mittel zum Zweck, und ihre Gestaltung hat Anforderungen zu genügen, die sich vorrangig von der Kundenseite her stellen.

Und was ist Ihr persönliches Resümee? Hat Ihr Bild von Organisation, das wir zu Beginn des ersten Kapitels erfragt haben, eine Veränderung erfahren? Welches Bild kommt Ihren Erkenntnissen am nächsten?

✎ ______________________________

____

____

____

Welche theoretischen Erkenntnisse und Einsichten haben Sie gewinnen können?

✎ ______________________________

____

____

____

Welche Anregungen haben Sie für Ihre organisatorische Praxis erhalten?

✎ ______________________________

____

____

____

Im zweiten Teil des Buches wird nun auf die Organisationsaufgaben des Managements Bezug genommen. Am Anfang bitten wir Sie wieder, ein Bild zu wählen, das Ihren realen Erfahrungen bzw. Ihren idealen Vorstellungen von Management am nächsten kommt.

Im anschließenden Text werden Ihnen wieder verschiedene Theorien, aktuelle Entwicklungen der Managementpraxis, Rezepte und Selbstchecks vorgestellt, die Ihnen die Gelegenheit geben, Ihr Bild von Management zu überprüfen, neue Erfahrungen zu gewinnen und Tipps für die Praxis zu bekommen.

Organisations-gestaltung als Managementaufgabe

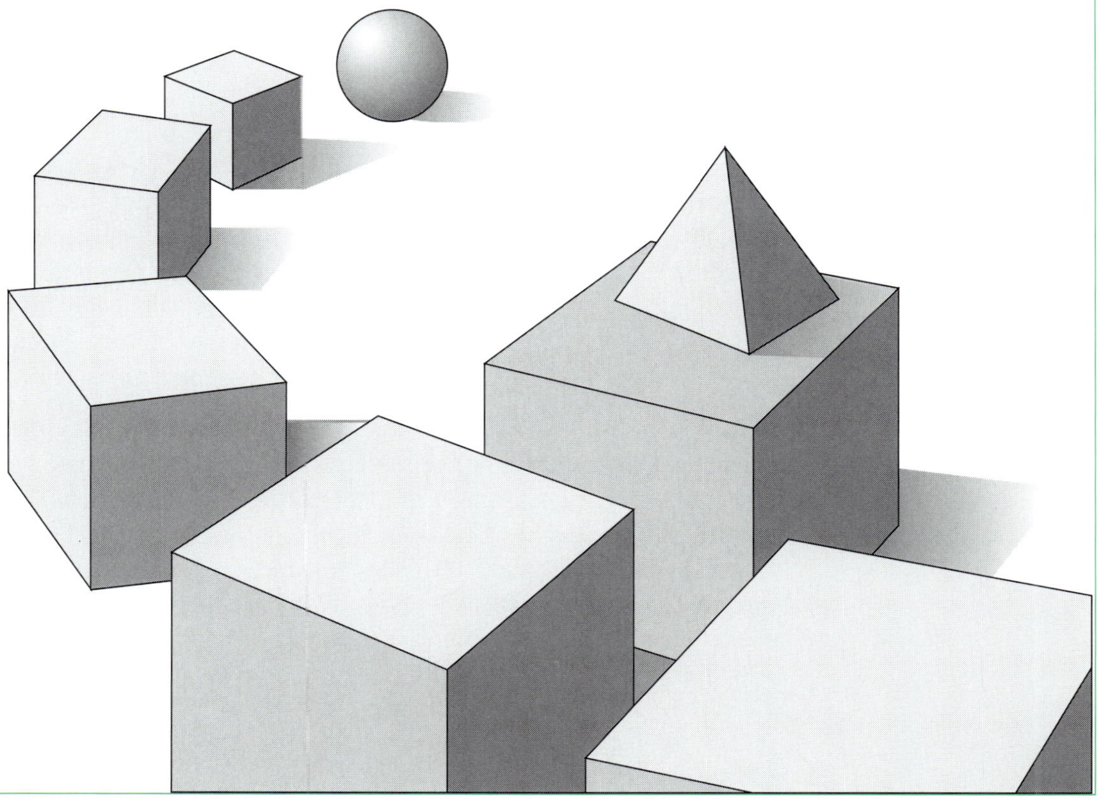

Organisieren auf der Managementebene

Das zweite Kapitel dieses Buches beschäftigt sich mit dem Organisieren, wie es auf der Managementebene stattfindet. Manager agieren innerhalb eines Rahmens, der von ihrer Organisation vorgegeben ist. Je nach Managementebene sind sie dabei mit unterschiedlichen Weisungsbefugnissen ausgestattet und haben nach herkömmlichem Verständnis die Aufgabe, das Alltagsgeschäft zu organisieren und die dazu erforderlichen sach- und personenbezogenen Entscheidungen zu treffen. Zur Veranschaulichung dieser Aufgaben wollen wir zu Beginn einige Beispiele vorstellen:

1. Der Leiter einer Serviceabteilung beschließt, mit seinen Mitarbeitern eine eintägige Klausur durchzuführen, in der er Verbesserungen besprechen möchte, die er in einigen Gesprächen mit Stammkunden ermittelt hat. Schon bei der Einleitung merkt er an einigen eindeutigen Reaktionen seiner Mitarbeiter eine gewisse Reserviertheit. In der Folge hört er viele Rechtfertigungen und Beschwerden über Kunden, die Unmögliches verlangen. Nach einigen Einwendungen sieht er langsam ein, dass der erwartete Erfolg der Klausur ausbleiben wird. Damit zumindest die in seinen Augen wichtigsten Verbesserungen durchgeführt werden, beschließt er, den Anordnungsweg zu beschreiten.

2. Jochen, ein neues Mitglied im Vorstand des örtlichen Tennisvereins, übernimmt zum ersten Mal die Vorbereitung des jährlichen Turniers. In einer längeren Nachtschicht arbeitet er ein genaues Konzept aus, das er am darauf folgenden Wochenende seinem Vorstand präsentiert. Plötzlich sieht er sich mit einer Reihe von Änderungswünschen konfrontiert. Er muss zwar anerkennen, dass einige dieser Änderungen sinnvoll sind, ist aber verärgert, dass er so spät davon erfährt und sein Konzept nun völlig umschreiben muss. Beim Heimgehen spürt er deutlich, dass ihm die weiteren Vorbereitungsarbeiten keinen Spaß mehr machen werden.

3. Familie Mayer geht zum Heurigen. Als sie zum Gastgarten kommen, bleibt der Vater stehen, um sich einen Überblick zu verschaffen. Nach freien Plätzen Ausschau haltend, stellt er laut die Frage: »Nun, wo sollen wir uns denn hinsetzen?« Er überlegt jedoch nicht lange und steuert mit seiner Frau im Arm schnell auf einen Schattenplatz zu, der ihm besonders gut zusagt. Verwundert sieht er, dass seine Kinder in eine andere Richtung laufen und in der Nähe eines Kinderspielplatzes Platz genommen haben. Als sie sich auf seine Aufforderung hin strikt weigern, zum Tisch ihrer Eltern zu kommen, beschließt er eine Verschärfung der Erziehungsmaßnahmen.

Übung

In den drei Beispielen geraten »Manager« in typische Schwierigkeiten. Bitte beantworten Sie nun folgende Fragen:

Welches Verhalten leitet diese Schwierigkeiten ein?

Beispiel 1 ______________________________

____

Beispiel 2 ______________________________

____

Beispiel 3 ______________________________

____

Welche Empfehlungen würden Sie den »Managern« geben?

Beispiel 1 ______________________________

____

Beispiel 2 ______________________________

____

Beispiel 3 ______________________________

____

Gängige Bilder des Managements

Wir stellen Ihnen im Folgenden einige gängige Sinnbilder von Management vor und bitten Sie, das Bild zu identifizieren, das Ihrer realen Organisationserfahrung entspricht und das Bild zu suchen, das Ihre Idealvorstellung von Organisation darstellt.

Bild	**Meine reale Erfahrung**	**Meine Idealvorstellung**
Sklaventreiber 		
Militär 		
Vater mit Kindern 		
Kapitän 		
Lehrer 		
Fußballcoach 		
Dirigent 		

Versuchen Sie nun mit Hilfe des nachfolgenden Textes, Ihre »Bilder« kritisch zu überprüfen. Stellen Sie fest, welchen Nutzen sie für die Zusammenarbeit von Menschen haben können bzw. was sie verhindern.

1. Begriff des Managements

Eine kleine Geschichte des Managements und seiner Lehre

Managementfunktionen sind bereits in der Antike und im Mittelalter bei religiösen, politischen und militärischen Projekten erkennbar, wobei damals die spezifisch ökonomische Orientierung noch fehlte. Bekannte Beispiele für Managementleistungen der Vergangenheit sind:

- Bewässerungsprojekte und Pryamidenbau in Ägypten,
- der Aufbau einer großräumigen Infrastruktur im alten Rom,
- Organisation der Steuereintreibung in Babylonien und Indien.

Das angloamerikanische Substantiv Management leitet sich vom englischen Verb »to manage«, »handhaben, bewerkstelligen, leiten, führen«, ab. »To manage« wiederum geht auf das italienische »maneggiare«, »handhaben, bewerkstelligen«, zurück. Stammwort ist das lateinische Wort »manus«, »Hand«. Verschiedentlich wird das Wort Management auch vom lateinischen »manus agere« – »an der Hand führen« oder, genauer, »ein Pferd in allen Gangarten üben« – hergeleitet.

Das wirtschaftliche und leistungsorientierte Denken genoss eine geringe Wertschätzung in feudalen Gesellschaften und in der Religion, was lange Zeit eine intensivere Auseinandersetzung mit den Aufgaben eines ökonomisch ausgerichteten Managements verhinderte. Erst die Industrialisierung schaffte im Zuge der großen gesellschaftlichen, politischen und technologischen Veränderungen des 18. Jahrhunderts die Voraussetzungen für die Entwicklung eines unserem Verständnis nahe kommenden Managements.

Aufgrund des raschen Wachstums der Unternehmen, das eine Trennung von Eigentum und Unternehmensführung notwendig machte, entstand eine neue Berufsgruppe: die Manager.

Die Eigentümer, die sehr daran interessiert waren, die aus dem Kreis der höheren Angestellten rekrutierten Manager an eine einheitliche Unternehmenspolitik zu binden, führten Ordnungsstrukturen ein, die Ausgangspunkt für die spätere Bürokratisierung der Organisationen waren. Das Interesse an einem reibungslosen Funktionieren der Organisation war auch Ansatzpunkt für die wissenschaftliche Beschäftigung mit dem Management.

Ein anderer Ort, an dem über Management nachgedacht wurde, war das Militär. Hier hatte sich vor allem der preußische General Carl von Clausewitz (1780–1831) mit Fragen des Managements großer Armeen beschäftigt, und die Erfolge des preußischen Heeres in der zweiten Hälfte des 19. Jahrhunderts führten zu einer Übernahme militärischer Organisations- und Führungsmodelle durch Wirtschaftsbetriebe. Davon zeugen heute noch gebräuchliche Begriffe wie Generaldirektor, Stab, Strategie, Werbefeldzug usw.

Die neuere Geschichtsschreibung des Managements beginnt mit den Arbeiten von W. Taylor (Taylor 1917) und unterscheidet drei Ansätze:

- die Zeit des »Scientific Management« (Entwicklung formaler Strukturen, »Taylorismus«),
- die Zeit des »Sozial Man« (Berücksichtigung und Einbeziehung sozialer Prozesse, »Human-Relation«-Bewegung),
- die Zeit der Integration (Prozessansatz, Humanisierungsansatz, kybernetische und systemtheoretische Theorien, eklektische und situative Ansätze).

Im deutschen Sprachraum ist der angloamerikanische Begriff Management seit 1945 in stärkerem Gebrauch und ersetzt sukzessive ursprünglich eingeführte Begriffe wie Leitung, Unternehmensführung, dispositiver Faktor und Führung, die jeweils anderen Theorieansätzen entstammen und schwer zu vereinheitlichen sind.

Wenn heute in der Literatur von »Führung« die Rede ist, ist in der Regel der personenbezogene Aspekt des Managements, also die so genannte Menschenführung, gemeint.

Davon unterscheidet man das sachbezogene Management, das im Wesentlichen aus Planung, Organisation und Kontrolle besteht.

Der personenbezogene Teil der Managementlehre wurde lange als eine nicht lehr- und erlernbare Kunst angesehen. Hand in Hand mit dieser Auffassung wurde in sozialdarwinistischer Manier die Meinung vertreten, dass Führer eine besondere Begabung hätten, die sie in die Lage versetzten, immer die richtigen Entscheidungen zu treffen. Dieses Konzept entsprach dem in der zweiten Hälfte des 19. Jahrhunderts vor allem in Deutschland verbreiteten Elitedenken. Es übernahm die Funktion, Herrschaftsinteressen und Machtpositionen der Feudalherren und des Militärs abzusichern. Auf der anderen Seite nahm das Konzept Arbeiter als dumm und antriebslos wahr, die nur durch Geld und scharfe Kontrolle zur geforderten Leistung bewegt werden könnten.

Erst nach dem Ersten Weltkrieg, im Zuge der eingetretenen sozialen und politischen Veränderungen, fanden sozialwissenschaftliche und insbesondere psychologische Theorien Eingang in die Führungslehre. Nach einem längeren Entwicklungsprozess wurde Führung als ein von Personen und bestimmten Eigenschaften unabhängiger lehr- und erlernbarer Beruf erkannt. Kernpunkt der heute gängigen Definitionen ist »der Prozess der zielbezogenen, interpersonellen Verhaltensbeeinflussung« (Staehle 1994, S. 536).

Wir wollen im Folgenden einige wichtige Führungsmodelle vorstellen und folgen dabei einer Kategorisierung von Friedrich Glasl, der zwischen Management- oder Führungsphilosophie, Führungsstil und Führungstechniken unterscheidet (Glasl/Lievegoed 1996, S. 134f.).

Management- oder Führungsphilosophie	Kognitiver Aspekt einer Führungskonzeption: generelle Grundauffassungen bzw. Grundannahmen und Grundwerte zum Menschen, Weltverständnis, Arbeitsverständnis.
Führungsstil	Gestaltung der Beziehungen bzw. des sozial-emotionalen Klimas zwischen Führenden und Geführten, Attitüden, das heißt Grundeinstellungen und Präferenzen für das Führungsverhalten, Grad der gegenseitigen Einflussnahme.
Führungstechniken	Konkrete Gestaltungsregeln des Führungsverhaltens, verhaltensbestimmende Instrumente.

Management- oder Führungsphilosophien

Jede Führungskraft hat ihre eigene Vorstellung von Management

Die Rolle und speziell die Durchsetzungsmacht, die Führungskräften in Organisationen eingeräumt wird, wurde schon immer mit einem philosophischen Überbau versehen. Egal ob bewusst oder unbewusst, jeder Beobachter, jeder Beteiligte und selbstverständlich jede Führungskraft selbst nimmt das Management im Sinne einer bestimmten Weltanschauung wahr. In einer solchen Weltanschauung sind nähere Bestimmungen wichtiger Einflussfaktoren aufgehoben wie etwa das Verhältnis sozialer und ökonomischer Werte, ganzheitliche Denkweisen bzw. das für Managementverhalten maßgebliche Menschenbild.

Die wohl bekannteste und meist zitierte Klassifikation von überholten traditionellen und neueren Managementphilosophien stammt von Douglas McGregor (McGregor 1960). Er unterscheidet:

Theorie X (traditionell)	**Theorie Y** (neu)
Der Mensch ist von Grund auf faul, ohne Eigeninitiative und Ehrgeiz.	Menschen streben in ihrer Arbeit nach Selbstverwirklichung und sind aus freien Stücken zu starkem Einsatz bereit.
Der Mensch drückt sich vor der Arbeit und der Verantwortung, wo immer er kann.	Menschen sind bereit, Verantwortung zu übernehmen, und suchen sie sogar.
Die Menschen müssen angewiesen und kontrolliert werden. Erst die Androhung von Strafe bringt ausreichende Leistung.	Menschen können und wollen sich selbst kontrollieren.
Führungsverhalten nach der Theorie X: Druck und scharfe Kontrolle.	Führungsverhalten nach der Theorie Y: Entfaltungsmöglichkeiten einräumen und Vertrauen entgegenbringen.

Führungsstile

Der Führungsstil zeigt sich an der Beziehung einer Führungskraft zu ihren Mitarbeitern. Bekannt ist die von Lewin und seinen Mitarbeitern anlässlich der Iowa-Studien (1938 bis 1940) getroffene Unterscheidung in

- autoritären Führungsstil,
- Laisser-faire-Stil,
- partizipativen Stil.

Lewin, unter dem Eindruck der Hitler-Diktatur stehend, wollte in seiner Studie die Auswirkungen der unterschiedlichen Führungsstile auf individuelles und Gruppenverhalten untersuchen. Er stellte dabei Folgendes fest:

Merkmale und Auswirkungen verschiedener Führungsstile auf Arbeitsergebnisse und -klima in Organisationen (Iowa-Studie)

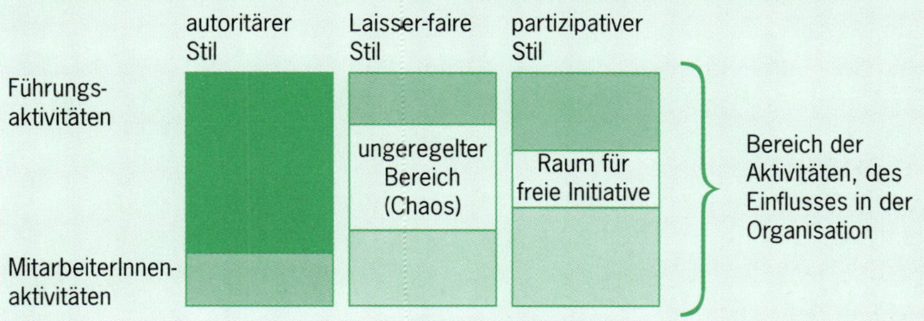

Der **autoritäre Führungsstil** ist dadurch gekennzeichnet, dass Zielsetzungen und Arbeiten von oben angeordnet werden. Es gibt eine strikte Kontrolle, und die Mitarbeiter erhalten nur wenig Einblick in den Arbeitsvorgang. Das hinter diesem Stil stehende Ordnungs- und Kontrollbedürfnis ist in der Regel auch Bestandteil der Organisationskultur.

Die strikte Kontrolle herrscht vor

Sinnvoll ist dominantes Leitungsverhalten wohl nur in Krisen- und Konfliktsituationen, deren Ende absehbar ist.

Auswirkungen: Die Mitarbeiter reagieren zunächst mit verstärktem Arbeitseinsatz. Nach einer gewissen Zeit der Gewöhnung wird »Dienst nach Vorschrift« gemacht. Kreativität und freie Initiative der Mitarbeiter gehen verloren. In dieser Entwicklung glauben dominante Führungspersönlichkeiten oft eine Bestätigung ihres Verhaltens zu erkennen, was letztlich einen verhängnisvollen Kreislauf in Gang setzt: Die Mitarbeiter ziehen sich weiter zurück usw.

Der **Laisser-faire-Stil** ist durch Zurückhaltung und Nichteinmischung (frz. »Laisser faire« – »treiben-lassen«) charakterisiert. Er wird oft mit einem demokratischen, partizipativen Stil verwechselt.

Sinnvoll kann die Haltung des Zusehens und Abwartens in Situationen sein, wo eine neue Führungskraft in eine bereits bestehende Gruppe kommt.

»Laisser-faire-Stil« bewirkt Rückzug

Auswirkungen: Die Mitarbeiter werden im Laufe der Zeit ratlos und unsicher und ziehen sich auf ihren Arbeitsbereich zurück. Neben aggressivem Verhalten und Resignation kommt es zum Rückzug auf den eigenen Verantwortungsbereich (»Schrebergärtnermentalität«), und das Interesse an der Gesamtorganisation geht verloren.

Gemeinsame Arbeit an Planungs- und Entscheidungsprozessen

Der **partizipative oder demokratische Stil** meint ein Leitungsverhalten, das gemeinsamen Beratungs- und Entscheidungsprozessen gegenüber aufgeschlossen ist. Kenntnisse und Fähigkeiten von Mitarbeitern werden anerkannt, gefördert und am richtigen Ort eingesetzt.

Auswirkungen: Die Mitarbeiter erhalten einen hohen Informationsstand in Bezug auf relevante Ziele und Planungsfaktoren. Durch die Mitarbeit am Planungs- und Entscheidungsprozess entsteht ein hohes Maß an Identifikation mit den Aufgaben sowie eine starke Leistungsmotivation. Das Arbeitsklima ist partnerschaftlich.

»Achtung: Selbständig denkende Mitarbeiter können Ihren Chefsessel gefährden. Ein zu eigenen Gedanken fähiger Untergebener ist auch fähig zu glauben, daß es eigentlich keinen guten Grund gibt, warum er Untergebener sein sollte, schon gar nicht Ihr Untergebener. Es liegt in der Natur der Sache, daß Sie als Vorgesetzter nicht das geringste Interesse daran haben können, von Mitarbeitern umgeben zu sein, deren Ehrgeiz allein darin besteht, eines Tages an Ihnen vorbeizupreschen. Der Trick im Umgang mit Untergebenen ist also, sie glücklich, produktiv, hoffnungsvoll, aber vor allem untergeben zu halten« (Indira Fahmy: Hunde statt Katzen. Wie Sie Ihre Untergebenen untergeben halten. In: Trend 5/1996).

Kontinuumtheorie

Ausgehend von Lewins Modell, haben Tannenbaum und Schmidt (s. Staehle 1994, S. 546) eine **Skala von sieben Führungsstilen** entwickelt, die sie in einem Kontinuum anordnen. So wird sichtbar, wie je nach Ausprägung des Autoritätsverhaltens des Vorgesetzten der Entscheidungsspielraum der Gruppe groß bis verschwindend klein sein kann.

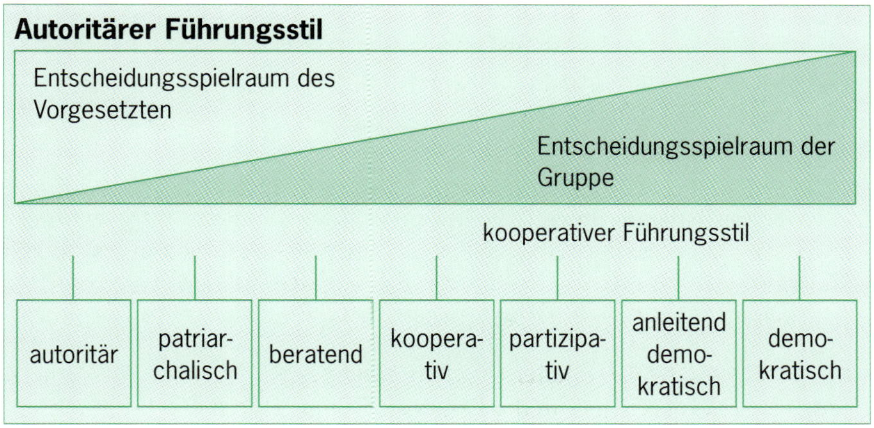

Tannenbaum und Schmid, deren Kontinuumtheorie in der amerikanischen Literatur große Verbreitung gefunden hat, stellen fest, dass es keinen »richtigen« Führungsstil an sich gibt. Führungsverhalten, das effizient sein will, hat der Persönlichkeit des Vorgesetzten sowie den Charakteristika der Mitarbeiter und der jeweiligen Situation zu entsprechen.

Die drei Dimensionen des Führungsverhalten

Im Sinne der Unterscheidung zwischen personen- und sachbezogenen Managementaufgaben stellt W.J. Reddin (1977) zur Klassifikation von Führungsverhalten ein **dreidimensionales Verhaltensgitter** vor, dessen Achsen er »Beziehungsorientierung« (BO) und »Aufgabenorientierung« (AO) nennt. Als dritte Dimension führt er die Effektivität des jeweiligen Führungsverhaltens ein. Wie schon Tannenbaum und Schmid vertritt er die Auffassung, dass die von ihm unterschiedenen vier Stile in Abhängigkeit von der spezifischen Situation, in der Führungskräfte agieren, sowohl effizient als auch ineffizient sein können. Reddins Meinung nach ist es daher unsinnig, Führungskräften einen bestimmten Stil beibringen zu wollen, weil es vor allem darum geht zu lernen, Führungssituationen zu analysieren und richtig einzuschätzen.

Das dreidimensionale Verhaltensgitter

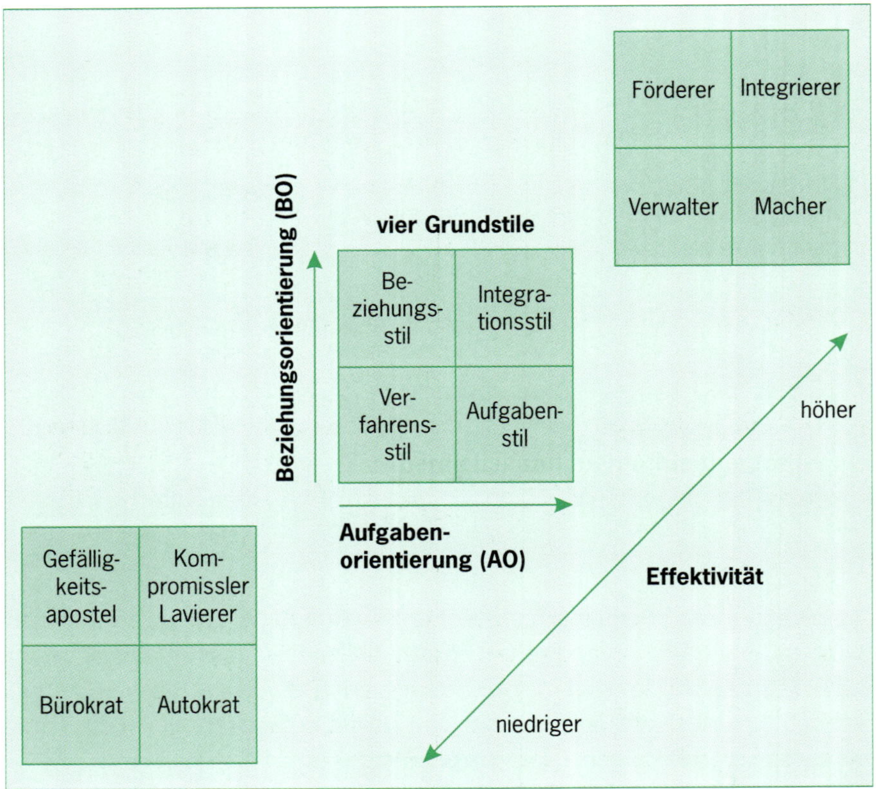

Reddin nennt fünf Einflussfaktoren, die bei einer Analyse und Einschätzung von Führungssituationen berücksichtigt werden müssen:

- Vorgesetzter: Stile und Erwartungen,
- Untergebene: Stile und Erwartungen,
- Kollegen: Stile und Erwartungen,
- Organisation,
- Technologie.

Führungsverhalten nach dem Vier-Phasen-Modell der Organisationsentwicklung

F. Glasl (1996) nimmt eine Klassifikation von Führungsverhalten nach dem bereits vorgestellten Vier-Phasen-Modell vor (s. S. 49). Er vertritt die Auffassung, dass sich mit dem evolutionären Wandel, den Organisationen mitmachen, auch Führungskonzepte verändern müssen und umgekehrt.

Die vier Phasen der Organisationsentwicklung

1 **Pionierphase**	Charismatisch-autokratische Führung, direkte, informale, persönliche Kontakte, Wärme.
2 **Differenzierungsphase**	Sachorientiertes Führen, technokratisch und bürokratisch instrumentalisierte Kontakte; formale Machtsymbole signalisieren Positionsmacht der Führerenden; kaum Teamarbeit, Kühle und Distanz.
3 **Integrationsphase**	Agogisch-(individuell-)situatives Führen, strategische Personalentwicklung, formale und informale Kontakte, viel Teamarbeit, Wärme und Nähe.
4 **Assoziationsphase**	Hohe Durchlässigkeit der Führung, agogisch-situatives Führen; hohe Frustrationstoleranzen; Konfliktfähigkeit; Personalentwicklung auch im Unternehmens-Biotop, Mitarbeiter als Bürger.

Der Wandel wird von allgemeinen Gesetzmäßigkeiten beeinflusst, deren Kenntnis eine bewusstere und aktivere Gestaltung der eigenen Organisation erlauben. Das Modell Glasls und Lievegoeds gibt die Möglichkeit, Unterschiede oder sogar Gegensätze bei den in der Organisation vorhandenen Managementphilosophien, -stilen und -techniken zu erkennen und zu klären, wie weit sie dem Entwicklungsstand der Organisation und ihrer einzelnen Einheiten entsprechen.

Situative Einflussfaktoren in Bezug auf Führungsverhalten

Im Zuge der Auseinandersetzung um den »richtigen« Führungsstil hat sich immer mehr die Einsicht durchgesetzt, dass es einen solchen nicht gibt. Ob ein Führungsstil erfolgreich ist, ist von Situation zu Situation unterschiedlich. Dabei spielen folgende Einflussfaktoren eine Rolle:

Faktoren, die das Führungsverhalten beeinflussen

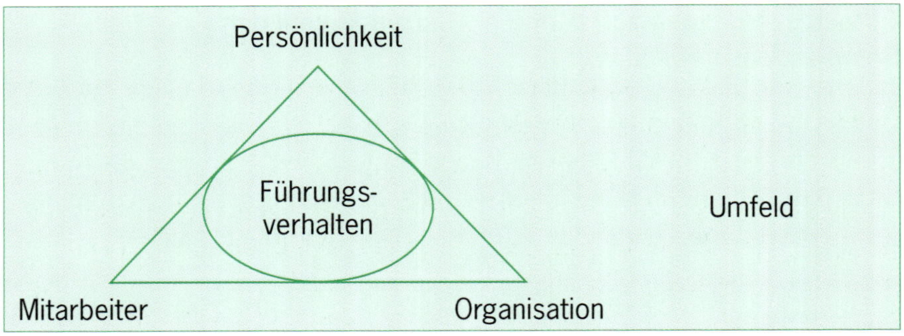

Wenn eine Person in eine leitende Funktion kommt, dann besteht ihre Aufgabe darin, in intensiver Auseinandersetzung mit den situativen Faktoren, die die Organisation beeinflussen, ein der eigenen Persönlichkeit gerecht werdendes, flexibles Führungsverhalten zu entwickeln.

Der »richtige« Führungsstil ist nur situativ bestimmbar.

Die Managementebenen

Zur situativen Einschätzung gehört auch die Berücksichtigung der Ebene, auf der Management ausgeübt wird. Führungskräfte oder Manager wirken in arbeitsteiliger Weise an der Zielerreichung eines Unternehmens mit und sind mit jeweils unterschiedlichen Kompetenzen (Machtbefugnissen) ausgestattet, die in der Regel dem pyramidenförmigen Aufbau von Organisationen entsprechen. Unterschieden werden:

Die Managementebene bestimmt die Kompetenzen

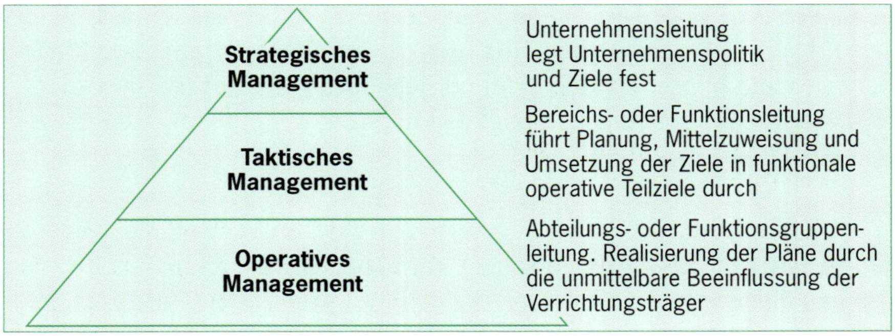

Ein häufiger Fehler von Managern ist, immer besser sein zu wollen als die Mitarbeiter und die spezifischen Rollenanforderungen der eigenen Managementebene nicht wahrzunehmen.

Führungstechniken

Führungstechniken sind konkrete Verhaltensregeln, die Managern die Planung, Organisation und Kontrolle erleichtern sollen.

Die Anwendung von Führungstechniken sind Teil des sachbezogenen Managements. In der gängigen Literatur werden – einer Modekonjunktur folgend – immer wieder Führungstechniken vorgestellt, die sich auf einen bestimmten Aspekt der Managementaufgaben konzentrieren und bei seiner Berücksichtigung den größten Erfolg versprechen. Die wohl bekanntesten dieser Techniken sind die so genannten »Management by«-Techniken.

Die »Management by«-Techniken

❖ **Management durch Zielvereinbarung**
(Management by objectives, MbO)

Diese Technik meint eine zielorientierte Unternehmensführung und vertritt folgende Grundsätze:

- Das Verhalten der Mitarbeiter wird auf Ziele und Ergebnisse (deshalb auch oft Management by results) ausgerichtet.
- Mitarbeiter sollen sich mit Zielen identifizieren und so zu selbstständigem Handeln kommen.
- Führungskräfte und Mitarbeiter sollen mittels Zielen größtmögliche Selbststeuerung erreichen und Abweichungen von Ergebnissen selbst feststellen können (Kontrolle).

Wie bei allen anderen »Management by«-Techniken ist auch bei MbO eine gewisse Einseitigkeit festzustellen. MbO ist jedoch ständig verbessert worden und hat sich in vielen Bereichen gut bewährt.

❖ **Management durch Kontrolle**
(Management by control, MbC)

Wie der Name schon sagt, besteht diese Führungstechnik aus einer Systematik von Kontrollaktivitäten. Kontrolle setzt jedoch Zielsetzungen und Planung voraus, weshalb diese Führungstechnik nur in Kombination mit MbO bzw. Management durch Eingriff im Ausnahmefall (MbE) Sinn macht. Ein Kontrollsystem ohne diese zusätzlichen Techniken würde vor allem Angst verbreiten und Unterwerfung (»Dienst nach Vorschrift«) bewirken, ohne dass die angestrebte Effizienz erreicht werden könnte.

Positiv an dieser Führungstechnik ist, dass Abweichungen schnell festgestellt werden können. Negativ muss gesehen werden, dass eine Betonung von Kontrolle von Vorgesetzten missbraucht werden kann. Bei Mitarbeitern hingegen kann dies dazu führen, dass sie nicht bereit sind, Verantwortung zu übernehmen und Risiken einzugehen.

- **Management durch Delegation**
  (Management by delegation, MbD)

  Damit ist die Übertragung von Aufgaben und Kompetenzen an nachgeordnete Personen und Instanzen gemeint. Die Aufgabe der Führungskraft beschränkt sich auf die Führung, die vor allem darin besteht, dass erreichbare und konkrete Ziele gesteckt werden und eine ständige Kontrolle ausgeübt wird, die sichern soll, dass die angestrebten Ergebnisse erreicht werden und die Mitarbeiter Aufgaben erhalten, denen sie gewachsen sind.

  In der Praxis hat diese Technik bewirkt, dass Mitarbeiter eine hohe Eigenverantwortung und Leistungsbereitschaft ausgebildet haben. Andererseits ist auch bekannt, dass der Grundsatz der Delegation in für Bürokratie anfälligen Organisationen zu übertrieben ausführlichen Stellenbeschreibungen geführt hat. Dies trug dazu bei, dass Mitarbeiter sich auf ihren Bereich konzentrierten und keine Gesamtverantwortung mehr wahrnahmen.

- **Management durch Eingriff im Ausnahmefall**
  (Management by exception, MbE)

  Diese Technik regelt, dass Führungskräfte nur dort aktiv werden, wo untergeordnete Ebenen ihre Aufgaben allein nicht mehr bewältigen können. Der Vorteil dieser Führungstechnik liegt in der Staffelung der Verantwortungsbereiche. Auch wird den Mitarbeitern große Eigenständigkeit und Selbstverantwortung zuerkannt, während Führungskräfte von Routinearbeiten entlastet werden.

  Als Problem hat sich erwiesen, die Anlässe für das Eingreifen von Führungskräften eindeutig zu erkennen. In Organisationen, in denen gerne mit Schuldzuweisungen reagiert wird, ist man bemüht, Schwierigkeiten und negative Abweichungen im eigenen Arbeitsbereich nicht sichtbar werden zu lassen. Problematisch ist auch, Führungskräfte nur bei negativen Entwicklungen und nicht auch bei positiven Leistungen (zum Zweck der Anerkennung) tätig werden zu lassen.

❖ Management durch Systemsteuerung
(Management by system, MbS)

Diese Technik weist eine gewisse Ähnlichkeit mit MbE auf, ist jedoch ein umfassenderes Modell. Die Managementprozesse in einer Organisation werden in diesem Konzept im kybernetischen Sinn als geschlossener Regelkreis gesehen, in dem alle einzelnen Führungsfunktionen ihren spezifischen Platz zugewiesen bekommen.

Jede Position – vom einzelnen Mitarbeiter bis zur Führungskraft – bekommt eine bestimmte »Regelungsverantwortung« übertragen und hat neben den Aufgaben der »Selbststeuerung« ein bestimmtes Maß an »Fremdsteuerung« zu integrieren. Hauptaufgabe des Managements ist es, Entscheidungen über Maßgrößen, Sollgrößen, Stellengrößen usw. zu treffen und außerdem die im Arbeitsprozess aus organisierten Rückkopplungsprozessen zurückfließenden Daten richtig zu interpretieren und für weitere Zielbildungs- und Planungsprozesse heranzuziehen.

In der Praxis hat sich diese Führungstechnik als zu kompliziert und zu technokratisch erwiesen. Neuere Ansätze des Managements durch Systemsteuerung orientieren sich mehr an der Biologie als an der technischen Kybernetik.

❖ Leitbildorientiertes Führen
(Management by ideas, MbI)

Das Grundprinzip dieser Führungstechnik besteht darin, in der Organisation eine Kommunikation über die Leitmotive des unternehmerischen Handelns einzuleiten. Dieser Prozess soll bewirken, dass die Mitarbeiter ihr Handeln auf diese Ideen hin ausrichten. Als Elemente des Leitbilds werden folgende Ideen erarbeitet:
- Ideen für die Entwicklung von Produkten bzw. Dienstleistungen,
- Bedürfnisse des Marktes,
- Mission des Unternehmens,G
- gesellschaftliche Aufgabe,
- Umgehen mit internen Ressourcen.

Wenn Mitarbeiter nicht mit fertigen Leitbildern konfrontiert werden, sondern an ihrer Entwicklung mitwirken können, entsteht eine tiefe Identifizierung mit Zielsetzungen der Organisation. Wenn Leitbilder außerdem konkret genug sind, entsteht bei den Mitarbeitern gleichzeitig eine Orientierung für praktisches Handeln.

Nicht zufällig erinnert diese Führungstechnik stark an das oben besprochene MbO. In der Praxis werden diese Führungstechniken auch oft kombiniert angewandt.

Eine nähere Beschäftigung mit den Führungs- bzw. »Management by«- Techniken zeigt, dass stets ein bestimmter Aspekt der Führungsaufgaben recht einseitig hervorgehoben wird. »Daher ist es auch bedenklich, wenn in Form von ›Rezepten‹ die eine oder andere Methode angepriesen und auch eingesetzt wird, da dies stets zu einer **Einseitigkeit der Führungsaufgaben** führt. Darüber hinaus ist der Komplex ›Führung‹ weitgehend situativ bestimmt, d.h. je nach Schwere und Dauer eines Problems werden unterschiedliche Methoden angewandt« (Koreimann 1995).

Aus diesen Gründen haben Führungstheoretiker immer wieder versucht, Modelle zu entwickeln, die alle Komponenten des Führungsprozesses einschließen. Ein Beispiel für ein solches Modell ist das oben beschriebene »Management by system«, ein anderes Beispiel ist der so genannte Managementregelkreis. Darauf werden wir nun intensiver eingehen.

Der Managementregelkreis

Um die Einseitigkeit der »Management by«-Techniken zu überwinden, wurde immer wieder an Modellen gearbeitet, die die Komplexitiät und die wechselseitige Abhängigkeit der Führungsaufgaben in einem Gesamtzusammenhang darstellten. Ein solches Modell ist der Managementregelkreis.

In diesem Modell werden die einzelnen Managementaktivitäten durch Informations- und Kommunikationsprozesse verbunden und in ihrem prozessualen Zusammenhang dargestellt.

Die Aktivitäten (nach Koreimann 1995) sind:

- Die **Planung** besteht aus Zielfindung, Strategieplanung, Mittelplanung, Unternehmensplanung, Festlegung von Kontrollgrößen und Standards, Alternativenbestimmung, Simulation sowie Entscheidung,
- Die **Steuerung** besteht aus Anweisung, Führung, Motivation, Planzerlegung, Zeiteinteilung, Mittelzuordnung, Vorgabe von operativen Steuerdaten, Organisation der Realisierung, Disposition, Projektorganisation, direkter Prozessbeeinflussung, Aktionsprogrammen, Veranlassen von Korrekturen.

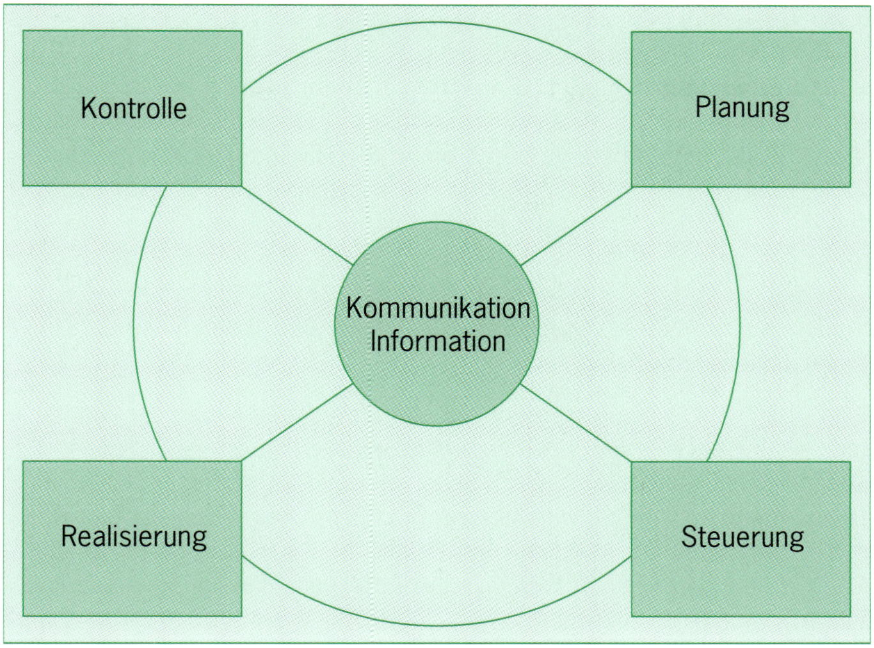

- Die **Realisierung**C255 beinhaltet Durchführung (Erledigung, Bearbeitung, Vollzug, Betätigung, Beschäftigung, Behandlung), Verwaltung, Buchung, Abrechnung, Verwahrung
- Die **Kontrolle** beinhaltet Istwerte-Erfassung, Prüfung, Revision, Soll-Ist-Vergleich, Analyse (Abweichungsanalyse, Problemanalyse), Protokollierung, Ausnahmemeldung, Bericht, Statistik.

Bei einer kritischen Würdigung des Managementregelkreis-Modells wird als positiv hervorgehoben, dass die Darstellung alle wichtigen Komponenten des Führungsprozesses umfasst und in ihrem Zusammenhang beschreibt. Mittlerweile ist jedoch der Glaube daran verloren gegangen, dass Organisationen so zweckrational geführt werden können, wie das der Managementregelkreis oder die »Management by«-Techniken nahe legen. Managementtechniken machen glauben, dass – egal ob Mensch oder Materie – ein bestimmter Input einen jeweils voraussehbaren Output ergeben müsste (siehe S. 24f.). Ihnen allen liegt die Vorstellung eines Führers zugrunde, der an der Spitze eines Unternehmens steht, dort ungefiltert alle wesentlichen Informationen erhält und sich so ein objektives Bild der Lage verschafft, um die richtigen Entscheidungen zu treffen und seine Mitarbeiter plangemäß zu steuern.

Unternehmen können nicht mehr nur zentral gelenkt werden

Diese Vorstellung, dass Unternehmen zentral gelenkt werden könnten, ist überholt. Als Beteiligter ist der Manager selbst nur Teil des Systems und kann daher nur einen bestimmten, subjektiv gefärbten Ausschnitt der Wirklichkeit wahrnehmen. Zum Beispiel ist die Brille des Marketingleiters eine andere als die des Produktionschefs. Während die Marketingleute nämlich eine starke Differenzierung der Produktpalette wünschen, um die Wünsche aller Kunden zu erfüllen, drängt die Produktion auf Vereinheitlichung, weil sich damit der Herstellungsaufwand reduziert. (»Sie können das Auto in jeder Farbe haben, sofern sie schwarz ist« – Henry Ford.) Beide Leiter wiederum werden aufgrund ihrer Vorgesetztenperspektive eine andere Sicht der Dinge haben als ihre Mitarbeiter usf.

Kommunikation hat zentralen Stellenwert

Die Zurücknahme des Anspruchs auf ein richtiges Erkennen der Dinge hat dazu geführt, der Kommunikation einen zentralen Stellenwert zuzuweisen. Anders als in früheren Konzepten, in denen davon ausgegangen wurde, dass das Sammeln von Teilinformationen ein richtiges Gesamtbild ergeben könnte, existiert in neueren Managementtheorien die Auffassung, dass ein objektives Bild niemals erreicht werden kann und alle Anstrengungen daher auf die Entwicklung einer gemeinsamen Wirklichkeitvorstellung gerichtet werden müssen.

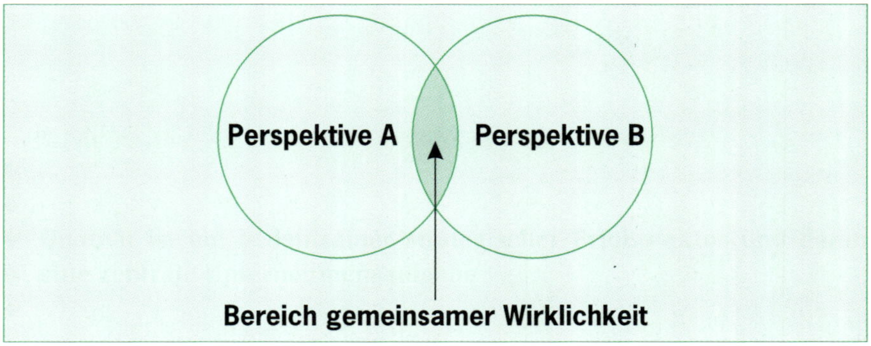

H.R. Fischer beschreibt die Aufgabe der Kommunikation im Management so: »Der systemische Manager der Zukunft muß sich … als kommunikativer Grenzgänger und Brückenbauer betätigen, der die unterschiedlichen Rationalitätstypen und Sinnsysteme der Unternehmensbereiche in Beziehung bringt« (Fischer 1993, S. 44).

Aktuelle Managementprobleme in komplexen Organisationen

Die Existenz unterschiedlicher, oft auch gegensätzlicher Sinnsysteme und Handlungslogiken ist das Resultat von Spezialisierungsprozessen, mit denen Organisationen auf Umweltanforderungen reagieren. Überall dort, wo dieser Prozess traditionellen Ordnungsvorstellungen folgte, führte er zu einer starken funktionalen Differenzierung und Hierarchisierung. Die Idee war, Organisationseinheiten mit genau abgegrenzten Aufgabengebieten zu bilden und die zur Erzielung eines vollständigen Leistungsprozesses notwendige Koordination und Steuerung den Managern der unterschiedlichen hierarchischen Ebenen zu übertragen. Dieses Konzept war jahrzehntelang erfolgreich, stößt jedoch trotz des Einsatzes ausgefeilter Managementtechniken überall dort an seine Grenzen, wo Organisationen eine Komplexität erreicht haben, die eine zentralistische, hierarchische Lenkung unmöglich machen. Probleme, die in solchen Organisationen auftauchen, sind:

Probleme hierarchisch geführter Organisationen

- lange und komplizierte Entscheidungswege,
- hoher Abstimmungsaufwand im Betrieb,
- Konkurrenz vieler um wenige Führungsposten,
- energieaufwendige Kompetenzkonflikte,
- egoistisches Abteilungsdenken,
- Abwehr neuer Aufgaben,
- viele sich gegenseitig behindernde Hierarchieebenen,
- Distanz zum Kunden.

Am Beispiel der Forderung und der Kontrolle, die das traditionelle Managementverhalten charakterisieren, lässt sich ein Grundmuster der Interaktion in bürokratischen Organisationen darstellen: Entscheidungen werden an der Spitze, fernab von den Stätten ihrer Auswirkung, getroffen. Wenn ihr Resultat, die Anordnung, auf den üblichen formalen Informationswegen bei den Betroffenen anlangt, ist ihr Sinn meist verloren gegangen. Nach dem Motto »Was die Eierköpfe sich da schon wieder ausgedacht haben!« werden in der Folge die mit der Anordnung verknüpften Forderungen nicht akzeptiert, und es beginnt ein Teufelskreis von Abwehr, Verschleppung und der Entwicklung neuer Durchsetzungsformen, die alle Beteiligten viel Kraft kosten (vgl. Abb., S. 110).

Die Realisierung von Planungszielen, die am grünen Tisch von Stabsstellen und Vorstandsetagen festgelegt werden, ist mit allzu hohen Reibungsverlusten und einem hohen Kontrollaufwand verbunden.

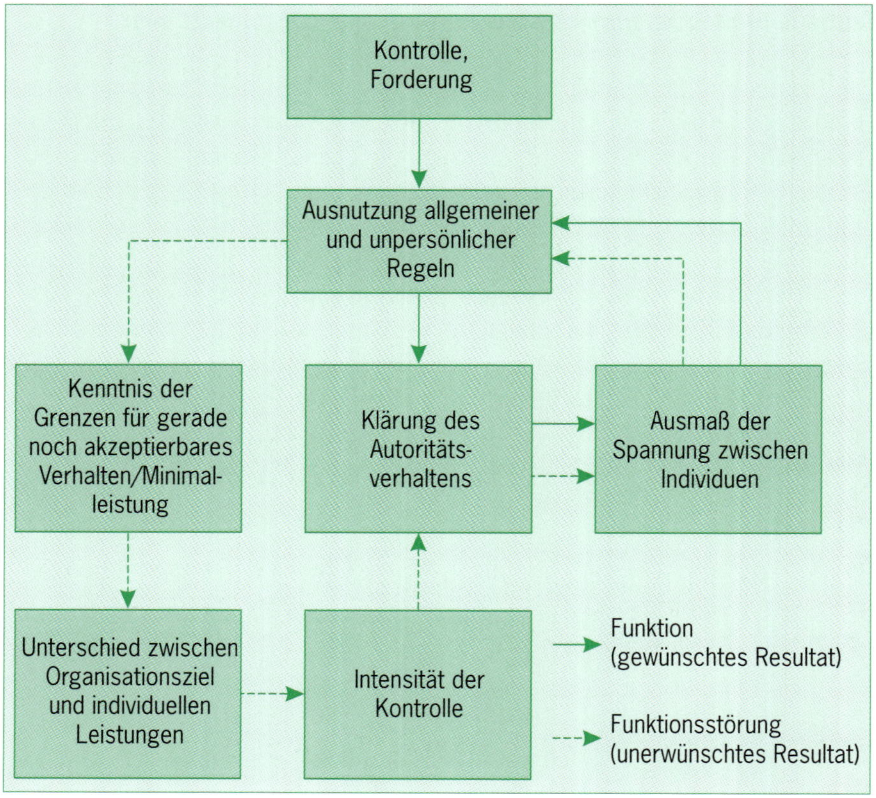

H.R. Fischer, selbst ein Vertreter der systemischen Organisationstheorie, beschreibt den Prozess hierarchischer Führung mit folgender Formel:

»Je mehr Hierarchie, desto mehr Kontrolle, je mehr Kontrolle, um so härter die Strukturen, je härter diese Strukturen, um so unflexibler das System« (Fischer 1993, S. 28). Seine Kritik des technikgläubigen, der alten Zweckrationalität verhafteten Managements betitelt er konsequenterweise mit »Management by bye«.

Das traditionelle Denken, von der Vorstellung geleitet, dass mittels genereller Regeln und Anordnungen Situationen des Organisationsalltags vorstrukturiert und programmiert werden könnten, hat ausgedient. Die Voraussetzung dafür war, dass die Aufgabenbedingungen voraussehbar und wiederkehrend sind. Und ebendiese Situation hat sich durch die Veränderung der Unternehmensumwelt gründlich gewandelt.

Unternehmen sind heute konfrontiert mit

- der Auflösung räumlicher Grenzen wirtschaftlichen Handelns,
- einer Verschärfung der Wettbewerbssituation,
- der Umstellung von Produktorientierung auf Kundenorientierung,
- einer beschleunigten Technologieentwicklung,
- einer raschen Veränderung der politischen Verhältnisse (EU-Erweiterung, Ende des Kommunismus, Bürgerkrieg auf dem Balkan …),
- der öffentlichen Sensibilität für gesellschaftliche Folgekosten wirtschaftlichen Handelns (Ökologie).

Im Zusammenhang mit all diesen externen Herausforderungen entstand die Einsicht, dass Strategieplanungen zur Unternehmenspositionierung auch mit Hilfe der ausgefeiltesten Methoden und größten Datenbanken aufgrund der »neuen Unübersichtlichkeit« (Habermas) und den raschen Veränderungen unzulänglich sind.

Die Unsicherheit bei der strategischen Planung und die oben beschriebenen internen Probleme mit den traditionellen Steuerungstechniken schufen die Notwendigkeit, nach neuen Managementkonzepten zu suchen.

Selbstorganisation – ein Ausweg aus der Managementkrise

Neue Managementkonzepte

Die Krise des Managements führte zur Auseinandersetzung mit anderen Konzepten der Koordination und Steuerung. Das interessanteste und weitreichendste ist sicherlich das Konzept der Selbstorganisation. Wie bereits ausgeführt, sind mit »Selbstorganisation« Phänomene gemeint, die in sozialen Systemen wie durch »unsichtbare Hand«, also ohne menschlichen Plan, äußerst flexibel und kreativ ein hohes Maß an Ordnung und Zweckhaftigkeit herstellen. Es handelt sich also um eine Vielzahl von Handlungen, die alle ihr individuelles Ziel haben, aber nicht das des Gesamtergebnisses, das dann als Produkt des kollektiven Agierens zufällig entsteht.

Schon in der Vergangenheit wurden informelle Prozesse als wichtige Korrektur der bürokratischen Unbeweglichkeit angesehen und insgeheim gefördert.

Statt mit immer neuen Anforderungen und Symptomkorrekturen das alte System heiß laufen zu lassen, tragen moderne Managementkonzepte der Existenz von Selbstorganisation offen Rechnung. Sie räumen den in der Organisation vorhandenen Kräften den Freiraum ein, den sie benötigen, um sich selbst ihrer rasch wandelnden Umwelt anzupassen. Dazu ist es nötig, direkte Steuerungsformen durch indirekte zu ersetzen. Es wird darauf verzichtet, bestimmte Ergebnisse oder die Beachtung bestimmter Lösungswege zu fordern, stattdessen werden vonseiten des Managements Angebote formuliert und Rahmenbedingungen geschaffen, die Selbstorganisation ermöglichen.

Den Rahmen für Selbstorganisation schaffen

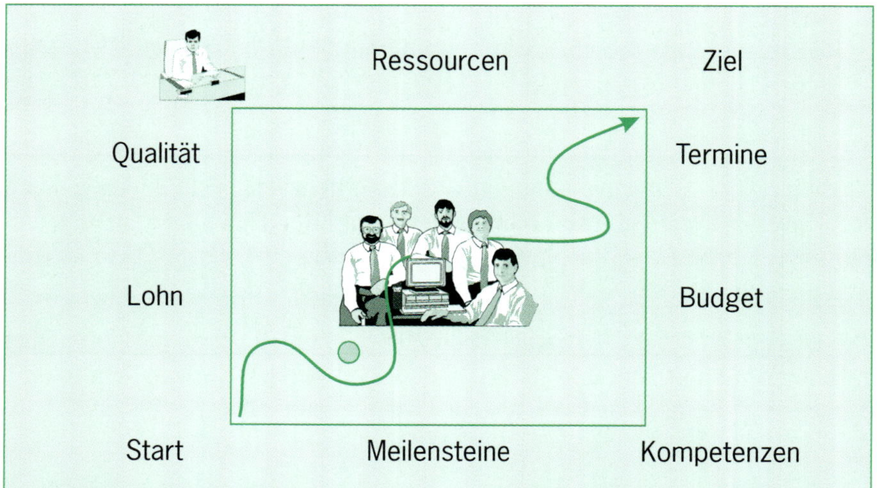

Nach der Aushandelung des Rahmens für die Selbstorganisation überlässt der Chef seinen Mitarbeitern das Spielfeld

Als zentrales Modell für die Interaktion des Managements wird der Austausch angesehen (Simon 1992). Die Ergebnisse des Austausches sind Vereinbarungen, denen die Autorität von Führung zukommt. Ein Beispiel für diese Form des Managements bietet die Büromöbelfirma Bene. Die Organisation des Produktionsbereichs baut in dieser Firma ausschließlich auf Vereinbarungen auf, die zwischen den einzelnen Produktionsgruppen und dem Management getroffen werden. Jede Organisationseinheit hat die Aufgabe, die aus den so genannten Nahtstellenvereinbarungen resultierenden Verpflichtungen zu erfüllen. Wie sie das anstellt, bleibt ihr weitgehend selbst überlassen.

Von der Erkenntnis des Stellenwerts der Selbstorganisation ausgehend, werden Rolle und Aufgaben des Managers neu definiert. Ein das neue Verständnis illustrierende Bild ist das des Coachs eines Fußballteams. Wie Sportfans wissen, wählt der Coach seine Spieler sorgsam aus, weist ihnen je nach individueller Stärke bestimmte Positionen und Funktionen zu und sorgt für ein intensives Training. Er wird sich auch bemühen, ein Team zu formen, einzelne Spielzüge und dem jeweiligen Gegner angepasste Strategien einzuüben. Er kann jedoch nicht jede Entwicklung in einem künftigen Spiel voraussehen und seine Leute im Detail darauf vorbereiten. Darüber hinaus ist seine Arbeit mit Beginn des Spiels im Wesentlichen beendet. Verbannt an den Rand des Spielfelds, hat er auch nicht die Möglichkeit, das Spielfeld aus dem jeweils relevanten Blickwinkel der Spieler zu sehen. Seine Entscheidungen wären inadäquat und zu langsam, er ist also dazu angehalten, der gemeinsamen Vorbereitung und der Selbstorganisation seiner Leute voll zu vertrauen.

Nach der Theorie wenden wir uns der Perspektive der Praxis zu, aus der wir zunächst einmal vorstellen wollen, wie Managementexperten und Berater gegenwärtig den Beruf des Managers beschreiben.

2. Führen und Managen als Beruf

Was kennzeichnet eigentlich einen Beruf? Erstens die spezifischen **Aufgaben**, die es zu erfüllen gilt; diese können erlernt werden. Zweitens die speziellen **Werkzeuge**, die jeder Beruf hat und die zur Erfüllung der Aufgaben eingesetzt werden. Auch diese können erlernt und trainiert werden. Drittens ist jeder Beruf durch **Grundsätze** gekennzeichnet, von denen man sich bei der Erfüllung seiner Aufgabe und beim Einsatz der Werkzuge leiten lässt. Viertens gibt es in jedem Beruf auch **Verantwortung** für das, was man tut oder unterlässt. Grundsätze und Verantwortung können nicht so leicht gelernt werden. Sie sind das Ergebnis eines längeren Reifungsprozesses.

Aufgabenfelder des Managers

Die Grafik zeigt die wesentlichen Aufgabenfelder eines Managers. Die Qualität eines Managers ist daran zu messen, wie gut er/sie der Vielfalt der Aufgaben auch tatsächlich gerecht wird. Werden eine oder mehrere Aufgaben krass vernachlässigt, beeinträchtigt dies die Leistungsfähigkeit der ganzen Organisation.

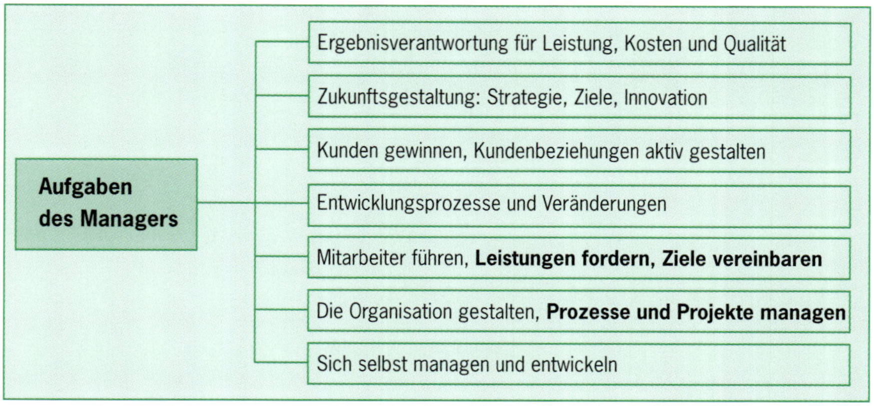

Werkzeuge des Führens

Damit eine Führungskraft ihre Aufgaben im Alltag gut erfüllen kann, muss sie die nötigen Werkzeuge kennen und beherrschen. Diese sind:

Die »Werkzeuge« sollte eine Führungskraft beherrschen

Initiative ergreifen	Kunden, Mitarbeiter und Vorgesetzte mit Ideen überzeugen und gewinnen. Ziele setzen und vereinbaren, klare Vorgaben machen; Ergebnisse einfordern, Gespräche und Sitzungen aktiv mitgestalten.
Delegieren	Sich selbst auf Wesentliches konzentrieren, die Fähigkeiten aller entwickeln, Mitarbeiter durch Aufgaben herausfordern und aufwerten, Rückdelegation nicht hinnehmen.
Verhandeln	Sachlich und problemorientiert verhandeln, den Partner dabei fair behandeln und realistische Lösungen anstreben; keine Verlierer zurücklassen.
Entscheiden	Klar und eindeutig, auf der Basis von Informationen entscheiden; erkennen, wann Einzel- und wann Teamentscheidungen sinnvoll sind.
Fördern	Die Qualität der Mitarbeiter erkennen und entsprechend fördern; Erfolgsmöglichkeiten bieten, persönlichen Erfolg mit Unternehmenserfolg verbinden.
Beurteilen	Faire, glaubhafte, sachliche Beurteilung von Leistungen, Fähigkeiten und Verhalten der Mitarbeiter; mit Fehlern konstruktiv umgehen, wirksam kritisieren und anerkennen.
Informieren	Regelmäßig Gespräche mit Mitarbeitern führen; aktuell, relevant und kurz informieren.
Kommunizieren	Mit den Mitarbeitern, Kollegen und Vorgesetzten offen und direkt reden; die Gesprächsbereitschaft auch in schwierigen Situationen aufrechterhalten.

Grundsätze des Führens

Die Hauptverantwortung einer Führungskraft liegt darin, Mitarbeiter und Teams positiv zu beeinflussen und zu steuern, damit die Unternehmensziele erreicht und Spitzenleistungen möglich werden.

Führungsgrundsätze

- Gute Führungskräfte orientieren sich an den Ergebnissen ihrer Arbeit, nicht an der Arbeit selbst. Anstrengung ohne Ergebnis ist verlorene Mühe.
- Gute Führungskräfte achten darauf, im Sinne des ganzen Unternehmens zu handeln und nicht nur ein Spezialgebiet voranzutreiben.
- Qualifizierte Führungskräfte konzentrieren sich auf die wesentlichen Tätigkeitsfelder. Sie wehren sich gegen die ständige Gefahr, in Details aufzugehen und ihre Kräfte zu verzetteln.
- Erfolgreiche Führungskräfte stützen sich auf die Stärken, die sie selbst und ihre Kollegen und Mitarbeiter haben. Menschen leisten dann Außergewöhnliches, wenn ihre Stärken optimal zu den Aufgaben passen.
- Kompetente Führungskräfte wissen, dass sie alles tun müssen, um das Vertrauen im Unternehmen zu gewinnen und zu erhalten. Dazu brauchen sie persönliche Integrität und eine Haltung der Wertschätzung.
- Nicht zuletzt gehen gute Manager an Situationen positiv und konstruktiv heran. Es gilt auch in schwierigen Situationen, die vorhandenen Chancen zu nutzen und nicht in Pessimismus zu verfallen.

Führen lernen?

Führungsfähigkeiten sind erlernbar

Führungsfähigkeiten sind selten angeboren, sie müssen entwickelt und trainiert werden. Denn die handwerklich kompetente Erfüllung der Aufgaben, der meisterhafte Einsatz der Führungswerkzeuge sowie die Befolgung der Führungsgrundsätze garantieren eine hohe Führungsqualität im Unternehmen. Training und aktive Auseinandersetzung mit Führungsfragen sind in jedem Unternehmen erforderlich, damit alle Führungskräfte einen hohen Qualitätsstandard erreichen.

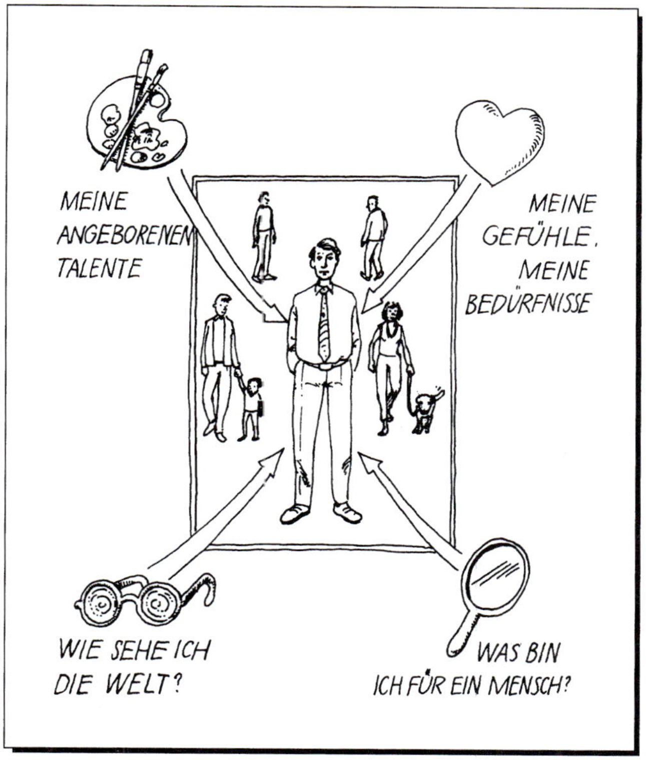

Nehmen Sie sich jetzt eine halbe Stunde Zeit, Ihre eigenen Stärken und Schwächen, Neigungen und Sichtweisen bezüglich der Dinge zu erkunden und. Beantworten Sie dazu zuerst die Fragen, die Sie auf der obigen Grafik finden. Auf dem folgenden Arbeitsblatt können Sie dann Ihren Stärken, Neigungen und Abneigungen als Führungskraft nachgehen und sich Veränderungsschritte überlegen.

Erkennen Sie selbst Ihre Stärken und Schwächen

Arbeitsblatt:
Persönliche Stärken/Schwächen beim Führen und Managen

Wo setzen Sie ihre Schwerpunkte, worin sehen Sie ihre Führungsaufgabe?

✎ ______________________________

____

____

____

Welche Führungsaufgaben vernachlässigen Sie eher?

✎ ______________________________

____

____

____

Möchten Sie daran etwas verändern?

✎ ______________________________

____

____

____

Welche Veränderungsschritte wollen Sie sich setzen, und welche Hilfe brauchen Sie dazu?

✎ ______________________________

____

____

____

3. Organisationen führen – die neuen Anforderungen

Der Modetrend »Lean«

In den letzten Jahren haben sich Organisationen – ob im Profit- oder Non-Profit-Bereich – auf ihre eigentliche Aufgabe, auf ihre Wertschöpfung, auf das Werteschaffen, rückbesinnen müssen. Dazu war es meist notwendig, den Kunden oder Nutzer wieder ins Zentrum zu rücken und die inneren Strukturen effektiver und schlanker zu gestalten. Lean Enterprise, Lean Management, Lean Service waren häufig die Schlagworte dafür. Anhand eines Beispiels möchen wir Ihnen das verdeutlichen:

> Eine Lebensversicherung strukturierte ihre bisherige stark gegliederte Organisation mit Abteilungen für Außendienst, Vertragsabwicklung, Verrechnung, Kundenbetreuung und Leistungsabwicklung um, weil sie zu langsam, zu kundenfern und zu teuer war. Heute ist für eine bestimmte Kundenzielgruppe ein Team für alle Vorgänge vom Verkauf bis zur Leistungsabwicklung verantwortlich, die Hierarchieebenen sind auf drei geschrumpft, die klassische Karriereleiter wurde damit stark verkürzt. Die Karriereerwartungen mussten radikal verändert werden, genauso die Bewertungsmaßstäbe für Erfolg. Anerkennung erfolgt nun nicht mehr für individuelle Leistung, sondern für die Gesamtleistung des Teams. Ähnliche Beispiele finden Sie in vielen anderen Dienstleistungs- und Produktionsbetrieben.

Herausforderungen in der näheren Zukunft

Die oben skizzierten veränderten Anforderungen an Organisationen erfordern ein neues Herangehen der Führungskräfte an ihre Führungsarbeit. Wir wollen in Folgenden einige dieser Herausforderungen näher beschreiben.

Weg von straffer Kontrolle, hin zu mehr Selbstorganisation

Unserem alten Führungsverständnis liegt noch der feste Glaube zugrunde, dass ein Manager seine Einheit fest im Griff haben muss. Das ging gut bei stabilen Märkten und stabilem Käuferverhalten. An die Stelle fest gefügter

Verhältnisse am Markt und stabiler Kundenbeziehungen treten heute Dynamik und Instabilität. Dem kann wirkungsvoll durch mehr »gelenkte« Selbstorganisation von Mitarbeitern, Teams und ganzen Betrieben begegnet werden. Selbstorganisation heißt, Mitarbeiter und Teams führen und steuern sich selbst. Gelenkte Selbstorganisation bedeutet, es müssen Rahmenbedingungen gestaltet werden, die das Entstehen solcher teilautonomer Einheiten fördern. Die Herausforderung für die Führungskraft liegt in Selbstbeschränkung und bewusster Zurückhaltung vor zu viel Einflussnahme. Heute weigern sich noch viele Manager, Entscheidungskompetenz an den Ort des Geschehens zu verlagern.

Alte Rollen verlernen – neue Rollen lernen

Tief greifende Veränderungen in den Unternehmen und in ihrem Wettbewerbsumfeld lösen Verunsicherung vieler Führungskräfte aus. Entwicklungstendenzen sind:

Entwicklungstendenzen von Veränderungen

Weg von …	**Hin zu …**
der Stabilität	Dynamik und Chaos
einer sicheren Karriere	einem Ende der Kaminkarrieren
einem sicheren Arbeitsplatz auf Lebenszeit	der Wegrationalisierung bei Reengineeringprojekten
festen Werten	einem Wertepluralismus
einer ständigen Kontrolle der Abteilungen	Entwicklungsimpulse geben

Das Rollenbild des Managers hat sich drastisch verändert. Folgende Tendenzen sind feszustellen:

Die Änderung des Rollenbildes »Manager«

Weg von …	**Hin zu …**
der »Rolle« Aufseher	der »Rolle« Leiter
Einzelarbeit/-akkord	Teams mit Autonomie
einer Einplatzqualifikation	einer Mehrfachqualifikation
vielen Zulieferern	wenigen Partnern
Ausbeutung	fairer Ergebnisbeteiligung
»Fachkompetenz zählt«	»Sozialkompetenz ist unverzichtbar«

Eine Gruppe von Nachwuchsführungskräften in einem Maschinenbaukonzern hat sich im Rahmen eines Workshops damit auseinander gesetzt, was Führungskräfte von der so genannten »coolen« Generation lernen können. Sie finden deren Gedanken im folgenden Kasten.

Was Sie von der »coolen Generation« lernen können

Die »coole Generation« sind die jungen Leute bis ca. 30 Jahre (auch wenn es bei den schon Älteren auch einige »Coole« gibt). Sie zeichnen sich durch ganz bestimmte Verhaltensweisen bzw. Normen und Einstellungen aus. Vielleicht gehören Sie selbst dieser Generation an. Ansonsten können Sie von ihr lernen – gerade als Führungskraft. Das zeichnet »Coole« aus:

1. **Positive Illusionslosigkeit:** Die junge Generation von heute macht sich wenig Illusionen. Trotzdem macht sie nicht in Pessimismus sondern packt das Leben so an, wie es eben ist.
2. **Kluge Lässigkeit:** Wer cool ist, kann auch lässig sein. Weil er weiß, daß mit Aufgeregtheit und wilder »Action« das Leben an sich nicht zu ändern ist. Es wäre dumm, in Hektik zu machen.
3. **Selbstverständliche Respektlosigkeit:** Was für frühere Generationen noch Revolution war, ist für die Coolen normal. Sie respektieren dabei durchaus Leistung, aber beten sie nicht an.
4. **Fähigkeit, Widersprüche auszuleben:** Die »Widersprüche der Gesellschaft« waren einst ein Hauptthema der Achtundsechziger. Die coole Generation regt so etwas nicht mehr auf. Sie lebt die Widersprüche einfach aus.

Es ist ein Irrtum zu glauben, man könne nur von Älteren lernen. Fragen Sie »erfolgreiche« Eltern: Die lernen ständig von ihren Kindern – und zwar, ohne sich denen anzubiedern. Im jugendorientierten Amerika – in dem die Älteren aber viel selbstbewußter sind als bei uns – lernt man gern von den Jungen. Denn die haben in ihr Verhalten bereits aufgenommen, was Gegenwart und Zukunft erfordern.

Schnittstellenkompetenz entwickeln

Die Führungskräfte agieren als Prozessverantwortliche und Coachs, die die Selbstorganisation der Teams unterstützen. Früher wurde in Organisationen die »Ab-Teilung« gefördert, das Denken in Kästchen und engen Stellenbeschreibungen. In Zukunft werden die Führungskräfte und Mitarbeiter besonders erfolgreich sein, die »Schnittstellenkompetenz« entwickeln. Schnittstellenkompetenz haben heißt:

- Mit Kollegen aus anderen Bereichen in oft wechselnden Teams produktiv arbeiten können.
- Brückenschläger zwischen Bereichen sein (z.B. zwischen Vertrieb und Produktion).
- Die Zusammenarbeit in den übergreifenden Geschäftsprozessen neu gestalten können (z.B. im Spital den Prozess von der Aufnahme bis zur vollendeten Operation).
- Veränderungsprozesse managen können, auch gegen Widerstände Einzelner (z.B. Workshops leiten, Verbesserungzirkel anstoßen und moderieren usw.).

Coaching als neue Form des Führens

Der hohe Veränderungsdruck auf Organisationen und Menschen erfordert bei Letzteren neue Hilfestellungen, um Einstellungen und Verhaltensweisen rascher zu verändern als bisher.

»Führung muß beraten und moderieren, muß Prozesse in Gang setzen und Mitarbeiterteams und Mitarbeiter zum selbstverantwortlichen Handeln führen/leiten.«

B. Engroff in: Blick durch die Wirtschaft, Frankfurter Zeitung, 25.4.96

Coaching ist ein Weg dazu. Coaching ist Hilfe zur Selbsthilfe. Coachen heißt, dass ein Mitarbeiter Probleme, Ängste und Blockaden, die er erlebt, ansprechen kann, ohne dass er dafür kritisiert, beurteilt und gemaßregelt wird. Ein Coach hilft durch gezielte Fragen, durch behutsames Vermitteln anderer Sichtweisen und wertschätzende Unterstützung dem Mitarbeiter, seine Probleme selbst zu lösen, er löst sie nicht für den Mitarbeiter. Ein Coaching kann ein einmaliges Gespräch sein (z.B. um ein Misserfolgserlebnis eines Mitarbeiters bei einem Kunden aufzuarbeiten) oder aber eine Folge von Gesprächen über einen längeren Zeitraum (z.B. damit ein Projektleiter mit seiner schwierigen Aufgabe besser zurechtkommt).

Führungskräfte sind heute häufig auch als Coachs gefordert und auch häufig geneigt, sich selbst als Coachs zu bezeichnen. Wenn Führungskräfte coachen, müssen sie sich zumeist die erforderlichen Fähigkeiten erst aneignen. Geschieht das nicht, wird das alte, hierarchische Verhalten von Druck und Befehl nur mit einem netten Modewort verbrämt und den Mitarbeitern verkauft. Wirkungsvolles Coaching zwischen Führungskraft und Mitarbeiter bewegt sich um drei Fragenbereiche:

- **Wollen.** Was hindert mich als Mitarbeiter, eine Aufgabe zu übernehmen? Habe ich Versagensängste? Bin ich bereit, Veränderungsnotwendigkeiten zu erkennen? Was hindert mich als Chef, Aufgaben und Befugnisse zu übertragen?
- **Können.** Wie kann ich erforderliche Qualifikationen erwerben? Setze ich meine Fähigkeiten optimal ein? Blockiere ich mich oft selbst?
- **Dürfen.** Bin ich bereit, als Chef Macht abzugeben? Gestehe ich dem Mitarbeiter eine neue Rolle zu, die vom klassischen Untergebenen abweicht? Fordere ich als Mitarbeiter nötige Kompetenzen auch ein, schaffe ich mir den Raum, den ich brauche? Erlaube ich mir selbst, neue Rollen zu übernehmen?

Vom Herrschen zum Service für Kunden und Mitarbeiter

»Whenever you turn your face to your boss, you turn your ass to the customer.«

Dieser Satz macht deutlich, wozu Führungskräfte ihre Mitarbeiter anleiten und ermutigen sollen: Sie sollen sich kompromisslos um die Kunden und deren Zufriedenheit kümmern. Es gilt, primär den Kunden zufrieden zu stellen und nicht den Chef! Wenn Führungskräfte das nicht begreifen, dann dürfen sie sich nicht wundern, dass die Kunden über die Qualität der Leistungen und des Service klagen.

> *»Führung kann als Dienstleistung verstanden werden, deren Ertrag nicht zuletzt in der Steigerung persönlicher Verantwortung und Motivation beruht.«*
> Frankfurter Zeitung, Blick durch die Wirtschaft, 13.3.1996

Denken Sie einmal an Ihr Unternehmen. Wer hat den meisten Kontakt zu den Kunden? Wer holt das Geld »rein«? Die Mitarbeiter! Alle Strukturen und Abläufe, alle Verwaltung, alles Management bekommt dadurch einen Sinn, dass für den Kunden Beratung, Verkauf, Lieferung, Service effizienter, effektiver und alles in allem zufriedenstellender ablaufen können.

Ihr Unternehmen, Ihre Abteilung ist letzlich so gut wie die Mitarbeiter!

Einige Beispiele für Unternehmen, in denen Führen als Service verstanden wird:

Führen als Service

- In einer Drogeriekette gilt die Regel, dass während der Verkaufszeit niemand aus der Firmenzentrale eine Verkaufsfiliale anrufen darf! Die Verkäuferinnen sollen nicht in ihrer Aufgabe, Kundenberatung und Verkauf, durch Wünsche, Beschwerden und Anforderungen der Zentrale gestört werden!
- In einem großen Computerkonzern werden die Führungskräfte regelmäßig von zwei Seiten beurteilt: von den Kunden und von den Mitarbeitern! Die Qualität des Service für Kunden und Mitarbeiter bestimmt ganz wesentlich das Gehalt der jeweiligen Führungskraft.
- Jan Carlzon von den Skandinavischen Airlines (SAS) hat mit der auf den Kopf gestellten Unternehmenspyramide in kurzer Zeit große Veränderungen herbeigeführt. Die SAS entwickelten sich zu einer der besten kundenorientierten Airlines. Seine Botschaft war, dass es die oberste Managerfunktion ist, den Mitarbeitern zu dienen, sodass diese (die Stewardess, der Bilettverkäufer usw.) dem Kunden optimal dienen können.

Managen heißt heute: Service für die Mitarbeiter

Im Folgenden wollen wir kurz weitere wichtige Rollenmerkmale einer Führungskraft beschreiben, die wir in den Aufgaben der Delegation, der Moderation und der Kommunikation erkennen.

Führen als Service: Überprüfen Sie sich selbst!

Überprüfen Sie Ihr eigenes Führungsverhalten

Welche Mitarbeiter haben mich in den letzten Monaten besonders beschäftigt?
Welche Unterstützung erhielten sie von mir?

✎ ______________________________

____

____

Welchen Kunden und Auftraggebern habe ich mich besonders gewidmet?
Welche ihrer Anforderungen/Probleme habe ich lösen können? Welche nicht?

✎ ______________________________

____

____

____

Mit welchen Personen bzw. Abteilungen habe ich in den letzten Monaten besonders intensiv zusammengearbeitet (intern oder extern)?
Wie haben wir untereinander unsere Arbeit und unsere Anforderungen abgestimmt?

✎ ______________________________

____

____

____

Welche Stärken/Qualitäten habe ich in meiner Arbeit mit Mitarbeitern und Kunden?
Was muss ich lernen, damit ich noch effektiver sein kann?
Welche Quellen und Lernmöglichkeiten kann ich nutzen?

✎ ______________________________

____

____

Die Fähigkeit der Delegation

In Organisationen, in denen die Entwicklung in Richtung mehr Autonomie von Teilorganisationen, Gruppen und einzelnen Mitarbeiter führt, wird die Delegationsfähigkeit eine wichtige Eigenschaft von Führungskräften.

Die Leitung konzentriert sich auf die Managementfunktionen der Steuerung und Kontrolle. Hätte sie zusätzlich alle inhaltlichen Aufgaben zu erledigen, wäre sie nicht nur hoffnungslos überlastet, sondern würde auch die Kompetenz und Verantwortungsbereitschaft der Mitarbeiter konterkarieren.

»Ergebnisse werden nicht erzielt durch das, was eine Führungskraft tun kann, sondern durch das, was sie planen und kontrollieren kann.«
B. Stroebe

Viele Führungskräfte oder Projektleiter, die ihr wöchentliches Arbeitspensum beklagen, stehen vor der Frage, ob sie nicht einige ihrer Aufgaben an geeignete Mitarbeiter abgeben sollten. Sie verschaffen sich dabei selbst etwas mehr Luft und tragen dazu bei, dass Mitarbeiter ihre Fähigkeiten einbringen und Verantwortung übernehmen können.

Sind Sie dazu bereit, Aufgaben zu delegieren?	Ja	Nein
1 Erledige ich Arbeiten, die genauso gut Mitarbeiter erledigen könnten?		
2 Wende ich Zeit für Routinedetails auf, die durch andere erledigt werden könnten?		
3 Vertrete ich insgeheim die Auffassung, etwas selber zu machen ist der beste Weg zur sicheren Erledigung?		
4 Will ich überall meine Hand im Spiel haben?		
5 Fühle ich mich oft überfordert, und kann ich auch daheim nicht abschalten?		

Wenn Sie eine oder mehrere dieser Fragen mit Ja beantworten, sollten Sie sich mit der Möglichkeit von Delegation beschäftigen.

- Setzen Sie sich in diesem Fall mit dem Hintergrund der mit Ja beantworteten Fragen auseinander. Forschen Sie nach den Ursachen. Wo liegen die Widerstände gegen Delegation?
- Notieren Sie Ihre Vorbehalte gegen Delegation und überprüfen Sie die von Ihnen erkannten Widerstände gegen Delegation selbstkritisch.

Auch wenn Delegation nicht sofort zu realisieren ist, ist sie zumindest mit geeigneten Maßnahmen mittelfristig zu entwickeln. Wird diese Chance nicht wahrgenommen, missachten Sie die Ressourcen Ihrer Mitarbeiter und organisieren Sie sich Ihr eigenes Überforderungsprogramm.

Fragen zur Delegation

Was können andere

- genauso gut oder besser als ich?
- schneller als ich?
- langfristig besser übernehmen?

Was ist delegierbar?

- Routineaufgaben,
- Detailaufgaben,
- Spezialistenaufgaben,
- einzelne Projekte.

Es sollte nie mehr delegiert werden, als von der Leitung überblickt und koordiniert werden kann.

Verhältnis von Delegation und eigener Ausführung auf verschiedenen Managementebenen

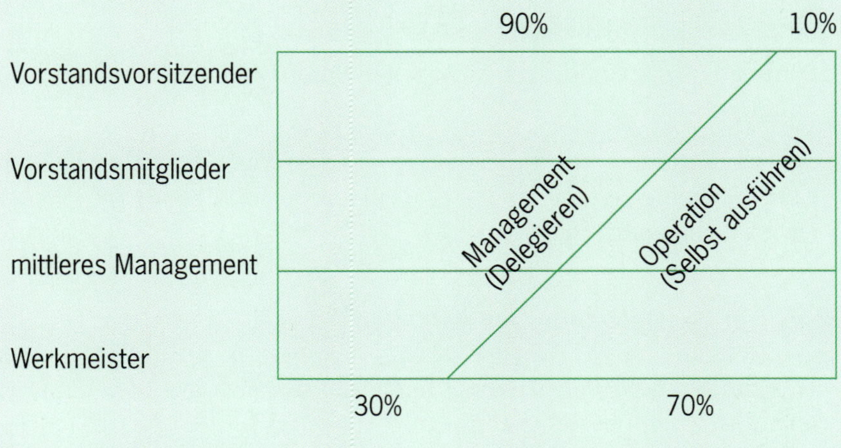

(nach Alec Mackenzie: Die Zeitfalle. Sauer, Heidelberg 1985, S. 159)

Vorteile einer gezielten Delegation

- Mehr Zeit für Organisations- und Informationsaufgaben (Führungsaufgaben).
- Größere Motivation der Mitarbeiter.
- Einblick und fundierte Information für Mitarbeiter.
- Ansatzpunkt für eine optimale Förderung und Entwicklung der Mitarbeiter (Stärkung der Organisation).
- Persönliche Entlastung.

Voraussetzungen für Delegation

- Eine positive Einstellung bei Ihnen und Ihren Mitarbeitern (diese ergibt sich langfristig aus guter Kooperation und dem daraus entstehenden Klima und lässt sich nicht ad hoc herbeizwingen!)
- Neue Kommunikationsformen. Wenn bisher Arbeit in Form von Einzelanweisungen verteilt worden ist, müssen bei der Delegation Vereinbarungen über die Erledigung von Aufgaben getroffen werden, Mitarbeiter müssen Gelegenheit finden, eigene Vorstellungen zu entwickeln und zu realisieren. Wichtig ist eine ausreichende und kontinuierliche Information.
- Zielvereinbarungen, Richtlinien und Regeln mit Mitarbeitern. Diese sollten immer wieder gemeinsam erarbeitet werden.
- Eindeutige Abgrenzung von Aufgaben und Kompetenzen.
- Förderungsmaßnahmen für Mitarbeiter (Information, Beratung, Ausbildung).
- Sicherstellen, dass keine »Bestrafung« erfolgt, wenn eine Aufgabe nicht ganz sachgemäß erfüllt worden ist. Fehler sollen als Chance zum Weiterlernen wahrgenommen werden.

Fragen vor der Delegation von Aufgaben

- Was soll getan werden? Ist die Aufgabe mit den ausführenden Mitarbeitern ausreichend besprochen?
- Welches Ziel soll mit der durchzuführenden Tätigkeit erreicht werden, d.h., wozu und worum soll überhaupt etwas getan werden?

- Welche/r Mitarbeiter/Mitarbeiterkreis ist am ehesten geeignet, die Aufgabe zu übernehmen?
- Womit muss/müssen der/die Mitarbeiter oder die Gruppe ausgestattet sein?
- Wann und bis wann soll die Arbeit getan werden? Wann und wie muss Kontrolle stattfinden, um nctfalls zu helfen?

Prüfliste zur Delegation von Aufgaben

Aufgaben, die delegiert wurden, sollten regelmäßig hinsichtlich ihrer Erledigung überprüft werden. Dazu kann eine spezielle Prüfliste herangezogen werden:

So können Sie delegierte Aufgaben hinsichtlich der Erledigung überprüfen

Datum	Mitarbeiter	Aufgabe	Termin	Anmerkungen

Die Führungskraft als Moderator

> »Er hilft der Gruppe, sich selbst zu verstehen, ihre Ziele und Wünsche zu formulieren, Lösungen zu erarbeiten und die Umsetzung sicherzustellen.«
> K. Klebert u.a.

Moderation ist eine neue Form der Leitung von Besprechungen, von Arbeitsgruppen und Veranstaltungen. Im Gegensatz zu Personen, die führen, referieren oder trainieren, hat jemand, der moderiert, gewissermaßen eine »Hebammenfunktion«.

Moderation verlangt soziale und methodische Kompetenzen.

Der Moderator benötigt Intuition und Einfühlungsvermögen. Die Moderationstechnik ist das dazugehörige Handwerkszeug. Sie dient dazu, die Gruppe in die Lage zu versetzen, sich den roten Faden zum angestrebten Arbeitsziel selbst zu spinnen.

Auf diese Art bewirkt Moderation, dass Problemlösungen, Entscheidungen und die Entwicklung der Arbeitsbeziehungen nicht von der Führungskraft oder einigen wenigen dominanten Personen wahrgenommen werden, sondern im Team zustande kommen.

So gesehen bietet die Moderationsmethode nicht nur eine ideale Organisationsform für aktives, zielorientiertes Arbeiten, sondern entspricht auch den Forderungen nach demokratischen Abläufen. Sie findet in modernen Teamorganisationen Anwendung, eignet sich jedoch im Grunde für jede Form von Besprechungen, Sitzungen und Veranstaltungen.

Die Aufgaben der Moderation
(nach Decker 1994)

❖ **Steuerungsaufgaben** (sachbezogenes Einwirken)

Die Moderation hat die Aufgabe, im Gruppengespräch für einen teilnehmerorientierten Ablauf zu sorgen und ergebnisbezogen zu arbeiten.

- In das Thema einführen:
  »Wir wollen als Gruppe heute das folgende Thema besprechen …«
- Das Thema problematisieren:
  »Sie haben sicherlich unterschiedliche Erfahrungen mit dem Thema gemacht. Ich schlage vor, diese Erfahrungen auszutauschen.«
- Sich die Reihenfolge der Wortmeldungen merken:
  »Als Erster hat sich Herr Mayer gemeldet, dann habe ich Frau Schulze und Frau Berger notiert.«

- Ziel des Gesprächs und Art der Themenbehandlung vereinbaren:
  »Ich sehe die Chance, einen Erfahrungsaustausch (eine Beratung, Entscheidungsbildung ...) durchzuführen. Sollten wir unserer Besprechung noch andere Ziele setzen?«
- Unterschiedliche Argumente sammeln:
  »Sie haben bisher die positiven Argumente besprochen, gibt es auch Argumente dagegen?«
- Roten Faden verfolgen:
  »Ich schlage vor, wieder zu unserem Ausgangsthema zurückzukehren.«
- Wesentliche Punkte herausstellen und Teilergebnisse zusammenfassen:
  »Ich fasse die wichtigsten Aussagen der bisherigen Diskussion nochmals zusammen.«
- Das Ergebnis und die Konsequenzen des gesamten Gesprächs zusammenfassen:
  »Ich will versuchen, die wesentlichsten Ergebnisse Ihres Gesprächs zusammenzufassen. Ergänzen Sie mich, wenn ich etwas vergessen habe.«

❖ **Entwicklungs- und Klimaaufgaben** (personen- und gruppenbezogene Aktivitäten)

Der Moderator übernimmt im Gruppengespräch auch Aufgaben der Beziehungsklärung, Gruppenentwicklung, Impulsgebung, Motivation und Konfliktklärung.

- Der Moderator nimmt eine fragende Haltung ein und keine behauptende. Durch Fragen aktiviert und öffnet er die Gruppe füreinander und für das Thema.
- Er stellt seine eigenen Meinungen, Ziele und Werte zurück.
- Er bewertet Meinungsäußerungen oder Verhaltenweisen nicht. Es gibt für ihn während der Moderation weder Richtig noch Falsch.
- Er nimmt Störungen ernst, weil er sie für wichtige Hinweise aus der Gruppe ansieht (z.B.: Gähnen = Langeweile?).
- Er stellt Fragen, die es der Gruppe ermöglichen, die Zusammenarbeit, die Methodik und das Moderatorenverhalten zu besprechen und gegebenenfalls zu korrigieren.

Die Vorbereitung des Moderators

Moderation erfordert eine gute und gründliche Vorbereitung. Der Moderator muss sich vorher eingehend mit dem Ziel des jeweiligen Arbeitstreffens und den Erwartungen seiner Teilnehmer beschäftigen und festlegen, welche Fragen bzw. Themen in welcher Ablauffolge bearbeitet werden sollen (Ausarbeitung der Dramaturgie!).

Der Moderator hat sich folgende Fragen zu stellen:

- Was soll erreicht werden?
- Welcher Ablauf ist der Erreichung des Ergebnisses dienlich?
- Welche Fragen sind zu stellen?
- Welchen Thesen (Behauptungen) muss nachgegangen werden?
- Auf welchem Weg ist das Ergebnis zu erreichen?
- Wie wird die Realisierung des Ergebnisses bzw. die Fortsetzung des Projektes sichergestellt?

Die Visualisierung

Der Einsatz von Visualisierungsmitteln unterstützt nicht nur die individuelle Behaltefähigkeit von Gruppenteilnehmern, er ersetzt auch lange mündliche Ausführungen und bringt Transparenz in den Gesprächsverlauf.

Eine hilfreiche Visualisierung geschieht bereits, wenn

- die Tagesordnung einer Sitzung,
- Schwerpunkte einer Diskussion,
- Stichworte zu Inhalten von Gesprächsbeiträgen,
- Ergebnisse von Arbeitsgruppen,
- wichtige Daten zur Realisierung eines Plans (Wer, was, wie, wo, wann?)

für alle sichtbar angeschrieben werden.

Mittel der Visualisierung

Für den Sitzungsalltag geeignete Mittel der Visualisierung sind:

- das Flipchart (Ständer mit großem Schreibpapier, auf das mit Filzstift oder Ölkreide geschrieben wird),
- der Overheadprojektor (Gerät, mit dem beschriebene Folien an die Wand projiziert werden – geeignet für größere Veranstaltungen),
- die Pinnwand (Metaplantechnik).

Die Metaplantechnik

Etwas aufwändiger, aber für kreative, auf Beteiligung ausgerichtete Organisationen schlechthin ideal ist eine Visualisierungsform, die unter dem Namen Metaplantechnik bekannt wurde.

Bei dieser Technik schreiben die Gruppenmitglieder ihre Gesprächsbeiträge in Stichworten selbst auf karteikartengroßes Papier. Die einzelnen Papiere werden mittels Stecknadeln auf einer so genannten Pinnwand (Weichkarton- oder Korktafel) angeheftet.

Diese Technik hat nicht nur den Vorteil, dass die Beiträge nach verschiedenen Gesichtspunkten (nach Themenbereichen, chronologisch, Schwerpunkten u.a.) geordnet werden können. Es können vor allem – und das ist der wesentlichste Vorteil – alle Gruppenmitglieder aktiv werden. Die Technik gibt auch Antwort auf die allerorts bekannten Probleme traditioneller Gesprächsführung bei Sitzungen und Veranstaltungen.

Vorteile der Metaplantechnik:

- Jede/r hat die Chance mitzumachen.
- Zuhörerinnen und Zuhörer werden zu aktiven Teilnehmerinnen und Teilnehmern.
- Die Methode regt an und macht Spaß.
- Auch wichtige Nebengedanken werden sofort festgehalten.
- Wiederholungen sind nicht notwendig.
- Das Protokoll liegt sofort und unverfälscht vor.
- Der Gesprächsverlauf ist für alle einsehbar.
- Meinungsverschiedenheiten werden deponiert und können zum günstigsten Zeitpunkt behandelt werden.

Das Mitarbeitergespräch

Jede Führungskraft führt Gespräche mit ihren Mitarbeitern, von kurzen Adhoc-Gesprächen über Delegations- bis zu Kritikgesprächen. Eine Gesprächsart hat in vielen Unternehmen einen besonderen Stellenwert: das Mitarbeitergespräch, das ein bis zweimal pro Jahr zwischen Führungskraft und Mitarbeiter stattfindet.

Das Mitarbeitergespräch ist ein Hilfsmittel, um die Mitarbeiter konsequent an den Zielen des Unternehmens auszurichten. Das Mitarbeitergespräch hat drei Dimensionen: Es ist ein Beziehungsgespräch, ein Arbeitsgespräch und ein Fördergespräch. Sein Zweck ist es:

- den Mitarbeiter allgemein zu informieren,
- ihm Feed-back zu geben über Verhalten und Zielerreichung in der vergangenen Periode,
- neue Ziele zu vereinbaren (Leistungsziele und Verhaltensziele),
- Fördermaßnahmen für den Mitarbeiter wie Weiterbildung oder Jobrotation festzulegen.

Das Mitarbeitergespräch sollte einmal pro Jahr durchgeführt werden

Es wird mindestens einmal pro Jahr geführt, meist unter Zuhilfenahme eines Leitfadens und mit verbindlichen schriftlichen Vereinbarungen. Es dauert erfahrungsgemäß ein bis zwei Stunden.

Ein gutes Mitarbeitergespräch hat eine klaren Nutzen sowohl für den Mitarbeiter als auch den Chef. Es festigt die gegenseitige Beziehung, fördert den Informationsfluss und steigert Motivation und Vertrauen. Es ermöglicht einen Dialog mit aktiver Beteiligung der Mitarbeiter. Es hilft den Mitarbeitern, den Sinn ihres Tuns klarer zu verstehen, und fördert Leistung und Effektivität. Durch Feedback werden gegenseitige Erwartungen klarer. Es können maßgeschneiderte Fördermaßnahmen für den jeweiligen Mitarbeiter vereinbart werden. Insgesamt fördert eine gute Gesprächsbasis die Entwicklung einer vertrauensvollen, offenen Arbeitsbeziehung und hilft, Reibungsverluste abzubauen.

Wie ist ein Mitarbeitergespräch aufgebaut?

Vergangenheit	Gegenwart	Zukunft
Beurteilen	**Analysieren und beraten**	**Entwickeln und fördern**
● Arbeitsergebnisse, Verhalten und Einstellungen (reifegradspezifisch) besprechen ● Stärken und Schwächen in der Arbeit und in der Kooperation klären ● Gegenseitige Erwartungen überprüfen	● Probleme und Konflikte analysieren ● Gemeinsame Lösung finden ● Helfen und unterstützen ● Lernprozesse in Gang setzen ● Eigenmotivation aktivieren	● Mitarbeiter nach Können und Wollen einsetzen ● Perspektiven und Entwicklungschancen entdecken ● Persönliche Entwicklungsziele und Fördermaßnahmen vereinbaren
Halte dem anderen deine Information wie einen Mantel hin, in den er hineinschlüpfen kann, schlage sie ihm nicht wie ein nasses Tuch um die Ohren.	**Mit defensivem Denken können wir unsere Schwächen verdecken, aber nicht abstellen.**	**Jedes Mal, wenn wir einem Menschen etwas beibringen, statt ihn das Lernen zu lehren, halten wir ihn davon ab, sich selbst zu finden.**

⇨ **Arbeitsfreude und Leistungsbereitschaft steigern**
⇨ **Zusammenarbeit und Vertrauen stärken**

Hinweise zur Durchführung

Das Mitarbeitergespräch soll nicht mit zu vielen Anforderungen überfrachtet werden, wie z.B. mit einer Dienstbeurteilung, der Festlegung einer Prämie etc.). Wichtig ist, dass von den oberen Führungskräften klare Unternehmens- und Bereichsziele formuliert werden, die den Orientierungsrahmen für die einzelnen Gespräche abgeben. Der jeweilige Vorgesetzte führt es mit seinen Mitarbeitern. Neben dem Inhalt (dem Was) ist auch die Art und Weise der Gesprächsführung von Bedeutung (das Wie). Es ist daher wichtig, die eigenen Gesprächsfähigkeiten als auch die der Mitarbeiter zu trainieren.

Leitfaden für Ihre Mitarbeitergespräche

Ein Leitfaden hilft bei der Gesprächsvorbereitung und -durchführung

Es hat sich bewährt, das Mitarbeitergespräch anhand eines Leitfadens zu führen. Dieser ist besonders für die Vorbereitung des Gespräches eine große Hilfe. Im Gespräch hilft er den Gesprächspartnern am roten Faden zu bleiben bzw. bei Abschweifungen wieder dorthin zurückzufinden. Ein Leitfaden sollte so einfach wie möglich sein, um das Gespräch an sich nicht unnötig durch Strukturen, Checklisten und dergleichen zu erdrücken.

- **Rückblick auf Aufgabenerfüllung und Zielerreichung im abgelaufenen Arbeitsjahr**
  Dazu werden Sie die Unterlagen des vorangegangenen Mitarbeitergesprächs brauchen! Es ist zu klären, inwieweit die getroffenen Vereinbarungen erfüllt wurden.
  - Ziele und Aufgaben der Organisationseinheit des Mitarbeiters.
  - Ziele und Aufgaben der Arbeitsplatzes, Zielerreichung, Abweichungen etc.
- **Vorschau: Ziele und Aufgaben für das nächste Arbeitsjahr**
  Die Formulierung guter Ziele erfordert neben Können auch Geduld und Akribie. Scheuen Sie sich nicht davor!
  - Welche Aufgaben bleiben, welche verändern sich wie?
  - Welche Ziele werden gesteckt?
  - Wie messen wir diese Ziele?

- **Feedback zu Arbeitsleistung und Verhalten des Mitarbeiters**
  Hier bietet sich die Chance, Erwartungen auszusprechen, Stärken und Schwächen anzusprechen und dem Mitarbeiter ein klares Bild davon zu geben, wo er steht.
  - Welche Stärken, Eignungen hat der Mitarbeiter?
  - Entwicklungsbedarfe, Schwächen in Hinblick auf die Anforderungen?
  - Ungenutzte Potenziale?
  - Wodurch kann im kommenden Jahr eine möglichst gute Leistung erreicht werden?

- **Besprechung des Führungsverhaltens bei Mitarbeitern mit Führungsaufgaben**
  Dieser Part ist nur bei Führungskräften erforderlich. Sagen Sie dem Mitarbeiter, wie Sie seine Führungsarbeit sehen, und formulieren Sie Ihre Erwartungen.
  - Stärken, Schwächen, besondere Neigungen im Führungsverhalten.
  - Wo besteht Handlungsbedarf und was ist zu tun (z.B. Training)?
  - Welche neuen Entwicklungen sollte die Führungskraft aufgreifen, daran mitarbeiten usw.?

- **Vereinbarungen bezüglich Arbeitsklima und Zusammenarbeit**
  Hier geht es um die Zusammenarbeit in der Organisationseinheit des Mitarbeiters als auch mit benachbarten Einheiten, um die Qualität der internen und externen Kundenbeziehungen.
  - Bilanz übers vergangene Jahr.
  - Maßnahmen für das kommende Jahr.

- **Fördermaßnahmen des Mitarbeiters**
  Wie kann der Mitarbeiter durch Fördermaßnahmen sein bisherige Aufgaben besser erfüllen und/oder für künftige qualifiziert werden? Denken Sie nicht nur an Seminare, vieles ist on the job möglich!
  - Durch welche Maßnahmen kann die fachliche/persönliche Qualifikation gefördert werden?
  - Was trägt der Mitarbeiter, was die Führungskraft bei?
  - Welche konkreten Maßnahmen werden vereinbart?
  - Welche Laufbahnwünsche hat der Mitarbeiter? Welche Möglichkeiten für die Übernahme anderer oder neuer Aufgaben stehen offen?

- **Vereinbarung von eventuellen Zwischengesprächen usw.**
  Häufig erfordern vereinbarte Ziele oder Fördermaßnahmen periodische Zwischengespräche. Diese sollten so weit möglich gleich fixiert werden.

Einige Tipps und Hinweise zum Mitarbeitergespräch

Vertraulichkeit ist oberstes Gebot

Wenn Sie Mitarbeitergespräche führen, dann achten Sie besonders auf Vertraulichkeit. Alle individuellen Ergebnisse bleiben zwischen Ihnen und dem Mitarbeiter. Verwahren Sie Ihre Aufzeichnungen sorgfältig, und nutzen Sie Informationen, die Sie erhalten haben, nicht aus!

Stellen Sie sicher, dass Vereinbarungen auch eingehalten werden. Tun Sie das nicht, wird das Mitarbeitergespräch bald zur wirkungslosen Pflichtübung verkommen.

Als Vorgesetzter haben Sie eine besondere Verantwortung für die Qualität der Gesprächsführung. Schaffen Sie eine angenehme Atmosphäre, und nehmen Sie sich Zeit. Stellen Sie offene Fragen, und lassen Sie Ihrem Gesprächspartner Zeit. Das Gespräch soll ein Dialog sein, und Sie sollten nicht mehr als die Hälfte der Redezeit bestreiten. Wenn das Gespräch entgleitet oder heftig wird: Übernehmen Sie die Verantwortung dafür, es wieder in die geeignete Bahn zu bringen.

Verankern Sie das Mitarbeitergespräch als Führungsinstrument! Fordern Sie es von jeder Führungskraft ein. Schulen Sie die Führungskräfte, und machen Sie Auswertungsrunden nach den Mitarbeitergesprächen. Entwickeln Sie das Instrument weiter!

Natürlich ersetzt das Mitarbeitergespräch nicht die sonstigen Gespräche, die Sie laufend mit Ihren Mitarbeitern führen. Aber ein gutes Mitarbeitergespräch kann die Krönung einer guten Chef-Mitarbeiter-Beziehung sein.

Wenn in Ihrer Firma die Arbeitsorganisation mehr und mehr in Richtung eigenverantwortlicher Teams weiterentwickelt wird, dann wird sich auch das Mitarbeitergespräch ändern; an die Stelle des Chef-Feedbacks wird das Feedback durch Teamkollegen, interne und externe Kunden sowie Lieferanten treten. Dazu wird heute in vielen Unternehmen das so genannte 360-Grad-Feedback eingesetzt. Das Gespräch als Kontakt von Mensch zu Mensch bleibt aber aufrechterhalten und ist für den Erfolg und die Zufriedenheit unverzichtbar.

4. Praxisfelder des Managers

Führungskräfte müssen heute in ihren Organisationen sehr genau darauf achten, die Wertschätzung durch ihre Kunden zu erhalten oder zu steigern. Viele Unternehmen und Non-Profit-Organisationen sind gefährdet, weil der Kunde bzw. der Finanzier den Nutzen nicht erkennen kann oder weil andere seine Nutzenerwartung besser erfüllen.

Das bedeutet für die Führungskräfte, dass neben dem klassischen Managen je nach Situation der Organisation, in der sie tätig sind, bestimmte Managementperspektiven besonders wahrgenommen werden müssen. Einige Beispiele sollen das verdeutlichen:

- Ein Schulleiter ist heute damit konfrontiert, dass die Eltern die Qualität von Schulen (und Lehrern) zu vergleichen beginnen und ihre Kinder an Schulen anmelden, die ein klares Profil vermitteln und Qualität glaubhaft versprechen können. Schulen ohne Profil werden wohl langsam schließen müssen!
- Die deutsche Autoindustrie muss Qualität und flexible Produktion zum Hauptanliegen machen, um im Wettbewerb um den Kunden bestehen zu können.
- Die österreichischen Tourismusberiebe müssen kundenorientierter werden, und sie müssen dem Kunden ihre Leistungen zu Preisen offerieren, die dieser zu zahlen bereit ist.

Wir stellen im Folgenden einige Managementkonzepte vor, die in einer Organisation jeweils Handlungsmöglichkeiten für ganz bestimmte Herausforderungen anbieten. Es sind dies:

- **Lean Management** als ein Weg, dem Kunden die Leistungen, die er wirklich will, zu bieten. Die richtige Qualität zum niedrigstmöglichen Preis und mit der geforderten zeitlichen Flexibilität.
- **Prozessmanagement** kann Abläufe (Geschäftsvorgänge) kundenorientierter, fehlerfreier und rascher machen.

- **Qualitätsmanagement** hat das Ziel, die Anforderungen der Kunden (externer und interner) bestmöglich zu erfüllen und das erwünschte Qualitätsniveau sicherzustellen.
- **Projektmanagement** ist heute aus Organisationen nicht mehr wegzudenken. Es hilft uns, komplexe, zeitlich befristete Aufgaben zu erledigen, zu deren Bewältigung Mitarbeiter aus verschiedenen Organisationseinheiten zusammenarbeiten müssen.

Diese besonderen Managementformen ersetzen weder die Grundaufgaben des Managers, noch schließen sie sich gegenseitig aus. Die folgenden Überlegungen sollen Sie unterstützen herauszufinden, welche besonderen Schwerpunktsetzungen in Ihrer Organisation erforderlich wären.

Lean Management: schlanke und kundenorientierte Organisationsstrukturen schaffen

Mit zunehmender weltweiter Öffnung der Märkte entscheiden günstige Kosten, hohe Qualität und rasche Leistungserbringung (Lieferzeiten, Wartezeiten) darüber, ob Ihre Organisation überleben wird oder nicht. Um am Markt wettbewerbsfähig zu bleiben, mussten sich viele Unternehmen etwas einfallen lassen. Viele übernahmen die ursprünglich in Japan erprobten Konzepte und Instrumente des Lean Management, um sich fit zu machen.

Woran litten und leiden heute immer noch viele Unternehmen?

Problembereiche von Unternehmen

- **Kundenferne** durch ein überholtes, wenig klares Bild vom Kunden und seinen Erwartungen und Anforderungen.
- **Zu viel Hierarchie** und zu starke Arbeitsteilung zwischen Abteilungen und Bereichen, die zu hohen Reibungsverlusten und Zeitverzögerungen führt.
- **Bruchstellen in den Leistungsprozessen**, die teure, langsame und fehlerhafte Leistungserstellung zur Folge haben.
- **Hohe Verwaltungskostenkosten** entstehen durch die Trennung von Denken/Planen und Tun. Zu viele Menschen sind mit unproduktiven Kontroll- und Berichtsaufgaben befasst.
- **Geistige Erstarrung**, Bürokratisierung und Versteinerung von Strukturen verhindern oft notwendige Veränderungen.

Die zehn Prinzipien auf der folgenden Seite geben einen Überblick über die Gestaltungsphilosopie von Lean Management und helfen Ihnen bei der Einschätzung, wo in Ihren Bereich / in Ihrem Unternehmen der größte Veränderungsbedarf besteht. Bewerten Sie Ihre Organisation nach diesen Kriterien, und stellen Sie fest:

- Wo sind wir gut, worauf können wir stolz sein?
- Wo ist der größte Bedarf an Veränderung?

Schreiben Sie Ihre Ideen und Vorstellungen nieder, wie der veränderte Zustand aussehen sollte.

Wege zu schlanken Organisationsstrukturen

Eine starre Pyramidenorganisation mit vielen Hierarchieebenen ist im heutigen, dynamischen Wirtschaftsumfeld nicht mehr zeitgemäß. Die Kritik an den hierarchischen Strukturen richtet sich vor allem gegen:

- die Kundenferne vieler Organisationseinheiten (Stäbe, Supportabteilungen);
- die Tendenzen zur Abschottung zwischen den Ebenen und Einheiten, die sich »ab-teilen« und die Kernprozesse beeinträchtigen;
- das überholte Menschenbild des »Untergebenen«, das das Potenzial der Mitarbeiter nicht nutzt.

Wir stehen an der Schwelle zu einer neuen Phase der Gestaltung unserer Organisationen. Weg von übertriebener Arbeitsteilung, hin zu ganzheitli-

Zehn Dimensionen von Lean Management	Bewertung
1 Ausrichtung aller Tätigkeiten auf den Kunden Der Kundennutzen ist Orientierung für alle Tätigkeiten im Unternehmen, alle Regeln und Systeme sind darauf gerichtet. Ziel ist ein partnerschaftliches, faires und dauerhaftes Verhältnis zwischen Kunde und Unternehmen.	0% 100%
2 Konzentration auf die eigenen Stärken Das Kerngeschäft baut auf den eigenen Stärken auf. Kernkompetenzen sind definiert, aus einem klaren Leitbild sind Strategien und Maßnahmen ableitbar.	0% 100%
3 Optimierung der Geschäftsprozesse Die Arbeit am Produkt, am Kundennutzen hat Vorrang und ist Angelpunkt der Wertschöpfungskette, die Leistungsprozesse werden entrümpelt und vereinfacht, nicht-wertschöpfende Arbeit wird eliminiert.	0% 100%
4 Ständige Verbesserung der Qualität Qualitätsmaßstab sind der Kunde und seine Anforderungen. Die ständige Verbesserung aller Leistungsprozesse hat hohe Priorität. Fehler werden vorbeugend verhindert.	0% 100%
5 Interne Kundenorientierung als Leitprinzip Jeder im Prozess kennt seine Kunden und ihre Anforderungen. Stabs- und Supportabteilungen sind schlank und profilieren sich als interne Dienstleister.	0% 100%
6 Eigenverantwortung, Empowerment und Teamarbeit Aufgaben werden zusammengefasst, ganzheitliche Arbeitsplätze mit Anforderungsvielfalt geschaffen. Teams auf allen Ebenen sind für Teilprozesse verantwortlich und steuern sich selbst. Mitarbeiterqualifizierung hat einen hohen Stellenwert.	0% 100%
7 Dezentrale, kundenorientierte Strukturen Rasche Reaktion, Flexibilität in der Leistungserbringung durch kundennahe, dezentrale Strukturen und Kompetenzen, Steuerungs- und Kontrollfunktionen sind in die Kernprozesse integriert. Drei Hierarchieebenen sind ausreichend.	0% 100%
8 Führen ist Service am Mitarbeiter Die Führungskräfte befähigen ihre Mitarbeiter zu exzellenten Ergebnissen für den Kunden und führen sie ziel- und ergebnisorientiert. Die Führungskräfte erfüllen vermehrt Coachingaufgaben.	0% 100%
9 Offene Information und Feed-back-Prozesse Alle Aktivitäten werden von intensivem Feed-back begleitet, Lernzyklen werden verkürzt. Die offene Information über Umfeld und Firma dient der Steuerung des eigenen Handelns.	0% 100%
10 Einstellungs- und Kulturwandel im Unternehmen Eine neue Haltung zum Kunden, zur Qualität der Leistung, zum Miteinander im Unternehmen ist Grundlage des Wandels. Die Fähigkeit zu strategischen Partnerschaften ist hoch ausgeprägt. Das Unternehmen stellt sich der Verantwortung in der Gesellschaft.	0% 100%

chen Arbeitsplätzen und mehr Teamarbeit. Viele Unternehmen sind schon an der Arbeit, ihre starren »Palastorganisationen« zu flexiblen »Zeltorganisationen« umzubauen. Folgende Punkte sind dabei zu beachten:

❖ Kleine, überschaubare Einheiten mit voller Verantwortung schaffen

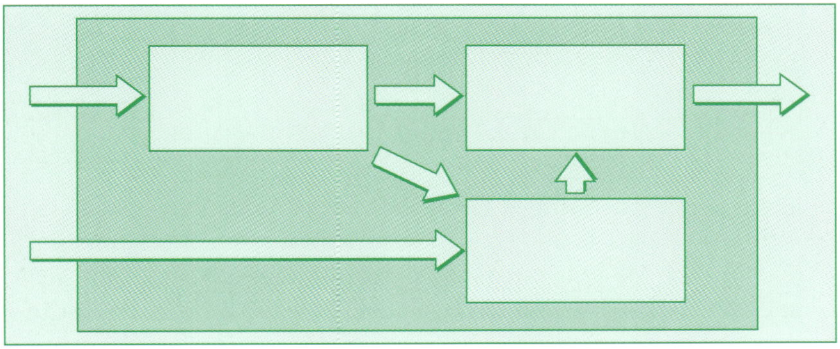

- Die fortschreitende Segmentierung des Marktes erfordert kleine, schlagkräftige Organisationseinheiten, die als flexible »Zeltorganisationen« um Kundengruppen und deren Bedürfnisse gebaut sind.
- Kleine Einheiten können in hohem Maße kundenspezifisch agieren (»close to the customer«), sie sind mit Handlungskompetenz und Ergebnisverantwortung ausgestattet.
- Die hierarchische Pyramide wird auf den Kopf gestellt: Die Mitarbeiter mit Kundenkontakt (an der Front) sind die wichtigsten. Im Unternehmen ist alles darauf ausgerichtet, sie zu unterstützen.
- Unternehmensleitbild und -strategie geben Richtung und Ziel vor, Budgets den finanziellen Rahmen. Alle Maßnahmen zur Zielerreichung werden eigenverantwortlich bestimmt.
- Die Steuerung der dezentralen Einheiten erfolgt nach bekannten Konzepten wie Cost Center, Profit Center oder Performance Center.
- Bisherige Stabsfunktionen und Supportleistungen indirekter Abteilungen werden in die operativen Einheiten verlagert (z.B. EDV, Personal).

Solche »business units« umfassen bei Firmen wie Gore, ABB, Bertelsmann maximal 50–150 Mitarbeiter. Suzaki (1994) empfiehlt Unternehmen, jeder Mitarbeiter soll innerhalb der Firma wie eine »mini-company« eigenverantwortlich handeln können.

❖ Leitungsebenen reduzieren

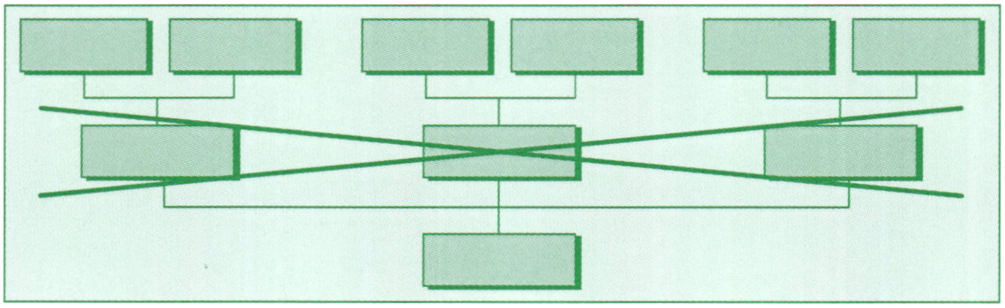

Markt und Kunden warten nicht! Eine flache Aufbauorganisation ermöglicht rasche Entscheidungen, sorgt für einen raschen Informationsfluss und gibt den Mitarbeitern die Rolle von Mitunternehmern. Alle Manager und Mitarbeiter haben auch operative Aufgaben. Viele klassische Managementaufgaben werden dadurch überflüssig, und die meisten Führungskräfte kehren zu kundennahen Fachtätigkeiten zurück (Kunden gewinnen und betreuen usw.). Die dezentrale Ergebnisverantwortung sorgt für ein ausgeprägtes Kostendenken, was die Gemeinkosten niedrig hält. Was ist zu tun:

- Dezentrale Verantwortung schaffen.
- Leitungsebenen reduzieren.
- Gemeinkostenbereiche abbauen, verbleibende Kosten den operativen Einheiten zuordnen.
- Stäbe auflösen, nötige Funktionen in die operativen Einheiten integrieren.

❖ Horizontale Prozessorganisation stärken

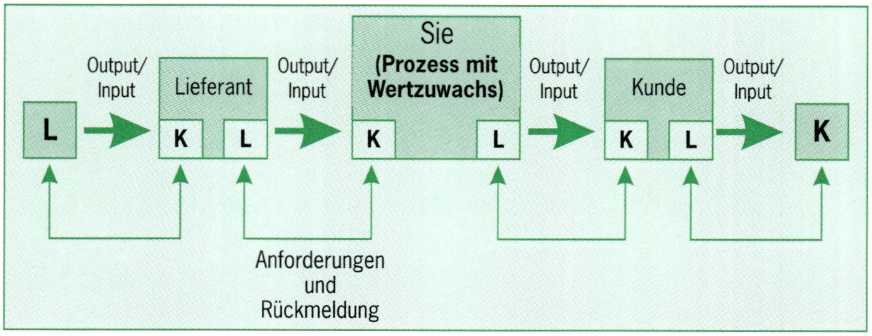

- Alle Prozesse vom Kundenkontakt bis zur Auftragserfüllung werden an der Wertschöpfung für den Kunden ausgerichtet.
- Nicht-wertschöpfende Tätigkeiten werden konsequent abgebaut, dadurch wird Verschwendung vermieden.
- Nach Möglichkeit trägt eine Einzelperson die Verantwortung, ansonsten ist ein Team für einen Arbeitsprozess voll verantwortlich. »Prozessmanager« unterstützen den reibungslosen Ablauf. »Case Manager« sind für einen Fall, etwa eine Kreditabwicklung, oder einen Patienten im Spital voll verantwortlich.
- Permanente Verbesserung der internen Kunden-Lieferanten-Beziehungen genießt hohe Priorität und bewirkt eine rasche Abwicklung und hohe Qualität.

❖ Interne Dienstleister am Kundenbedarf ausrichten

Viele Unternehmen durchforsten heute ihre internen Leistungseinheiten, um Kosten zu sparen und die Wirksamkeit zu erhöhen. Dabei kommt es häufig zu folgenden Veränderungen:

- Unnötige Serviceleistungen werden abgeschafft (z.B. Berichte, die niemand liest).
- Dezentralisierung und Verlagerung von nötigen Servicefunktionen in die Kernprozesse und operativen Einheiten (z.B. EDV wird Abteilungssache).
- Outsourcing von Leistungen, d.h. Bezug von externen Lieferanten (z.B. vom eigenen Fuhrpark zu Leihautos).
- Ausgliedern und Verselbstständigen einer internen Leistungseinheit (z.B. eine Schulungsabteilung wird Schulungsanbieter am Markt).
- Insourcing, d.h., eine interne Abteilung bietet Leistungen an, die bisher extern bezogen wurden.

Vorteile schlanker Organisationen

Der Nutzen schlanker interner Dienstleistungsbereiche liegt in der besseren Überschaubarkeit, der geringeren Gemeinkostenbelastung und der klareren Konzentration auf die eigentliche Kernaufgabe des Unternehmens.

Prozessmanagement

Die Aufgabe »Prozessmanagement« ist noch relativ jung. Es geht dabei vor allem darum, problematische Leistungsprozesse zu erkennen und zu optimieren (etwa von einem Kundenanruf bis zur erfolgreichen Auslieferung eines Gerätes). Dabei werden problematische Schnittstellen abgebaut, nicht wertschöpfende Tätigkeiten eliminiert und der Prozessablauf für alle Mitarbeiter transparent gemacht.

Der Kunde steht im Mittelpunkt

Kerngedanke des Prozessmanagements ist, dass der Kunde im Mittelpunkt steht und die Prozesse am Kunden ausgerichtet werden.

Beispiel Geldinstitut
Das Ziel ist eine optimale Betreuung des Kunden vom erstmaligen Anruf/Kontakt, über den laufenden Service bis zur Nachbetreuung. Damit ein Kunde den bestmöglichen Service erhält, muss vieles »gut« laufen:
❖ Der Kunde ruft an, erhält erste Informationen, vielleicht ein Angebot und vereinbart einen Termin.
❖ Der Kunde muss die Bank leicht erreichen können (Parkplatz vorhanden?).
❖ Der Berater am Schalter muss den Bedarf des Kunden richtig erfassen (will er eine kurfristige Anlagemöglichkeit oder eine längerfristige Vorsorge?).
❖ Der Berater muss die gewählte Leistung fehlerfrei erbringen (z.B. Vertragsgestaltung, Stornobedingungen etc.).
❖ Interne Dienstleistungen wie EDV, Verrechnung, Buchhaltung etc. müssen bedarfsgerecht arbeiten und die Mitarbeiter mit Kundenkontakt unterstützen.
❖ Die Nachbetreuung muss stimmen (Information, Änderungen, Ergänzungen).
❖ Der Gesamteindruck und die Leistungen der Bank müssen so sein, dass der Kunde zumindest zufrieden, besser jedoch begeistert ist. Nur dann wird er zum Dauerkunden werden, der vielleicht weiter Leistungen in Anspruch nimmt.

Was ist also ein Leistungsprozess?

Wir möchten Ihnen dies anhand unseres Beispiels verdeutlichen: Stellen Sie sich vor, Sie folgen unserem Bankkunden auf Schritt und Tritt, wenn er sein Geld anlegt. Sie können registrieren, welche Stationen er durchläuft und welche Leistungen für ihn erbracht werden. So haben Sie den Prozess »Geld veranlagen« kennen gelernt.

Der dargestellte Prozess »Geld veranlagen«:

- wird durch ein **Ereignis ausgelöst** (z.B. Kunde fragt an),
- besteht aus einer aufeinander bezogenen **Abfolge von Tätigkeiten** (Bedarfsermittlung, Vertragserstellung, Einzahlung, Ausschüttung usw.)
- und hat ein **erkennbares Ende bzw. Ergebnis** (jährliche Ausschüttung, bzw. Auflösung des Fonds).

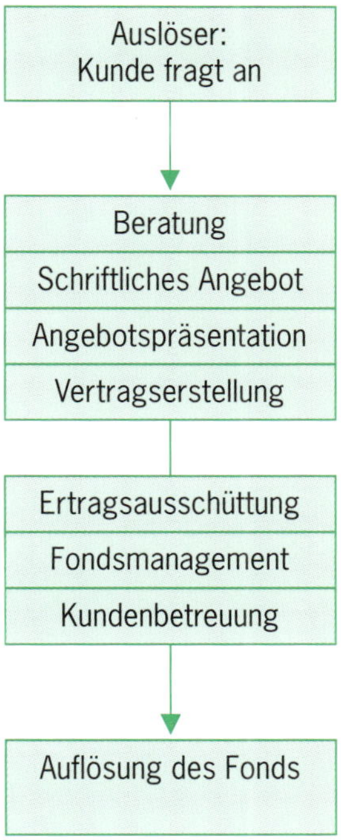

Genau diese drei Punkte treffen für jeden Prozess zu! Skizzieren Sie auf einem Blatt Papier Prozesse, die Sie als Kunde oder Mitarbeiter kennen! Zum Beispiel:

- Planung ihres nächsten Urlaubes,
- Krankenhausaufenthalt,
- Reparatur eines defekten Gerätes.

Wichtige Prinzipien des Prozessmanagements	
Kundenorientierung Einen zentralen Stellenwert nimmt der Kunde ein, er soll immer zufrieden gestellt werden. Prozessorientierung heißt: »Querdenken« zu bestehenden Bereichsstrukturen und eingefahrenen Denkmustern und echte Priorität für die »Ganzheitlichkeit«. Mitarbeiter mit Kundenkontakt werden intensiv trainiert. Kundenmanager (key accounts) bündeln Leistungen des Unternehmens zum Kunden hin. Prozessmanager und Case Manager sind für reibungslose Abläufe verantwortlich.	**Aufgabenintegration** Zusammenhängende Aufgaben werden, wo immer möglich, zusammengefasst und von einem Mitarbeiter bzw. einem Team erledigt. Das erspart Übergabeprozeduren und Schnittstellen, die zu zeitlichen Verzögerungen, Fehlern und daraus resultierenden kostspieligen Folgen führen. Die Integration bisher getrennter Tätigkeiten hilft auch, Verwaltungskosten zu senken, da weniger Aufsicht, Kontrolle und unproduktive Arbeit anfallen.
Mitarbeiter befähigen/ermächtigen Die sachlich verantwortlichen Mitarbeiter sind mit einem Maximum an Entscheidungskompetenz ausgestattet und fällen Entscheidungen, die bislang übergeordneten Stellen vorbehalten waren. Weniger Hierarchie bedeutet weniger Kosten. Außerdem können Mitarbeiter innovative und kreative Vorschläge für eine Verbesserungen nicht nur melden, sondern sofort umsetzen.	**Selbstkontrolle** Kontrollen sollen die Ergebnisqualität sicherstellen und den Missbrauch betrieblicher Ressourcen verhindern. Mit der Vergrößerung von Entscheidungsbereichen wird der Bereich der Eigenkontrolle größer. Überwachungs- und Kontrolltätigkeiten werden auf ein Mindestmaß verringert, Selbstkontrolle und Stichprobenkontrolle senken die Kosten und beschleunigen die Abläufe. Spielregeln und interne Kunden-Lieferanten Beziehungen ermöglichen fehlerlose Prozesse.

Wenn wir die heutige Realität in Unternehmen betrachten, finden wir viele Behinderungen für kundenorientierte Prozesse!

- Die **hierarchische Organisation** führt zu Kompetenzverlust und Ohnmacht bei denen, die die Arbeit tun. Sie verlangsamt Entscheidungen und blockiert Fähigkeiten und Potenziale von Mitarbeitern.
- Die **funktionale Bereichslogik** führt so lange zu guten Ergebnissen, solange ein Prozess innerhalb eines Funktionsbereiches (etwa EDV, Kreditbearbeitung, Materialverwaltung) abläuft. Immer, wenn Leistungen bereichsübergreifend geschehen (und das sind etwa 85 Prozent der Leistungen), stößt die Bereichslogik an ihre Grenzen. So genannte Schnittstellenprobleme häufen sich. Qualität, Geschwindigkeit und Kundenorientierung kommen dabei oft zu kurz.

Im Folgenden finden Sie diese Überlegungen grafisch dargestellt. Wenn wir die hierarchische Trennung und die funktionale Trennung zusammen nehmen, erhalten wir im Unternehmen »operative Inseln«, die viele negative Begleiterscheinungen aufweisen wie: Informationsfilterung, Steuerungsprobleme, Schnittstellenprobleme und Frustration bei den Mitarbeitern. Eine markt- und kundenorientierte Organisation erfordert eine Überwindung dieser »operativen Inseln« zugunsten **bereichs- und hierarchieübergreifender Verantwortlichkeiten** und **Prozesse**.

Das könnte heißen, dass in einem Krankenhaus der Patient nicht von einer Station zur anderen geschickt wird und sechs bis sieben Stunden für eine kleine ambulante Behandlung aufwenden muss, sondern einen Betreuer erhält, der dafür sorgt, dass er die erforderliche Leistung in der bestmöglich aufeinander abgestimmter Form erhält und nach zwei Stunden fertig ist.

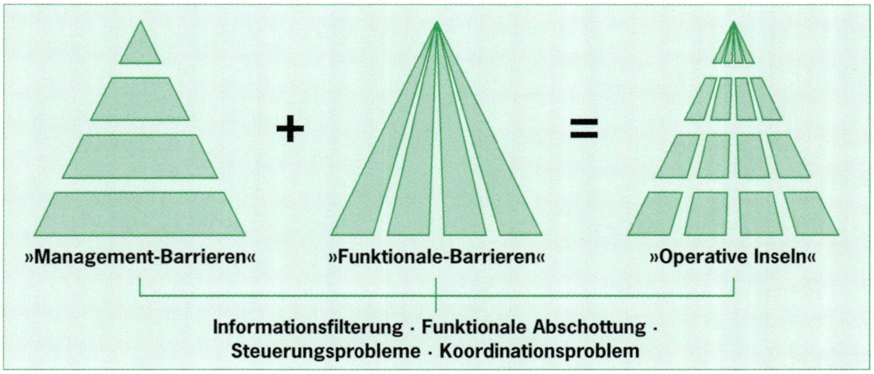

Methodik und Vorgehensweisen der Prozessoptimierung

Die Ermittlung und Umgestaltung der Geschäftsprozesse erfolgt in den folgenden vier Schritten. Gearbeitet wird in kleinen Teams mit den betroffenen Mitarbeitern und Führungskräften, bei Bedarf unter Moderation eines qualifizierten Beraters.

Vier Schritte zur Prozessoptimierung

1. Schritt: Definition und Auswahl relevanter Prozesse

- Identifikation der verbesserungsbedürftigen Prozesse.
- Erfassen von Input- und Outputgrößen; Sammeln von kritischen Ereignissen und Fehlern.
- Formulieren von Zielvorgaben für die Verbesserung; Messgrößen definieren.

2. Schritt: Prozessdiagramm erstellen, kritische Muster erkennen

- Stationen und Schnittstellen eines Prozesses benennen und darstellen (Flussdiagramm etc.).
- Bewährte Prüffragen anwenden.
- Plausibilitätsüberlegungen anstellen, Kreativitäts- und Problemlösungstechniken einsetzen.

3. Schritt: Gestalten des verbesserten Sollprozesses

- Feststellen, ob eine radikale oder graduelle Veränderung nötig ist.
- Neue Prozesse festlegen und im Detail beschreiben.
- Verantwortliche benennen und ein Funktionendiagramm erstellen.
- Festlegen von Zielen und Leistungen in der Prozesskette; Standards definieren, Messgrößen und -vorschriften formulieren.
- Wo notwendig, Entscheidungen für die Umgestaltung herbeiführen.

4. Schritt: Neue Prozesse einführen, Mitarbeiter damit vertraut machen

- Information, Qualifikation und Training der Betroffenen vor bzw. bei Einführung.
- Visualisieren kritischer Prozesschritte, damit sie sicher gehandhabt werden (z.B., wie hat die Dateiablage in der EDV zu erfolgen, wie ist die Infusionspumpe anzuschließen usw.).
- Aufbau eines prozessorientierten Controllings, periodische Soll-Ist-Vergleiche.

Sie haben nun die Möglichkeit, die auf der vorhergehenden Seite beschriebenen vier Schritte an einem eigenen Beispiel durchzuspielen. Nutzen Sie dazu die folgende Anleitung und die Checklisten.

Arbeitsanleitung: Prozessanalyse an einem eigenen Beispiel

1. Schritt: Prozess auswählen

- Notieren Sie Leistungsprozesse, an denen Sie beteiligt sind.
- Wählen Sie einen Prozess aus, der Ihnen verbesserungsbedürftig erscheint, beschreiben Sie ihn kurz, und begründen Sie die Auswahl.
- Formulieren Sie Verbesserungsziele und Messgrößen:
  - Was soll der verbesserte Prozess leisten?
  - Was soll besser oder anders sein, wenn die Verbesserung fertig ist?
  - Wird der Kunde mit seinen Anforderungen besser zufrieden gestellt?

2. Schritt: Prozess analysieren

Beantworten Sie die folgenden Fragen, und stellen Sie Ihren ausgewählten Prozess grafisch dar.

- Wodurch wird der Prozess ausgelöst?
- Wer macht was in welcher Abfolge?
- Was ist das Ergebnis der einzelnen Prozessschritte?
- Welche kritischen Schnittstellen/Ereignisse kommen vor? Benutzen Sie dazu die Checkliste: »Kritische Muster und Schwachstellen erkennen« (s. S. 152).

Für die grafische Darstellung reicht vorerst eine einfache Liste, z.B. auf einem Flipchartbogen, etwa in folgender Form:

Was (Schritte, Tätigkeiten)	**Wer** (Beteiligte)*	**Welche Hilfsmittel** (Listen, EDV)	**Anmerkungen**

* Nach Art der Beteiligung können Sie unterscheiden:
D = Durchführung / M = Mitarbeit / I = Wird informiert / K = Kontrolle

Checkliste: Kritische Muster und Schwachstellen erkennen

Kritische Muster		Lösungsmöglichkeiten
Mehrgleisigkeiten, parallele Formen von Leistungsprozessen	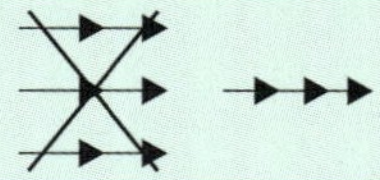	Zusammenlegen, vernetzen, standardisieren
Viele Schnittstellen, Prozesse fließen holprig, Staus an Schnittstellen	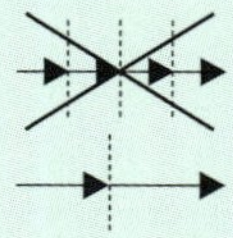	Aufgaben zusammenlegen, eine Person (ein Team) erledigt Aufgaben durchgängig, Mehrplatzfähigkeit
Nahtstellen statt Schnittstellen, mangelnde Anschlussfähigkeit	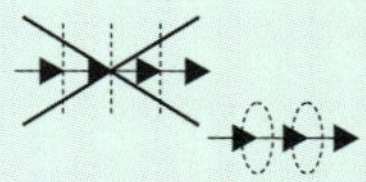	Vereinbarungen treffen, partnerschaftliche Kundenbeziehungen anstreben, Feed-back, Feedforward
Prozessschritte ohne Wertschöpfung, ursprünglicher Sinn ist verlorengegangen	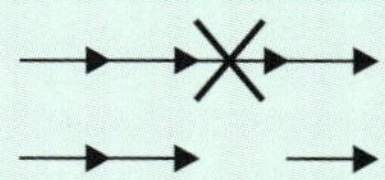	Prozessschritte ersatzlos streichen
Kontrollschleifen in der Hierarchie, die zu Scheinkontrollen geworden sind	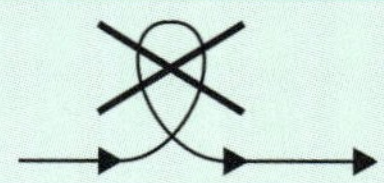	Beseitigen, wo Kontrolle nur formal wahrgenommen wird, Leistungsprozesse online schalten
Sequentielle Prozessschritte, zu lange Durchlaufzeiten	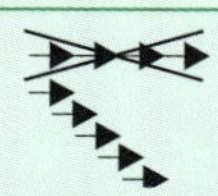	Parallele, überlappende Aufgaben erledigen, simultaneous engineering
Viele zeit- und kostenkritische Prozessschritte	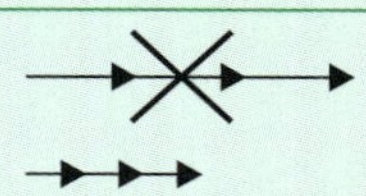	Unterstützung durch Standardisierung, EDV, Suboptimierung vermeiden
Räumlich lange Wege zwischen einzelnen Prozessschritten (Maschinen, Arbeitsplätze), Anordnung nach funktionalen Kriterien	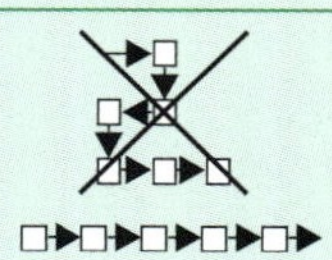	Arbeitsplätze und Geräte nach Kriterien der Leistungsprozesse anordnen, Prozesse als Gliederungs- und Gestaltungskriterien
Mitarbeiter kennen das Endergebnis des Prozesses, in dem sie tätig sind, nicht oder unzureichend	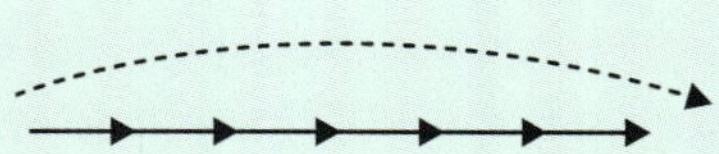	Beitrag zur fertigen Leistung, bzw. zum Funktionieren des Ganzen jedem Mitarbeiter deutlich machen. Prozessbewusstsein und -vertrauen schaffen
Selbstbeschäftigung, unklare Aufgabenverteilung, Erstes Parkinson'sches Gesetz	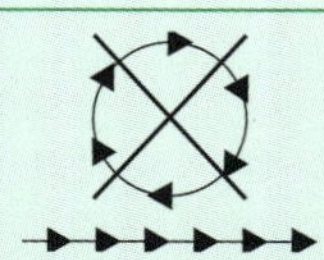	An der Unternehmenskultur arbeiten, marktwirksame Ziele klarer herausstellen, klare Aufgaben- und Kompetenzverteilungen

Quelle: TRIGON

3. Schritt: Festlegen des Sollprozesses

In der Analysephase entstehen meist schon viele Ideen zur Verbesserung. Diese werden nun zusammengefasst, ergänzt und zu einem Sollkonzept verdichtet.

- Beschreiben Sie den neuen Prozess, und legen Sie Verantwortlichkeiten fest. Erstellen Sie ein Ablaufdiagramm nach dem Muster auf der Seite 155.
- Vereinbaren Sie an kritischen Schnittstellen (zwischen Abteilung A als Lieferant und Abteilung B als Kunde die genauen Anforderungen; etwa Servicevereinbarungen etc.).
- Klären Sie, wie weit das Zusammenwirken mit anderen Prozessen neu festgelegt werden muss (z.B. Außendienst mit interner Verrechnung etc.).
- Definieren Sie alle Maßnahmen, und führen Sie, wo nötig, Entscheidungen herbei.
- Legen Sie Messgrößen für den neuen Prozess fest (Zeit, Kosten, Qualität ...).

4. Schritt: Den verbesserten Prozess einführen

Machen Sie jemand konkret für die Einführung des neuen Prozesses verantwortlich (den so genannten Prozesseigentümer). Er sorgt dafür, dass der Prozess dokumentiert wird, er weist Mitarbeiter in den neuen Prozess ein und trainiert sie, wenn dies erforderlich ist. Er steht in laufender Verbindung zu Kunden und sorgt für die Verbesserung des Prozesses, entsprechend den sich ändernden Kundenanforderungen. Tipps für die Einführungsphase:

- Informieren Sie klar und umfassend alle Betroffenen.
- Nutzen Sie die Möglichkeit, Abläufe zu visualisieren, sodass Mitarbeiter im Zweifelsfall nachsehen können (z.B. Ablaufplan in der Schreibtischlade, Anleitung für bestimmte Arbeitsschritte am Gerät usw.)
- Beobachten Sie den Prozess genau: Werden die Ziele erreicht?
- Sind die Prozessbeschreibungen und Standards aktuell, und werden Sie eingehalten?
- Regen Sie Qualitätszirkel an, um auftretende Schwachstellen zu beseitigen!

Eine häufig verwendete Variante des Ablaufdiagramms ist folgende:

- In der ersten Spalte zeigt ein Prozessflussdiagramm den Ablauf grafisch.
- In der zweiten Spalte werden die Tätigkeiten je Prozessschritt grob beschrieben und eventuelle Hilfsmittel angeführt (z.B. Checklisten, EDV-Maske etc).
- In der dritten Spalte wird das Ergebnis beschrieben.
- In der vierten Spalte wird festgelegt, welche Personen wie beteiligt sind.
- Dadurch ergibt sich eine sehr transparente Übersicht über die Stationen und Schnittstellen eines Prozesses. Wir zeigen Ihnen ein fertiges Ablaufdiagramm am Beispiel eines Beschaffungsvorganges.

Muster: Ablaufdiagramm eines Prozesses

Ablauf

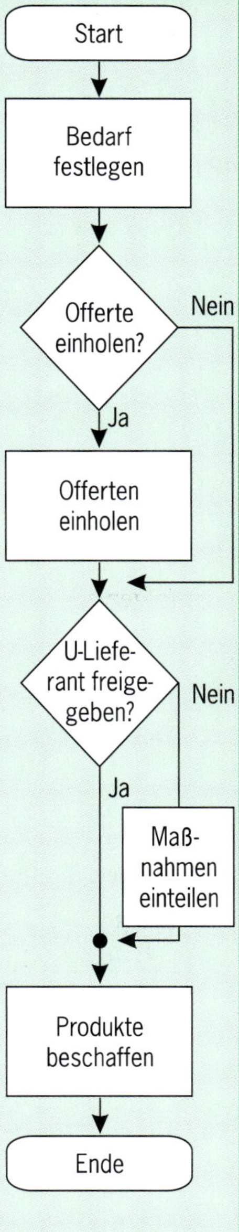

Tätigkeit	Ergebnis	Verantwortliche Stelle
Bedarf an Einkaufsprodukten festlegen	Dispo-Liste an Abteilungen, Bedarfsmeldung von Abteilungen	Einkauf (D) Diverse Stellen (M)
Anhand der Beschaffungs-unterlagen bei möglichen Unterlieferanten Offerten einholen	Offerten (Unterlieferant)	Einkauf (D)
Prüfen, ob der U-Lieferant für die Lieferung dieses Produktes freigegeben ist	(Einsicht in Liste)	Einkauf (D)
Lieferantenbeurteilung und/oder -bewertung durchführen evtl. mit der Stelle Qualitätssicherung Maßnahmen einleiten	Lieferantenbeurteilung und/oder -bewertung Maßnahmenplan	Einkauf (D) QS (M) Produktion (M)
Auftrag erteilen	Bestellung	Einkauf (D) **Legende zu Spalte 4:** D = Durchführung M = Mitarbeit I = wird informiert K = Kontrolle

Qualitätsmanagement

»Total Quality Management ist wichtig, aber Total Management Quality ist zehnmal wichtiger!«
F. Malik

Vor 15 Jahren hätte kaum jemand in Europa Qualität als eine vorrangige Managementaufgabe angesehen – was hat sich da verändert? Natürlich wurde Qualitätsarbeit auch früher geleistet – wer erinnert sich nicht an den Qualitätsbegriff »Made in Germany«. Aber diese Leistung war durch viele Qualitätskontrollen teuer erkauft. Zum Beispiel musste bei Autoherstellern ein hoher Prozentsatz der fertigen Wagen zur Fehlerbeseitigung in die teure Nacharbeit. Was Qualität ist, definierten damals die Unternehmen, nicht der Kunde. Das Qualitätsverständnis und der Qualitätsbegriff haben sich in den letzten zwei Jahrzehnten gravierend verändert!

Veränderung des Qualitätsbegriffs

Qualität früher ...	... und heute
Qualität ist das, was Ingenieure, Techniker usw. dafür halten.	Qualität ist die Erfüllung von Erwartungen und Anforderungen des Kunden, bei optimiertem Aufwand.
Sie ist das Ergebnis der Endprüfung eines Produktes durch die Qualitätsabteilung.	Sie ist das Ergebnis fehlerfreier Prozesse, und jeder Mitarbeiter ist dafür verantwortlich.

Kerngedanken zum Qualitätsmanagement

Auf ein aktives Qualitätsmanagement kann heute kein marktorientiertes Unternehmen verzichten. Nachfolgend finden Sie einige wenige Leitlinien, an denen sich das Qualitätsmanagement orientieren soll.

❖ **Qualität ist ein bedeutsamer strategischer Erfolgsfaktor und damit eine zentrale Unternehmensaufgabe**

- Diese Aufgabe gilt für jeden und nicht nur für die Spezialisten einer Qualitätsabteilung.
- Jeder Manager muss Qualitätsmanagement betreiben und verantworten.
- Jeder ist für die Qualität seiner Arbeit gegenüber seinem Kunden verantwortlich.
- Eigene Fehler und Fehler anderer werden rasch beseitigt und, wo möglich, vorbeugend verhindert. Dazu sind Instrumente wie Qualitätszirkel einzurichten.

❖ **Qualität wird aus Kundensicht betrachtet**

- Der Kunde bestimmt Qualitätskriterien und -maßstäbe.
- Qualität soll für den Kunden mess- und planbar sein.
- Qualität aus Kundensicht umfasst subjektive und objektive Faktoren.
- Emotionale Faktoren und Sinnesempfindungen müssen einbezogen werden.

❖ **Qualität ist relativ zum Qualitätsniveau am Markt zu sehen**

- Die gleiche technische Qualität kann bei schwachen Märkten hervorragend und in starken Märkten ungenügend sein.
- Qualitätsurteile sind dynamisch – was gestern hervorragend war, kann heute Mittelmaß bedeuten und morgen ungenügend sein.

❖ **Qualitätsmanagement versucht, vorbeugend zu handeln**

- Qualitätssicherung im Prozess ersetzt nachträgliche Qualitätskontrolle.
- Qualitätsplanung erkennt und eliminiert mögliche Fehlerursachen im Voraus.
- Qualitätsgesteuerte Entwicklung setzt Kundenanforderungen vorausschauend in Produkte oder Dienstleistungen um.

❖ **Es gibt keine Qualitätskosten, aber erhebliche Fehlleistungskosten**

- Direkte Fehlleistungskosten sind Gewährleistung, Sortierprüfungen, Ausschuss und Nacharbeit usw.
- Versteckte Fehlleistungskosten betragen ein Vielfaches der offenen Kosten und zeigen sich in Kundenverlust, hohen Puffer- und Lagerbeständen, aufwendiger und unflexibler Leistungserbringung und in unnötigen Verwaltungs- und Transportvorgängen.

Nach diesen allgemeinen Leitlinien für Ihre Qualitätsarbeit werden Sie sich vielleicht fragen, was Sie praktisch, konkret und sofort tun könnten? Dazu auf den folgenden Seiten einige Anregungen:

❖ Sich ein persönliches Qualitätsziel setzen.
❖ Fehler vorbeugend verhindern.

Setzen Sie sich ein persönliches Qualitätsziel !

Fangen Sie mit der Qualitätsverbesserung bei Ihnen persönlich oder in Ihrem Team an. Beantworten Sie die folgenden Fragen:

Meine Leistung für einen bestimmten Kunden ist:

✎ ______________________________

____

____

Was erwartet mein Kunde von mir?

✎ ______________________________

____

____

Mein Qualitätsziel lautet folgendermaßen:

✎ ______________________________

____

____

Was kann und werde ich an meiner Leistung verbessern?

✎ ______________________________

____

____

Wie messe ich meinen Fortschritt?

✎ ______________________________

____

____

Qualitätszirkel einrichten und daran mitarbeiten		
	Selbstverantwortung ist …	
… etwas, das man fördert,	NICHT	etwas, das man verschenkt.
… Gleichklang,	NICHT	Gleichgültigkeit.
… Konsequenz,	NICHT	Konformität.
… partnerschaftlich,	NICHT	patriarchalisch.
… wertorientiert,	NICHT	regelorientiert.
… richtiges Handeln,	NICHT	einfaches Handeln.
… angemessen,	NICHT	korrekt.

Stellen Sie Fehler an der Wurzel ab!

Es gibt zwei Grundgedanken, warum »Fehler an der Wurzel packen« so wichtig ist:

Fehler an der Wurzel finden, sofort abstellen oder, wenn möglich, in Zukunft vermeiden!

Je früher ein Fehler entdeckt oder am Entstehen gehindert wird, umso geringer sind die Kosten der Beseitigung. Die billigste Fehlerbeseitigung ist unmittelbar am Entstehungsort, die teuerste beim Kunden (siehe Kasten: 1:100-Regel).

Zum anderen sind Fehler die größten Störfaktoren für die nachfolgenden Prozessschritte. Sie kosten Zeit, Geld und vermindern die Motivation!

Beispiel: Die 1:100-Regel für Fehlerkosten
Ein Tippfehler, den die Sekretärin entdeckt (statt 500,– steht 5000,– DM), kostet vielleicht 30 Sekunden Zeit.
Entdeckt den Fehler erst der Chef, muss der Vorgang des Briefschreibens wiederholt werden. Kosten sicher 5–10 Minuten Zeit = das zehn- bis 20fache.
Wird der Fehler erst beim Kunden entdeckt, ist der Schaden viel größer. Möglicherweise lehnt er das Angebot ab, oder es werden teure Besuche nötig. Das kostet dann mindestens das 100- bis 200fache an Kosten.

Zur Überprüfung können Sie nun eigene Beispiele für ähnliche Fehler finden, deren Früherkennung viel an Kosten und Ärger sparen würde.

Beispiel: Sind 90 Prozent Fehlerfreiheit genug?

Stellen Sie sich vor, Sie sind Krankenhauspatient: Wie viele Fehler gestehen Sie den Mitarbeitern bei den verschiedenen Diagnose- und Behandlungsschritten, die Sie bekommen, zu? Nehmen wir eine 90-prozentige Prozessqualität an bei einem Prozess, der über vier Stufen läuft. Was bedeutet das für Sie? Sind Sie da ausreichend sicher versorgt? Wie Ihnen unten stehende Abbildung demonstriert, eher nicht, denn Sie erreichen über den Gesamtprozess nur bescheidene 65 Prozent Prozesssicherheit. Warum? Weil sich Fehler potenzieren.

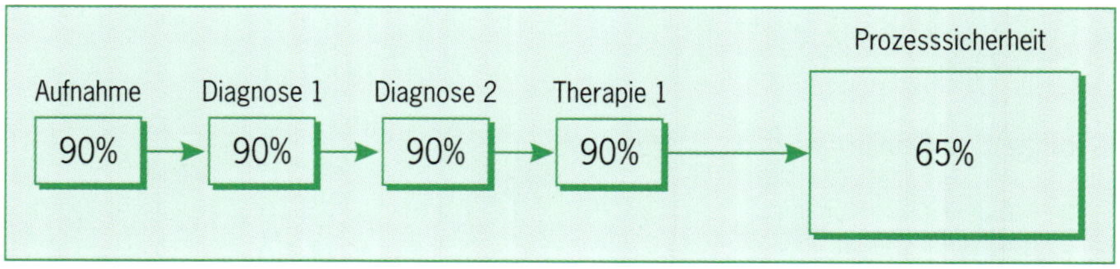

Bei 99-prozentiger Prozesssicherheit sieht das Ergebnis schon anders aus: Wir erreichen immerhin 96 Prozent Prozesssicherheit. Wie viel Prozesssicherheit würden Sie sich als Patient wünschen?

Qualitätsverbesserung durch Qualitätszirkel

In vielen Unternehmen sind Qualitätszirkel schon eine bewährte Einrichtung. Auch wenn es sie nicht gibt, wird eine Initiative für einen Qualitätszirkel wohl von jedem guten Vorgesetzten begrüßt werden.

Was ist nun so ein Qualitätszirkel, und wie arbeitet er? Er ist eine Gruppe von Mitarbeitern mit gleichen oder ähnlichen Arbeitsaufgaben, die gemeinsam Wege zur Verbesserung der Qualität und der Arbeitsabläufe und -ergebnisse in ihrem Arbeitsbereich suchen. Die Gruppe besteht aus vier bis acht Mitgliedern, die sich in regelmäßigen Abständen während der normalen Arbeitszeit treffen. Jede Mitarbeiterin und jeder Mitarbeiter kann sich üblicherweise freiwillig an einem Qualitätszirkel beteiligen.

Jeder Qualitätszirkel hat einen Sprecher, der innerhalb der Gruppe als Moderator wirkt, sich um organisatorische Fragen kümmert und die Gruppe nach außen vertritt.

Der Qualitätszirkel trägt Probleme zusammen und bestimmt selbst, welches Problem am dringlichsten gelöst werden soll. Alle Mitglieder können ihre persönlichen Erfahrungen einbringen. Die Lösungsideen werden von der Gruppe überprüft; die Verbesserungsmaßnahmen werden vereinbart, und ihre Durchführung wird überwacht.

Ein bewährtes Grundmuster der Qualitätszirkelarbeit ist der **Qualitätszyklus**. Das unten skizzierte Vorgehen wird für jedes neue Problem immer wieder durchlaufen.

Vorgehen bei Qualitätsprojekten

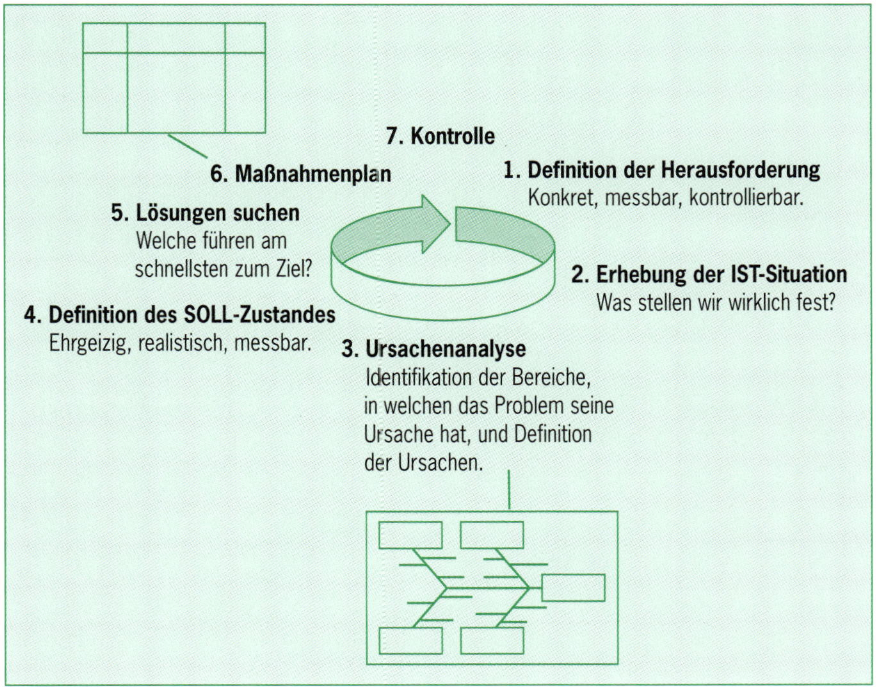

Projektmanagement als Führungsaufgabe

Projekte und Projektmanagement sind heute in vielen Organisationen eine Selbstverständlichkeit. Projekte sind dort angebracht, wo die Improvisation zur effektiven Erledigung einer Aufgabe nicht mehr ausreicht, es sich jedoch auch nicht um eine auf Dauer angelegte Routineaufgabe handelt, die einer Organisationseinheit übertragen werden kann. Die folgende Darstellung macht die Unterscheidung von Improvisation, Projekt und Routineaufgabe grafisch deutlich.

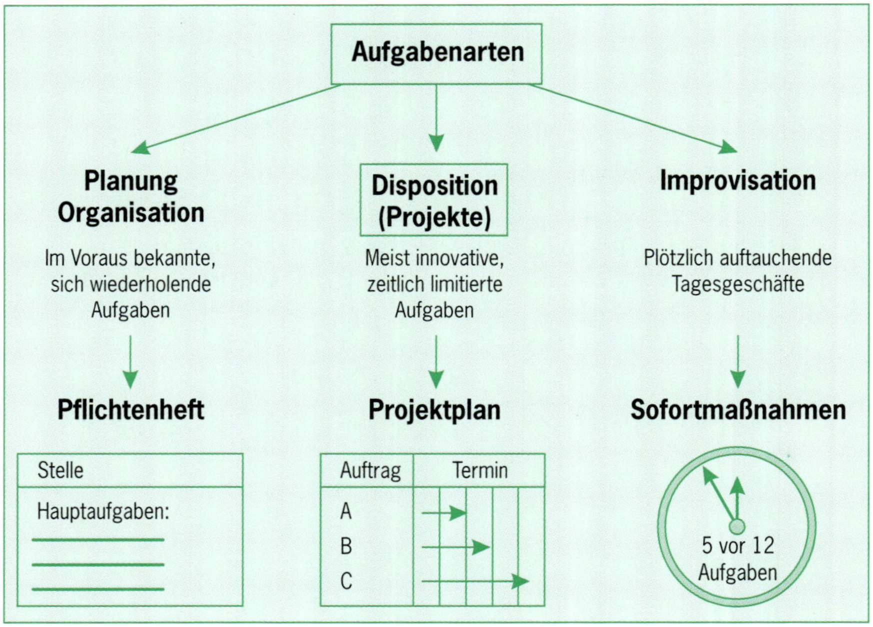

Eine Führungskraft sollte fähig sein zu erkennen, wann eine Aufgabe als Projekt organisiert werden soll. Sie soll klare und durchführbare Projektaufträge erteilen und in der Lage sein, auch selbst in Projekten als Teammitglied oder Leiter wirkungsvoll mitzuarbeiten.

Wann machen wir Projekte?

Ein Beispiel soll Ihnen verdeutlichen, welche Aufgaben in Projektform abgewickelt werden sollten:

> *Sie arbeiten in der Marketingabteilung einer Firma, die Kraftwerke baut. Ihr Chef hat Sie gebeten, eine Studienreise nach China vorzubereiten. Es sollen auch Lieferanten mitkommen. Vor Ort sind Firmenbesuche, Besichtigungen und Sondierungsgepräche mit möglichen Partnern vorgesehen. Die Veranstaltung kostet eine Menge, und es steht viel auf dem Spiel!*

Wie werden Sie die Aufgabe angehen? Sie können sie natürlich mit Mut und Improvisationsfähigkeit angehen – allerdings stellt sich die Frage, ob das reicht. Es scheint eher ein Fall für Projektmanagement zu sein! Eine Aufgabe sollte dann als Projekt abgewickelt werden, wenn es darum geht:

- eine **zeitlich befristete, einmalige Aufgabe** zu lösen; nach der Realisierung löst sich das Projektteam auf;
- ein **vorgegebenes Ziel zu erreichen**; Vorhaben, bei denen Ziele nicht präzisiert werden können, eignen sich nicht für Projektmanagement;
- mit **begrenzten Ressourcen** auskommen zu müssen; Budget und Personalkapazitäten werden zu Beginn festgelegt;
- **interdisziplinär zusammenzuarbeiten**; etwa ein Team von Spezialisten aus unterschiedlichen organisatorischen Einheiten;
- eine **Vielzahl von Aktivitäten** zu koordinieren und diese vorausschauend aufeinander abzustimmen.

Daraus können wir folgende **Definition** von **Projekt** und **Projektmanagement** ableiten:

Unter **Projekt** verstehen wir die Lösung bzw. Umsetzung von zeitlich begrenzten, abteilungsübergreifenden Aufgaben mit Hilfe eines Teams. Dabei werden spezielle Organisationsformen (Projektorganisation) und Vorgehensweisen (Projektmanagement) angewendet.

Ein Projekt wäre beispielsweise die oben beschriebene Studienreise oder der Aufbau einer Firmendatenbank. Kein Projekt wäre der laufende Betrieb eines Reisebüros für Studienreisen oder die laufende Wartung der gerade genannten Firmendatenbank.

Projektmanagement ist die Planung, Steuerung, Koordination und Überwachung des Projekts. Es gibt eine Reihe von Werkzeugen und Vorgehensweisen für die Projektarbeit, die wir Ihnen anschließend vorstellen. Projektarbeit spielt sich immer auf zwei Ebenen ab:

- auf der **Sachebene** geht es um Ziele und Ergebnisse, um systematisches Vorgehen, um die Strukturierung des Projektes und um den richtigen Einsatz von Methoden und Instrumenten;
- auf der **psychosozialen Ebene** geht es um Teambildung, Kooperation und Konfliktlösung, um fach- und bereichsübergreifende Kommunikation und wechselseitige Akzeptanz.

Grundprinzipien der Projektabwicklung

Für die systematische Abwicklung von Projekten haben sich drei Grundprinzipien bewährt:

- **Strukturierung in vier Lebensphasen**. Die meisten Projekte können in folgende Phasen gegliedert werden: Initiierung und Definition, Planung, Ausarbeitung und Realisierung sowie Projektabschluss.
- **Vom Groben zum Detail als Arbeitsprinzip**. Häufig wird schon bei Projektbeginn an der Lösung gearbeitet und alles bereits fein durchgeplant. Das führt oft zu Enttäuschungen, weil die Planung nicht hält. Ein Projekt muss ähnlich wie ein Werkstück zuerst grob bearbeitet und dann Schritt für Schritt verfeinert werden, bis es fertig ist.
- **Den Problemlösungszyklus anwenden**. Der Problemlösungszyklus beschreibt die Schrittfolge, wie Sie Ihr Ziel erreichen können. Die fünf Schritte sind: Situationanalyse – Zielsetzung – Lösungssuche – Lösungsauswahl – Entscheidung. Der Problemlösungszyklus ist ein sich wiederholender Prozess, der in jeder Lebensphase neu durchlaufen wird.

Wir gehen nun mit Ihnen die Strukturierung eines Projektes nach den vier Lebensphasen detailliert durch. Zur Illustration verwenden wir das eingangs angeführte Beispiel der Studienreise nach China.

Die vier Phasen im Projektablauf

Phase 1:	Initiierung und Definition
Phase 2:	Planung von Arbeitsschritten, Ablauf und Terminen
Phase 3:	Durchführung des Projekts
Phase 4:	Projektabnahme und Abschluss

Phase 1: Initiierung und Definition

Projekte können durch das Management oder auch durch Mitarbeiter angeregt werden. Die Ziele und Rahmenbedingungen werden grob beschrieben, und ein Projektleiter wird gesucht. In unserem Beispiel:

Der Chef ruft Sie zu sich, erklärt Ihnen grob die Ziele und Rahmenbedingungen und beauftragt Sie mit der Projektleitung.

Dem Projektleiter obliegt es nun (wenn erforderlich, in Absprache mit dem Auftraggeber und anderen Personen), die Ziele zu konkretisieren und die Rahmenbedingungen genauer zu klären. Folgende Punkte sollten beantwortet werden:

- Was soll erreicht werden (Projektziele)?
- Welche Mitarbeiter sind einzubeziehen (Projektteam)?
- Wie soll vorgegangen werden?
- Abschätzen von Kosten, Zeitbedarf, Terminen und sonstigen Rahmenbedingungen.
- Durchführen von weiteren Vorerhebungen, falls erforderlich.

Das Ergebnis dieser Phase wird oft in einem Projektauftrag schriftlich festgehalten und von der verantwortlichen Führungskraft unterschrieben (siehe Checkliste, Seite 166).

In unserem Beispiel nehmen wir an:

Sie haben innerhalb einer Woche die Fragen durch Gespräche, Analysen und Einholen von Informationen beantwortet und den Projektauftrag zur Unterschrift vorgelegt.

Diese Checkliste hilft Ihnen bei der Formulierung des Projektauftrages

Checkliste Projektauftrag	
Projektbenennung:	
Projektleiter:	
Zielsetzung:	
Problemstellung:	
Vorgehensplan und Zwischenergebnisse:	
Budget und Kosten:	
Randbedingungen:	
Termine, Meilensteine:	
Unterschriften	
Auftraggeber	Projektleiter

Phase 2: Planung von Arbeitsschritten, Ablauf und Terminen

In dieser Phase formiert sich das Team. Projektleiter und Team planen gemeinsam den Ablauf des Projektes im Detail. Dabei sind folgende Punkte zu beachten:

- Startmeeting durchführen, Teambildung fördern.
- Ziele gemeinsam formulieren (siehe Zielformulierung).
- Festlegen der Aufgabenpakete und der Verantwortung dafür (siehe Projektstrukturplan).
- Planung der erforderlichen Ressourcen (Zeit, Geld, Sachmittel).
- Ablauf- und Zeitplanung (siehe Terminplan).

Nun wenden wir uns den Arbeitsmethoden der Phase zwei im Detail zu.

Zielformulierung gemeinsam erarbeiten

Drei Ziele bestimmen ein Projekt:

- Art und Qualität des Ergebnisses,
- Terminziele und
- Kostenziele, Ressourcenziele.

Diese drei Ziele bilden das magische Dreieck des Projektmanagements. Der Projektleiter ist gleichzeitig der Zielmanager. Er muss im Dialog mit dem Auftraggeber und dem Projektteam gute Ziele entwickeln und diese gegebenenfalls im Projektverlauf neuen Erkenntnissen anpassen.

In unserem Beispiel könnten die Ziele sein:

- **Ergebnisziel:** *Alle Informationen für die Entscheidung über eine Firmengründung in China sind erhoben und aufbereitet.*
- **Terminziel:** *Innerhalb von vier Monaten ist die Studienreise durchgeführt, nach weiteren zwei Wochen liegt der Auswertungsbericht dem Vorstand vor.*
- **Kostenziele:** *Das Projektbudget von DM 100.000,– ist einzuhalten. Der interne Ressourcenbedarf darf drei Monate nicht überschreiten.*

Weitere Tipps für Ihre Zielformulierung:

- Formulieren und überprüfen Sie Ziele mit Hilfe des Akronyms **SMART**; d.h: Ein Ziel soll: **S**pezifisch; **M**essbar; **A**ttraktiv; **R**ealisierbar; **T**erminbezogen sein.
- Es kann auch hilfreich sein, zwischen Musszielen und Kannzielen zu unterscheiden.
- Zur Abgrenzung, was Sie keinesfalls wollen, können Nichtziele formuliert werden.

Den Projektstrukturplan erstellen

Der Projektstrukturplan (PSP) stellt die Aufgaben eines (Teil-)Projektes in systematischer und hierarchischer Gliederung dar. Er beschreibt, **was** zu tun ist, und umfasst:

- die Hauptaufgabe,
- die Teilaufgaben,
- die Arbeitspakete (detailliert beschriebene Tätigkeiten für einzelne Projektmitarbeiter).

Der Projektstrukturplan ist auch die Basis für die folgende Zeit- und Kostenplanung. Mit folgenden Fragen können Sie den Projektstrukturplan auf Vollständigkeit und Durchführbarkeit des Projektes prüfen:

- Führt die Bearbeitung aller Arbeitspakete zum fertigen Projekt?
- Ist jedes Arbeitspaket hinsichtlich zu erbringender Leistung, Kosten, Terminen und Bearbeiter eindeutig definiert?

Der Projektstrukturplan wird am Beginn nur grob sein, im Laufe der Projektbearbeitung wird seine Detaillierung zunehmen.

Wenden wir uns wieder unserem Beispiel »Studienreise« zu:

> *Hauptaufgabe ist die Durchführung der Studienreise insgesamt.*
> *Teilaufgaben könnten sein: Programm erstellen, Reiseorganisation, Informationsgewinnung vor Ort und Auswertung.*
> *Jede dieser Teilaufgaben kann wieder in Arbeitspakete untergliedert werden. Wir haben das hier nur für die Teilaufgabe 2 getan.*
> *Daraus können wir nun einen grafischen Projektstrukturplan erstellen, der uns die Planung in übersichtlicher Form zeigt.*

Beispiel: Projektstrukturplan Chinareise

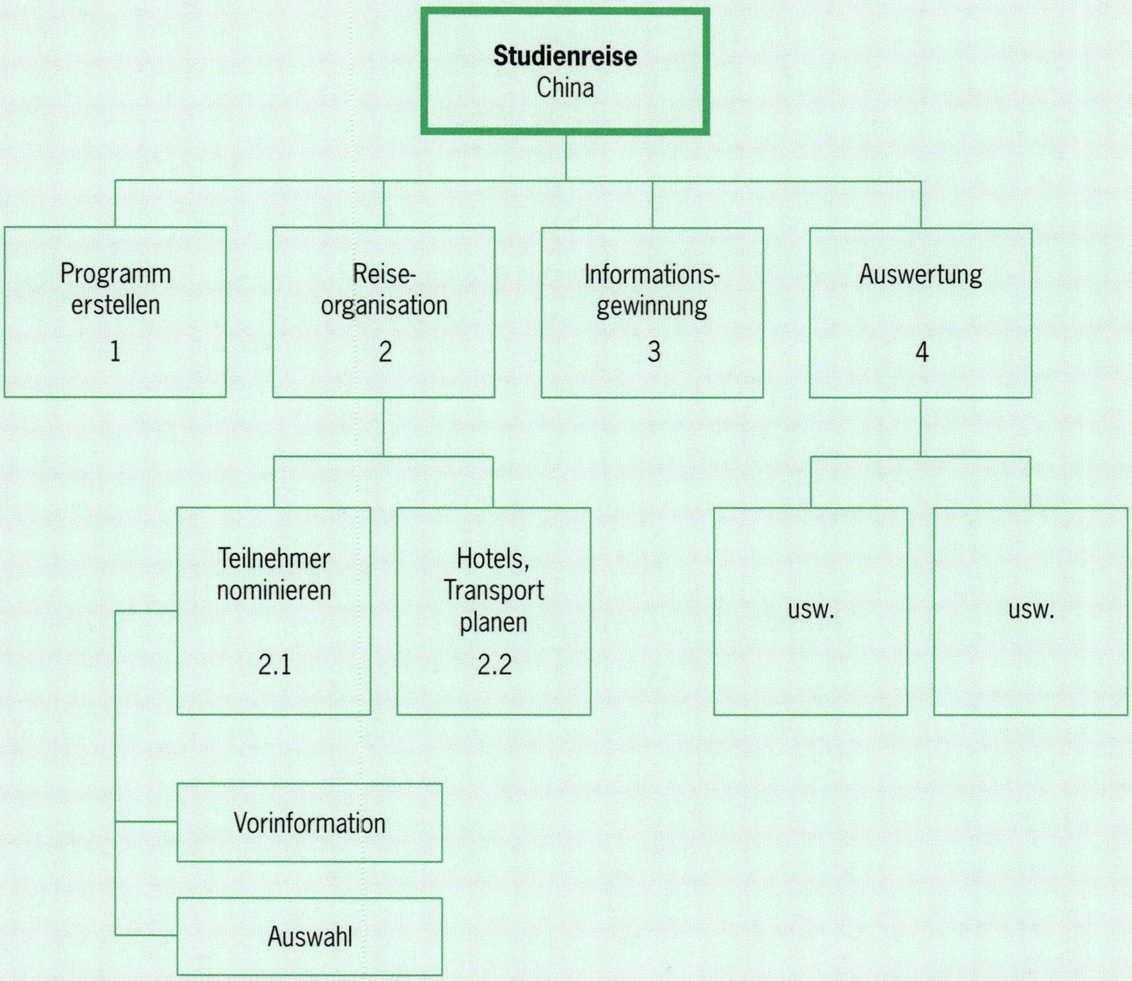

Den Terminplan erstellen

Nachdem Sie festgelegt haben, welche Teilaufgaben bzw. welche (detaillierten) Arbeitspakete im Rahmen des Projektes erledigt werden müssen, können Sie nun die zeitliche Abfolge der Aktivitäten bestimmen. Der Terminplan gibt Auskunft, wann von wem welche Arbeitsergebnisse vorliegen müssen. Sie ermitteln für jedes Arbeitspaket:

- den Verantwortlichen und eventuelle Beteiligte,
- den Anfangs- und Endtermin sowie den Zeitbedarf.

Diese Daten tragen Sie in eine tabellarische Terminliste ein, oder Sie machen ein Balkendiagramm.

Nun können Sie auch überprüfen, ob bestimmte Aktivitäten parallel angegangen werden können, um Zeit zu sparen, ob die personelle Kapazität des Projektteams ausreicht und wann Arbeitsspitzen auftreten usw.

Am Beispiel der Studienreise nach China finden sie nachfolgend eine Terminliste und als Alternative einen Termin-Balkenplan.

Terminliste

Terminliste zum Projekt: **Studienreise**

Nr. im PSP	**Arbeitspaket/ Tätigkeit**	Verantwortlich	Mitarbeit von	Dauer (Tage)	Start am	Ende am
1	Programm planen	Müller	Wagner	2	15.1.	25.1.
2.1	Teilnehmer akquirieren	Wagner	Hofer	5	15.1.	30.3.
2.2	Hotels und Transport planen	Wagner	–	3	26.1.	30.3.
	usw. …					
	…………					
	…………					

Balkendiagramm

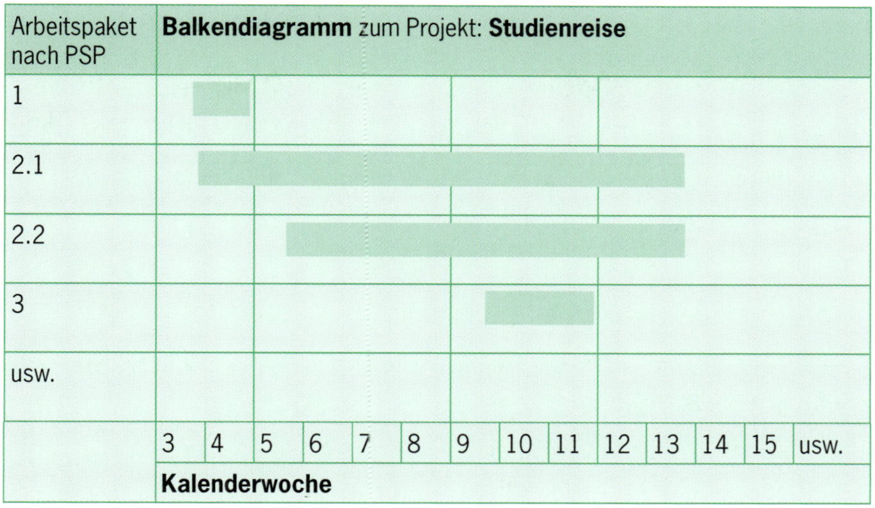

Wir haben nun die Projektplanung abgeschlossen und wenden uns der Phase drei, der Durchführung, zu.

Phase 3: Durchführung des Projekts

Das Projekt kommt in die Hauptphase

Hierbei handelt es sich um die Hauptphase des Projektes. Es geht darum, dem Auftraggeber die Ergebnisse zu liefern, die vereinbart wurden. Bei einem Projekt, dessen Ergebnis ein Konzept, ein Vorschlag ist, werden die Ergebnisse Informationen, Entscheidungsgrundlagen, Empfehlungen sein. Ein Projekt, dessen Ergebnis eine betriebsbereite Anlage (z.B. Kraftwerk) ist, werden die Ergebnisse Gebäude, Maschinen, Software sowie Einschulung und Inbetriebnahme sein. Die Methoden, die in dieser Phase zum Einsatz kommen, sind stark von der Art und Größe des Projektes abhängig. Sie reichen von Planungswerkzeugen, Fachgutachten, Problemlösungsworkshops bis zu technischen Entwicklungswerkzeugen und Methoden (etwa Erstellen einer elektronischen Steuerung mit zugehöriger Hard- und Software) usw.

Jetzt zeigt sich die Qualität der Planung und die Arbeitsfähigkeit des Teams. Folgende Themen sind in dieser Phase wichtig:

- Abarbeiten der Arbeitspakete.
- Projektcontrolling (Fortschritt, Zeit, Kosten).
- Meetings des Projektteams zur Abstimmung von Teilergebnissen.
- Meilensteinmeetings mit dem Auftragggeber.
- Information und Projektmarketing.

Wenden wir uns wieder dem Beispiel Chinareise zu:

> *Die einzelnen Arbeitspakete werden nun bearbeitet. Die Programmplanung und Reiseplanung erfordern keine außergewöhnlichen Hilfsmittel. Die Informationsgewinnung in China vor Ort wird hingegen schon schwieriger sein: Als Methoden kommen Interviews, Gruppengespräche und Dokumentenstudium in Betracht. Zweisprachige Leitfäden für die Gespräche werden eingesetzt, Die Dolmetscher müssen mit den Themen und Fachtermini vertraut gemacht werden usw. Für die Auswertung als letzten Schritt könnten Sie die Protokollierung der Einzelgespräche (schriftlich oder mit Diktiergerät), Präsentationen der einzelnen Reiseteilnehmer im Rahmen eines Workshops usw. vorsehen. Die Auswertung ist abgeschlossen, wenn alles, was der Auftraggeber für seine Entscheidung zur Firmengründung in China benötigt, sachlich richtig und nachvollziehbar dargestellt ist.*

Nach getaner Projektarbeit ist nun der Projektabschluss an der Reihe.

Phase 4: Projektabnahme und Abschluss

Ist das Projektergebnis ein Konzept, werden die Projektergebnisse präsentiert, Entscheidungen getroffen, und die Umsetzung wird in Angriff genommen. Themenbereiche sind hier:

- Abschlusspräsentation, Entscheidung über die Umsetzung.
- Dokumentation der Ergebnisse.
- Schlussbesprechung des Teams und Auflösung der Projektgruppe.

Ist das Projektergebnis ein installiertes Kraftwerk, eine Firmengründung, die Durchführung eine Produktmesse usw., werden die Auswertung, die Dokumentation und der Abschluss entsprechend anders aussehen.

Dem Vorstand wurde eine Entscheidungsvorlage präsentiert. Die Dokumentation liegt vor, das Projekteam trifft sich zu einer Abschlussbesprechung, unser Projekt »Studienreise nach China« ist damit beendet.

Wir wenden uns nun abschließend noch einer grundsätzlichen Frage der Projektarbeit zu: Wie muss ein Projekt im Rahmen eines Unternehmens organisiert sein, damit Projektleiter und Projektteam effektiv und ergebnisorientiert arbeiten können?

Projektorganisation und Rollen im Projektmanagement

Um in Projekten wirklich professionell arbeiten zu können, wird eine für alle Beteiligten verständliche und möglichst durchschaubare Projektorganisation benötigt. Elemente der Projektorganisation sind:

Wichtige Elemente der Projektorganisation

- Das **Projektteam** wird aus Mitarbeitern der Organisation für die geplante Projektdauer zusammengestellt. Die Mitarbeiter sind für ihre Projektaufgabe nur dem Projektleiter verantwortlich. Zu Teilaspekten können Subarbeitsgruppen gebildet werden.
- Der Projektleiter wird vom Auftraggeber ernannt. Er führt das Projekt, wie eine Führungskraft etwa eine Abteilung führt. Er bzw. sie ist Motor, Steuerungszentrale und Seele des Projektes.
- Der **Auftraggeber** ernennt den Projektleiter, gibt den (schriftlichen) Auftrag, stellt die Ressourcen bereit und fordert Ergebnisse ein.
- Ein zusätzliches **Projektsteuerungsgremium** wird dann eingerichet, wenn in einer Organisation mehrere Projekte gleichzeitig laufen oder wenn ein großes Projekt mit vielen Teilprojekten läuft (z.B. gesamte EDV-Umstellung). Es wird mit ausgewählten Fach- und Führungskräften besetzt und entscheidet über Projektaufträge, setzt Prioritäten, koordiniert die Projekte untereinander und sorgt auch für die Durchsetzung der Ergebnisse.

Projektmanagement als Widerspruchsmanagement

Projekte bewegen sich meist in einem doppelten Spannungsfeld:

- Im **Unternehmen** geraten Projektteams bei ihrer Arbeit oft in Konflikt mit der etablierten Hierarchie, weil die Projektorganisation ganz bewusst nicht der hierarchischen Logik folgt. Ein Beispiel: Ein Projektteam wird beauftragt, den chinesischen Markt zu erschließen, was von der Vertriebsabteilung als Angriff auf ihre ureigenste Aufgabe empfunden werden könnte. Projekte werden oft von den »Linienleuten« als Bedrohung aufgefasst, was dazu führen kann, dass etwa Abteilungen die Kooperation verweigern.

- Zum **Umfeld** (Kunden, Lieferanten usw.) hin stehen Projekte oft unter großem Erfolgsdruck. Etwa wenn ein Entwicklungsteam eine neue Gerätegeneration im Wettlauf mit dem Konkurrenten als Erster »hervorbringen« soll.

Wenn es sich nicht um Alibiprojekte handelt, dann ist die Projektdurchführung fast immer mit Druck und Konflikten verbunden (Verteilung von Ressourcen und Chancen, Zeitaufwand von Mitarbeitern, Druck des Marktes usw.). Projektleiter müssen daher mit dem auftretenden Druck, mit Widersprüchen und Konflikten gut umgehen können.

Die nachstehende Grafik verdeutlicht nochmals die Spannungsfelder, in die Projektmanagement eingebettet ist und die es zu beachten gilt.

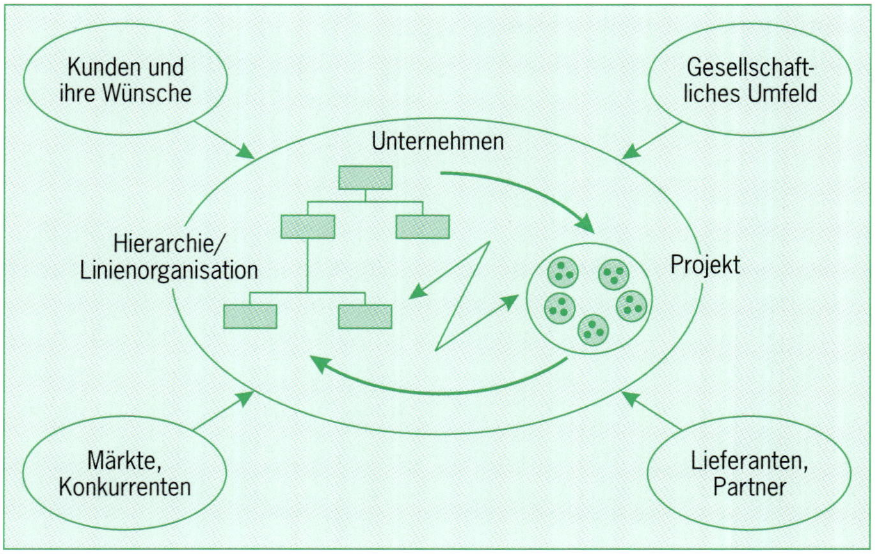

Tipps zur praktischen Projektarbeit

Zur Erleicherung Ihrer eigenen Projektabeit fassen wir nochmals alle Tipps und Hinweise zur Projektpraxis in einer kompakten Übersicht zusammen.

Tipps zur praktischen Projektarbeit	
Voraussetzungen für Projektarbeit ❖ Klarer Auftrag mit überprüfbaren Zielen. ❖ Qualifizierter Projektleiter. ❖ Ressourcen (Budget, Zeit). ❖ Teamarbeit quer über organisatorische Einheiten hinweg. Projektarbeit ist mehr als eine Arbeitsgruppe einsetzen!	Der Auftraggeber beauftragt das Projekt und stellt Ressourcen (Personal, Budget) bereit. ❖ Er wählt den Projektleiter aus und stattet ihn mit Kompetenzen aus. ❖ Er unterstützt den Projektfortgang, fordert Ergebnisse ein und setzt sie um. Der Auftraggeber ist die Verbindung zwischen Projekt und Linienorganisation!
Der Projektauftrag ist ein wichtiges Element jedes Projektes und enthält mindestens: ❖ Konkrete Zielsetzung. ❖ Budget. ❖ Termine. ❖ Projektleiter und -team. Ohne schriftlichen Projektauftrag kein Projekt!	Der Projektleiter trägt die Verantwortung für das Projekt. seine Kompetenzen umfassen u.a.: ❖ Gestaltung der Projektplanung und Projektorganisation. ❖ Führung des Projektteams und Konfliktlösung. ❖ Projektcontrolling und -marketing. Mit dem Projektleiter steht und fällt das Projekt!
Das Projektteam macht durch die professionelle und engagierte Mitarbeit den Projekterfolg erst möglich. Zu seinen Aufgaben gehören: ❖ Mitarbeit an der Planung. ❖ Übernahme von Arbeitspaketen. ❖ Kritische Prüfung aller Aktivitäten. Das Projektteam ist somit der Know-how-Träger jedes Projektes!	Projektmarketing und Kommunikation schaffen die Akzeptanz des Projektes in der Organisation. ❖ Kommunikation wird nicht dem Zufall überlassen, sondern planmäßig durchgeführt. ❖ Wie ein Produkt muss auch ein Projekt professionell vermarktet werden! Auftraggeber, Projektleiter und Projektteam sind für Projektkommunikation und -marketing verantwortlich!
Die Projektplanung erfolgt mit dem Team! Wesentliche Schritte sind: ❖ Auflistung und Beschreibung der Arbeitspakete im Projektstrukturplan. ❖ Festlegen der Bearbeitungsreihenfolge und Zeitplanung (Balkendiagramm). Gute Planung ist der erste Schritt zum Projekterfolg!	Projektarbeit hilft uns, übergreifende Aufgaben effizient, sicher und erfolgreich im Team zu lösen.

Mit Hilfe dieser Tipps werden Ihre Projekte erfolgreich

Resümee

Neue Managementkonzepte geben Mitarbeitern die Autonomie, die sie benötigen, um im Rahmen der Unternehmensziele ihre Aufgabenbereiche eigenverantwortlich auszufüllen. Es wird darauf verzichtet, Anordnungen zu treffen und andere Formen direkter Einflussnahmen anzuwenden, stattdessen werden vonseiten des Managements Angebote formuliert und Rahmenbedingungen geschaffen, die Selbstorganisation ermöglichen und fördern.

Und was ist Ihr persönliches Resümee? Hat Ihr Bild von Management, das wir zu Beginn des ersten Kapitels erfragt haben, eine Veränderung erfahren?

Welches Bild kommt Ihren Erkenntnissen am nächsten?

✎ ____________________

____

Welche theoretische Erkenntnisse und Einsichten konnten Sie gewinnen?

✎ ____________________

____

Welche Anregungen haben Sie für Ihre organisatorische Praxis erhalten?

✎ ____________________

____

Im dritten Teil des Buches wird jetzt auf die zunehmend wichtige Dimension des Selbstmanagements eingegangen. Wie schon in den vorangegangenen Teilen werden verschiedene Theorien und anregende Konzepte der Selbstanalyse und Strategieentwicklung vorgestellt, die Ihnen neben dem Gewinn neuer Erkenntnisse ausreichend Gelegenheit zur Selbstreflexion und Optimierung Ihrer Selbstorganisation geben sollen.

Organisation als Selbstmanagement

Der Einzelne erhält immer mehr Entscheidungsspielräume

Das dritte Kapitel dieses Buchs befasst sich mit Selbstmanagement. Mit der Konzentration auf den Aspekt des Selbstmanagements wollen wir der aktuellen Entwicklung gerecht werden, dass im Berufs-, im Privat- und im allgemein gesellschaftlichen Leben immer mehr Entscheidungen an den Einzelnen delegiert werden. Der Einzelne muss sich, angesichts der Veränderungen am Arbeitsmarkt, mobil verhalten, Weiterbildungsangebote wahrnehmen oder gar umlernen. Er wird entscheiden müssen, ob er die zukünftige gesetzliche Rentenleistung durch eine private Vorsorge verbessern möchte. Ebenso ist es eine persönliche Option, ob man der Forderung nach Umweltschutz gerecht wird, zum Beispiel durch privates Müllsortieren, Umsteigen auf öffentliche Verkehrsmittel und Montage einer Solaranlage.

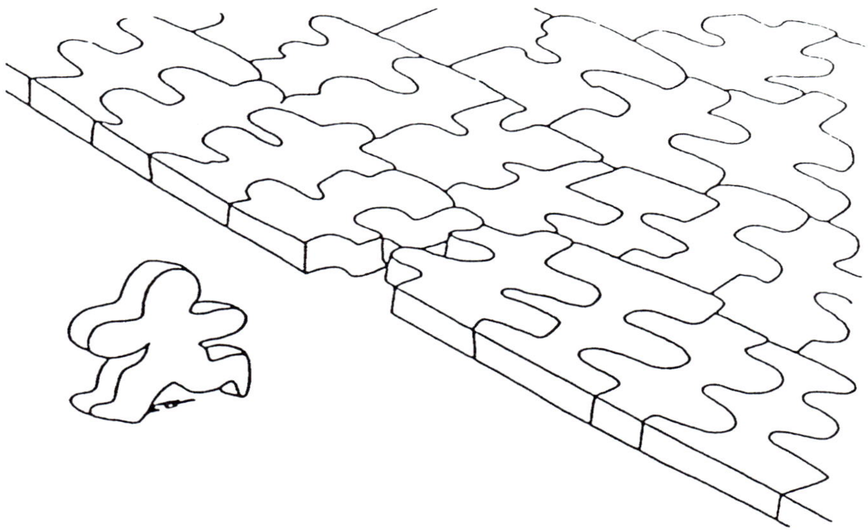

Die stärkere Selbstverantwortung verpflichtet

Die Forderung nach verstärkter Selbstverantwortung, die von den Unternehmen, dem Staat oder in der Privatsphäre erhoben werden, stellt für uns eine neue, zusätzliche Verpflichtung dar. Gleichzeitig gibt sie die Chance einer Vergrößerung der individuellen Freiheit. Es geht nicht nur um die Erfüllung einer weiteren Anforderung, sondern um die Wahrnehmung, Entwicklung und Realisierung der eigenen Bedürfnisse, Vorstellungen und Fähigkeiten im Rahmen vorhandener Spielräume.

Beispiele für Selbstmanagement

- Frau Schultze ist mit ihrem gegenwärtigen Aufgabenbereich unzufrieden. Außerdem ist sie fest davon überzeugt, dass sie ihre Fähigkeiten in einer anderen Abteilung besser einsetzen könnte. Sie entwickelt daher gemeinsam mit einer Kollegin eine Strategie, die ihr den ersehnten Wechsel ermöglichen soll.
- Um einen Produktionsfehler schnell beheben zu können, verändern Arbeiter Einstellungen an einer Fertigungsanlage, ohne, wie erforderlich, ihren Chef zu informieren. So, meinen sie, ersparen sie sich überflüssiges Palaver und gefährden nicht ihre Stückzahlprämien.
- Peter geht an einem Süßwarengeschäft vorbei, sieht eine Packung der urcoolen Superschokos mit dem supergeilen Karamellgeschmack, die er mit seinem Schulfreund so gerne nascht. Kurz vor dem Eintreten in den Laden kann sich Peter gerade noch beherrschen, weil er rechtzeitig an die Ansparung für das heiß ersehnte Snowboard denkt.

Alle drei Geschichten handeln von Selbstmanagement. Ihr gemeinsames Merkmal ist, dass, von individuellen Bedürfnissen und Vorstellungen ausgehend, selbstverantwortlich Handlungen gesetzt oder zumindest Strategien entwickelt werden. Aus diesen Handlungen und Strategien entsteht den einzelnen Beteiligten und auch den Organisationen Nutzen.

In der **ersten Geschichte** entwickelt Frau Schultze eine Strategie, von deren Realisierung sie sich eine größere Arbeitszufriedenheit erwartet. Gleichzeitig ist anzunehmen, dass auch ihr Betrieb einen Vorteil daraus zieht, weil Frau Schultze an ihrem neuen Arbeitsplatz ihre Fähigkeiten voll einsetzen kann.

In der **zweiten Geschichte** sind Kosten und Nutzen der Handlungen nicht so eindeutig zu bestimmen. Der Vorteil für die Arbeiter mag tatsächlich darin bestehen, dass ihre Stückzahlprämien ungefährdet bleiben. Ihr Risiko ist allerdings, dass sie mit der Umgehung einer bestehenden Regel einen Konflikt mit ihrem Vorgesetzten provozieren und ihre Position selbst gefährden.

Der Betrieb hat zwar den kurzfristigen Vorteil, dass die Produktion ohne größere Unterbrechung fortgesetzt wird, aber es bleibt unklar, ob die Veränderung von Einstellungen an der Fertigungsanlage zu Problemen führt, die die Arbeiter nicht bedacht haben. Offen bleibt auch, welche Bedeutung ihr Vorgehen für die Autorität des Vorgesetzten und sonstige festgeschriebene Regelungen hat. Im Konfliktfall müsste der Vorgesetzte jedenfalls erkennen, dass der Betrieb mit der Zahlung von Stückzahlprämien dem Verhalten der Arbeiter Vorschub leistet. In seinem Interesse wäre es, die Voraussetzungen dafür zu schaffen, dass er über Problemsituationen rechtzeitig Rückmeldungen erhält, um schnell Entscheidungen zur Lösung treffen zu können. Das heißt, er müsste sicherstellen, dass die Arbeiter nicht bei jeder Arbeitsunterbrechung eine Gefährdung ihrer Prämien zu befürchten haben.

Betrachten wir die **dritte Geschichte** auf der Ebene der Organisation, handelt es sich um ein Beispiel von Selbstorganisation. Mit dem zu Beginn bereits vorgestellten Begriff Selbstorganisation werden nämlich all die Vorgänge bezeichnet, die – obwohl in keinem offiziellen Regelwerk vorgesehen – dennoch Bestandteil des Lebens unserer Organisationen sind und dieses auch aufrechterhalten.

Auf der individuellen Ebene betrachtet, handelt es sich um Selbstmanagement. Unter Selbstmanagement verstehen wir ein Handeln, das, von persönlichen Motiven und Zielen ausgehend, unter einem ständigen Abwägen von Kosten und Nutzen geschieht.

Unsere Meinung ist, dass den Kräften der Selbstorganisation und des Selbstmanagements in Organisationen mehr Raum eingeräumt werden muss. Dazu ist es notwendig, hierarchisch bestimmte Ordnungsansprüche zurückzunehmen und Spielräume für selbstverantwortliches Handeln zu schaffen. Ein auf der individuellen Ebene stattfindendes Selbstmanagement, das in einem von klaren Spielregeln, Grenzen und Möglichkeiten umrissenen Rahmen geschieht, bewirkt eine Stärkung konstruktiver Selbstorganisation in unseren sozialen Systemen.

Die dritte Geschichte macht am Beispiel Peters die größte Herausforderung allen Selbstmanagements deutlich. Die Frage ist zweifellos, wie er sich im Hinblick auf sein langfristiges Ziel – das ihm einiges wert zu sein scheint –, organisieren kann, wo er im Hier und Jetzt vielen Versuchungen ausgesetzt ist. Zwar gelingt es Peter, seinen Appetit nach Süßigkeiten zu zügeln und dem Wunsch nach einem Snowboard unterzuordnen, aber wird ihm das auch in den folgenden Tagen gelingen? Soll er die kleinen Freuden des Alltags überhaupt aufgeben? Aber wie kann er die begrenzten Mittel seines Taschengelds einsetzen, um beides zu erreichen? Vielleicht sollte er doch seinen Eltern das alle zwei Wochen anfallende Rasenmähen abnehmen, wofür ihm eine kleine Aufbesserung seines Taschengelds in Aussicht gestellt wurde? Man sieht, Peter hat viele Optionen zu überlegen. Die Herausforderungen des größeren, langfristigen Ziels sind zweifellos hoch. Er kann bei seiner Erreichung vieles lernen, oder werden ihn seine Eltern dieser Möglichkeit berauben, indem sie ihm das heiß ersehnte Sportgerät doch noch kaufen? Was hätte Peter in diesem Fall alles nicht gelernt?

Bilder für Selbstmanagements

Wir stellen Ihnen im Folgenden einige gängige Sinnbilder von Selbstmanagement vor und bitten Sie, das Bild zu identifizieren, das Ihrer realen Erfahrung entspricht, und das Bild zu suchen, das Ihre Idealvorstellung von Selbstmanagement darstellt.

Welches Bild haben Sie von Selbstmanagement?

Bild	Meine reale Erfahrung	Meine Idealvorstellung
Waage (Balance) 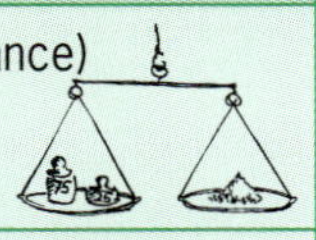		
Dompteur 		
Karriereleiter 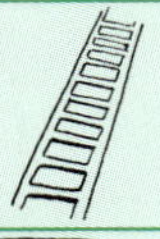		
Sanduhr 		
Time Manager 		
Baum 		
Spirale 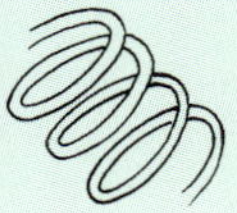		

Versuchen Sie nun mit Hilfe des nachfolgenden Textes, Ihre »Bilder« kritisch zu überprüfen. Stellen Sie fest, welchen Nutzen sie für Sie haben können bzw. was sie verhindern.

1. Eine kleine Einführung in die Kunst des Selbstmanagements

Zum Begriff »Selbstmanagement«

Der Begriff taucht erstmals in der Managementliteratur der Sechziger- und Siebzigerjahre auf. Peter Drucker (Drucker 1961) etwa meint, wenn ein Manager sich nicht selbst führen könne, »werde ihn keine Fähigkeit, Fertigkeit, Erfahrung und kein Wissen zu einem leistungsfähigen Manager machen.« Selbstmanagement wird hier als Selbstverpflichtung (engl. »commitment«) gesehen.

Im Gegensatz dazu wird in der neueren Literatur Selbstmanagement eher als Chance zur individuellen Selbstverwirklichung (Covey 1996) oder als Ausdruck der Selbstbehauptung (Tracy 1995) und Selbstverantwortung (Sprenger 1996) verstanden. Im Vordergrund dieser Konzepte steht zweifellos die einzelne Person mit ihren ganz individuellen Fähigkeiten und Ansprüchen und nicht mehr die Anforderung des Arbeitsplatzes.

Die Leitfragen individuellen Selbstmanagements sind:
Wer bin ich (welche Antriebe und Möglichkeiten schlummern in mir, welche Einstellung und Haltung charakterisieren mich, welche Werte sind mir wichtig)?
Was kann ich tun (welche Kenntnisse und entsprechende Fähigkeiten habe ich)?
Was will ich tun (welche Bedürfnisse habe ich, woran habe ich Spaß und Interesse)?
Was muss ich tun (weil keine Alternativen dazu existieren, Verträge und Vereinbarungen vorliegen oder weil es mir abverlangt wird)?
Was soll ich tun (was sehe ich als richtig an, und was ist angesichts der Entwicklung meines Umfelds sinnvoll)?

Selbstmanagement sollte jeden interessieren

Selbstmanagement erlebt heute einen ausgesprochenen Boom und ist auf der Hitliste von Seminarangeboten und Sachbüchern zu finden. Die Adressaten sind nicht mehr wie früher ausschließlich Manager, sondern Berufstätige oder allgemein Personen, die sich Entscheidungssituationen gegenübersehen. Zusätzlich angereichert wurde der Begriff dadurch, dass zur ursprünglich ausschließlich beruflichen Dimension eine gesellschaftliche hinzukam: »In der individualisierten Gesellschaft muß der einzelne entsprechend bei Strafe seiner permanenten Benachteiligung lernen, sich selbst als Handlungszentrum, als Planungsbüro in bezug auf seinen eigenen Lebenslauf, seine Fähigkeiten, Orientierungen, Partnerschaften usw. zu begreifen« (Beck 1986, S. 217).

Weshalb Selbstmanagement ?

In früheren Zeiten lebten Menschen mit klaren Vorstellungen von »anständiger Lebensführung«, einem »ordentlichen« Beruf und einer »guten« Familie. Heute fehlen sowohl für das Berufs- als auch für das Privatleben klare Regeln, Normen und Vorbilder. Die Differenzierung der Lebenswelten hat es mit sich gebracht, dass viele Einzelsysteme mit höchst unterschiedlichen Ansprüchen entstanden und zentrale Bezugs- und Ordnungssysteme wie Religion oder Politik ihren Einfluss verloren haben. In dieser Situation kommt dem Einzelnen die Aufgabe zu, mit verschiedenen, oft höchst widerspruchsvollen Rollen umzugehen. Dies kann eine äußerst stressreiche Angelegenheit sein, weil die Anforderungen unserer Umwelt die Eigenschaft haben, sich in unserem Inneren einzunisten und als Ansprüche des eigenen Ichs wiederzukehren. Wir wollen Karriere machen, aber gleichzeitig ein harmonisches Familienleben führen, darüber hinaus wollen wir die Annehmlichkeiten des Lebens genießen und gleichzeitig fit bleiben und und und … Zur Setzung notwendiger Prioritäten, zum Umgang mit Widersprüchen und zur Zurückweisung nicht erfüllbarer Ansprüche ist Selbstmanagement erforderlich. Selbstmanagement wird die Konflikte zwar nicht auflösen, die wir aufgrund unserer Rollenvielfalt am Hals haben, es lässt uns jedoch die unterschiedlichen Anforderungen besser erkennen, die Gegensätzlichkeiten ausbalancieren und lässt uns die Notwendigkeit, Entscheidungen auch in unsicheren Verhältnissen zu treffen, als normal begreifen.

Aktuelle Fragen eines Selbstmanagements sind:
Was ist der Sinn meines Lebens?
Wie erlange ich in meiner Arbeit größere Befriedigung?
Welche zusätzlichen Qualifikationen eigne ich mir an, um den veränderten Arbeitsplatzbedingungen gerecht zu werden?
Wie behalte ich meinen Arbeitsplatz?
Wie vereinbare ich Berufsleben und Familie?
Wie werde ich mit dem immer stärkeren Arbeitsdruck fertig?
Wie entwickle und pflege ich freundschafliche Beziehungen, die mir gut tun?
Wie erhalte ich mir Fitness und Gesundheit?

Wenn wir der Idee der Selbstorganisation aus der individuellen Perspektive des einzelnen Organisationsmitglieds nachgehen, rücken persönliche Bedürfnisse und Motive in den Vordergrund. Individuelle Bedürfnisse und Motive sind treibendes Moment jeder Selbstorganisation und müssen bei Etablierung diesbezüglicher Konzepte als notwendiger Bezugspunkt angesehen werden. Mitarbeiter als auch Führungskräfte sind daher gut beraten, sich darauf einzustellen, dass der Einzelperson und ihren Anliegen im Unternehmen mehr Raum als bisher gegeben wird.

Die Grundschritte des beruflichen Selbstmanagements

Der erste Schritt des Selbstmanagements ist, starken Gefühlen und Dingen, die Sie beschäftigen, auf den Grund zu gehen. Das heißt, die eigene Situation muss genauer beschrieben werden, man muss sich die eigenen Erwartungen bewusst machen. Wir wollen Ihnen für diesen Prozess eine Hilfestellung geben und haben für Sie einige grundlegende Fragen formuliert, die Sie für sich beantworten können.

Wie ist es um Ihr Selbstmanagement bestellt?

Persönliche Fragen zum Selbstmanagement

Wissen Sie, was an Ihrem Arbeitsplatz von Ihnen erwartet wird? Wie kommen Sie mit diesen Erwartungen zurecht?

✎ ______________________________

____

____

____

____

____

Erleben Sie in diesen Erwartungen Widersprüchlichkeiten? Worin äußert sich das, und wie kommen Sie damit zurecht?

✎ ______________________________

____

____

____

____

____

Haben Sie berufliche Ziele? Haben Sie auch eine Vorstellung davon, wie Sie diese Ziele erreichen? Wie geht es Ihnen bei der Umsetzung?

✎ ______________________________

____

____

____

____

____

Fühlen Sie sich an Ihrem Arbeitsplatz oder in Ihrem Unternehmen durch Personen, allgemeine Rahmenbedingungen oder das Arbeitsklima eingeschränkt? In welchen Situationen erleben Sie das, und wie stellen Sie sich dazu?

✎ ______________________________

____

____

____

____

Spüren Sie bei sich Fähigkeiten und Interessen, für die es in Ihrem gegenwärtigen Beruf oder in Ihrer Funktion keinen Raum gibt? Haben Sie in dieser Frage eine für Sie befriedigende Entscheidung gefunden?

✎ ______________________________

____

____

____

Befindet sich Ihr Privat- und Familienleben mit Ihrer beruflichen Tätigkeit im Einklang? Haben Sie das Gefühl, daran etwas verbessern zu müssen?

✎ ______________________________

____

____

____

Machen Sie genug für sich selbst?

✎ ______________________________

____

____

____

Folgen Sie bei der anschließenden Auseinandersetzung mit den von Ihnen festgehaltenen Themen folgenden Schritten:

Schritte zur Verbesserung Ihres Selbstmanagements

1 Konzentrieren Sie sich auf das wichtigste Thema.
Wahrscheinlich werden Sie bei mehreren der oben gestellten Fragen an Situationen denken, mit denen Sie nicht zufrieden sind. Das ist völlig normal, denn wer kann schon seine Arbeitssituation ausschließlich nach eigenen Vorstellungen und Bedürfnissen einrichten? Konzentrieren Sie sich daher auf das für Sie wichtigste Thema. Also eine Sache, die Sie schon länger beschäftigt oder mit der Sie besonders unzufrieden sind.

2 Bringen Sie das Problem, das sie drückt, auf den Punkt.
Bestimmen sie neben den äußeren Einflussfaktoren auch den Anteil, den sie selbst am Zustandekommen des Problems haben. Wenn sie erkennen, dass Sie mit Ihrem Verhalten (oder Nichtverhalten) Anteil am Problem haben und dafür auch die Verantwortung übernehmen, sind Sie auch in der Lage, erforderliche Veränderungen einzuleiten.

3 Akzeptieren Sie ihre Gefühle.
Gefühle sind ein wichtiger Teil unserer Persönlichkeit und die Antriebskraft unserer Handlungen. Wer sie leugnet, blockiert seine Energien. Die Akzeptanz der eignen Gefühle bedeutet ein besseres Verstehen unserer eigenen Beweggründe. Sie heißt nicht, dass wir ihnen nachgeben und nach ihnen handeln müssen.

4 Formulieren Sie positive Ziele.
Beschränken Sie sich nicht darauf, ihnen unpassend und hinderlich erscheinende Anforderungen ihres Umfelds zu kritisieren und zu bekämpfen. Versuchen Sie vielmehr, in der Auseinandersetzung mit Ihrem Problem herauszubekommen, von welchen alternativen Ideen und Visionen Sie bewegt werden, und leiten Sie daraus Ihre persönlichen Ziele ab. Ziele sind Orientierungen, auf die Sie Ihre Energien konzentrieren können.

5 Setzen Sie kleine Schritte.
Große Veränderungen erfordern viele kleine Schritte. Überfordern Sie Ihre Umgebung und sich selbst nicht mit radikalen Schnitten. Überlegen Sie bei allen Maßnahmen, die nicht nur Sie allein betreffen auch, welche Vorteile die betroffenen Personen davon haben, und machen Sie entsprechende Angebote.

Wir wollen abschließend Selbstmanagement vorrangig im Spannungsfeld »Person – berufliche Rolle – Zeit« behandeln. Denn wir definieren den Begriff als zeitliche, persönliche (tätige) Selbstverantwortung bei der Wahrnehmung einer oder mehrer Rollen. Die in der Definition ersichtliche Berücksichtigung der zeitlichen Dimension soll sowohl dem Gedanken der Rollenentwicklung als auch dem Aspekt der Selbstverwirklichung Rechnung tragen, die wir als wesentliche Bestandteile eines Selbstmanagements ansehen. Diesen Überlegungen folgend, haben wir die Elemente Person, Rolle und Zeit als Grobstruktur für die nachfolgenden Ausführungen gewählt.

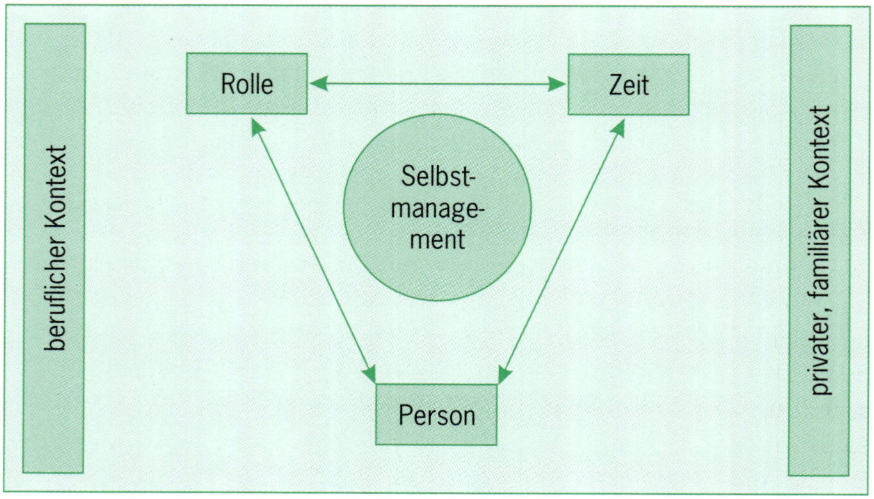

Bevor wir nun, ausgestattet mit einer Definition für Selbstmanagement und einer groben Arbeitsstruktur, an die Umsetzung unseres Vorhabens gehen, wollen wir zum besseren Verständnis der weiteren Ausführungen eine Begriffsklärung vornehmen. Nicht nur um das, was Rolle und Person heißt, auseinander zu halten, sondern auch um alle weiteren Begriffe wie Stelle, Position oder Funktion zu klären, denen wir bei der Analyse beruflicher Anforderungen begegnen werden.

Person, Rolle und Stelle

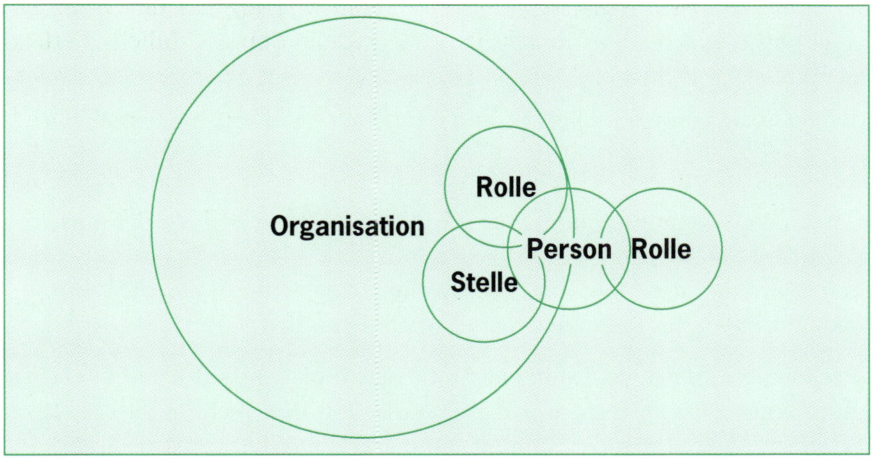

Person: Der Begriff ist auf das lateinische »persona« = »Maske des Schauspielers« zurückzuführen und meint den einzelnen Menschen, das personale System mit all seinen bewussten und unbewussten Erfahrungen, Fähigkeiten und Affekten. Der ethymologische Hinweis auf die Maske erinnert daran, dass wir den »wahren« Menschen hinter seinem Verhalten kaum jemals erfahren. Auch sich selbst wird man nie vollständig kennen. Sigmund Freud sagt dazu: »Der Mensch ist nicht Herr in seinem Haus.« Um die Grenze zum sozialen System deutlich zu ziehen, zählen die Systemiker das einzelne Organisationsmitglied in seiner Eigenschaft als Person zum Umfeld der Organisation.

Rolle: Dieses Wort leitet sich her von der Pergamentrolle, auf der in bereits länger vergangenen Zeiten der Text für den Schauspieler stand. Im übertragenen Sinn meint Rolle ein Bündel von Verhaltenserwartungen, das an eine Person herangetragen wird. Dieses kann aber von der Persönlichkeit und Interpretation des Darstellers nicht abgetrennt werden. Je nach Autorität und eigenem Gestaltungsvermögen nimmt er Einfluss auf seine Rolle. So erwidert der Kabarettist Qualtinger, einen Provinzschauspieler mimend, auf die Frage, wie er denn seine Rolle als einer der sieben Zwerge bei Schneewittchen angelegt habe: »Hintergründig.«

Stelle: Damit ist der Komplex an Aufgaben und Funktionen gemeint, die unabhängig vom Stelleninhaber für einen Arbeitsplatz definiert wurden.

Position: Ist der Stelle im Organisationsgefüge ein bestimmter Platz zugewiesen, spricht man von Position.

Funktion: Von Stelle abzugrenzen wäre der Begriff »Funktion«. Damit ist der Teil der Tätigkeiten gemeint, den eine Person im Zusammenwirken mit anderen Organisationsmitgliedern und -einheiten zu übernehmen hat.

Die Analogie zum Funktionieren ist nicht zufällig, war doch die Maschine lange Zeit Metapher für die ideale Organisation. Dem einzelnen Arbeitnehmer war dabei der Platz des Zahnrädchens zugewiesen, das im Verein mit anderen Teilen des Räderwerks zu funktionieren hatte.

Nachdem es im dritten Kapitel im Sinne der Aufgabenstellung eines »Selbstmanagements« vorrangig um die Organisation des »Selbst« geht, soll die Person auch der logische Ausgangs- und Mittelpunkt unserer Reise sein.

2. Die Anforderungen des Selbst

Sich selbst, die eigene Persönlichkeit, ihre dominanten Einstellungen und Werte, Wünsche und Sehnsüchte, Stärken und mögliche Lernfelder genauer kennen zu lernen bedeutet Selbstbewusstsein. Ohne Selbstbewusstsein gibt es auch kein Selbstmanagement. Wir wollen Ihnen daher mit den folgenden Texten und den jeweils darin eingebundenen Fragen die Gelegenheit geben, sich selbst besser kennen zu lernen.

> »Was ich heute bin, ist ein Hinweis auf das, was ich gelernt habe, aber nicht auf das, was mein Potential ist.«
> Virginia Satir

Zu Beginn stellen wir Ihnen ein **Persönlichkeitskonzept** vor, in dem Sie sich vielleicht mit einigen Ihrer Eigenschaften bei einem der beschriebenen Grundtypen wieder erkennen. Des Weiteren fragen wir Sie nach Merkmalen Ihrer beruflichen Entwicklung und ihres Karriereverhaltens. Weil wir jedoch keinem deterministischen Modell folgen, das alle Antworten in Persönlichkeitstrukturen oder der Vergangenheit sucht, fragen wir Sie auch nach Ihren Bedürfnissen, geheimen Sehnsüchten und Zielvorstellungen, Aspekten also, die über Ihre aktuelle Situation hinausweisen und den eigentlichen Anlass für Ihr persönliches Selbstmanagement darstellen.

Entdecken Sie Ihre Persönlichkeit

An dieser Stelle wollen wir Ihnen ein Persönlichkeitskonzept vorstellen, das der Psychoanalytiker F. Riemann entwickelt hat. Seine Kenntnis kann dazu verhelfen, eigene Grundimpulse und Motive sowie das Verhalten und die Anliegen anderer Personen besser zu verstehen.

Mit ein paar einleitenden Fragen wollen wir Ihnen die Gelegenheit geben, bereits vor dem Lesen der weiter unten beschriebenen Riemannschen Persönlichkeitstypen mögliche Grundzüge Ihrer eigenen Disposition zu ermitteln.

1 Legen Sie in Ihrem Beruf hohen Wert auf sachliches, vernunftbetontes Arbeiten?

2 Sind Ihnen Verständnis und Rücksichtnahme auf andere sehr wichtig?
3 Fühlen Sie besonders dort wohl, wo Wert auf Ordnung und klare Regeln gelegt wird?
4 Sind Sie Risiken gegenüber nicht abgeneigt, und wenden Sie sich gerne immer wieder neuen Aufgaben zu?

Sehen sie in den oben gestellten Fragen wichtige Aspekte Ihrer Persönlichkeit angesprochen, oder können Sie nur eine oder zwei der oben gestellten Fragen eindeutig positiv beantworten? Möglicherweise haben Sie dabei Hinweise über persönliche Grundorientierungen erhalten, über die Sie im Folgenden etwas mehr erfahren können.

Grundtypen der Persönlichkeit

Zu 1: Die verstandesorientierte Persönlichkeit

Die Stärke dieses Typs ist die Arbeit an rationalen, sachlichen Aufgaben. Er besitzt im Allgemeinen eine hohe Intelligenz und die Fähigkeit, auch schwierige theoretische Aufgaben zu lösen. Wir finden ihn daher oft in Berufen, die Fähigkeiten der Abstraktion und des logischen Denkens erfordern, unter Ingenieuren, Naturwissenschaftlern, Astronomen, Mathematikern usw. Eine weitere Stärke der verstandesorientierten Persönlichkeit ist ihre Selbstständigkeit und Unabhängigkeit. Sie besitzt eine scharfe Beobachtungsgabe und eine affektfreie, kritische Sachlichkeit. Angehörige dieses Typs lehnen unklare Situationen, Sentimentalitäten und beengende Traditionen ab, sind zielorientiert und haben einen scharfen Blick für alles Unechte und Fassadenhafte.

Das Grundproblem der verstandesorientierten Persönlichkeit ist die Zurückhaltung in gefühlsbetonten Situationen. Durch eigene und fremde Gefühle fühlt sie sich verunsichert. Daher versucht sie, menschliche Beziehungen zu versachlichen, und lebt gerne autonom und zurückgezogen. Ihre Umgebung erlebt sie oft als desinteressiert, kühl und kritisch-distanziert.

Die soziale Distanz bewirkt, dass sie äußerst misstrauisch sind und zur Deutung des Verhaltens anderer Menschen schnell auf ihre eigenen Phantasien zurückgreifen. Ihr Zugehörigkeitsgefühl erleben verstandesbetonte Menschen über die Arbeit an gemeinsamen Aufgaben.

In ihrer Kindheit waren Menschen dieses Typs oft sehr sensibel und verwundbar, sodass sie zu ihrem Selbstschutz in Distanz zur ihrer Umwelt gehen mussten. Die andere Möglichkeit ist, dass sie von ihren Eltern in ihrer Eigenart nicht angenommen oder gefühlsmäßig überfordert wurden und sich daher auf sich selbst zurückzogen.

Für verstandesorientierte Menschen ist es wichtig, ihre Gefühle zu beachten und zu lernen, vertrauensvolle mitmenschliche Beziehungen einzugehen.

Zu 2: Die gefühlsorientierte Persönlichkeit

Menschen diesen Typs besitzen eine große Einfühlsamkeit und die Bereitschaft, sich ihren Mitmenschen zuzuwenden. Sie sind verständnisvoll, können verzeihen und haben ausreichend Geduld, um die Dinge reifen zu lassen. Sie sind oft sehr anspruchslos und in der Lage, ihre Bedürfnisse zurückzustellen. Wir finden sie demgemäß sehr oft unter den helfenden und heilenden Berufen als Sozialarbeiter, Pädagogen, Therapeuten, Krankenhelfer und Ärzte, aber auch als Gärtner, Förster, aufopferungsvolle Sekretärin usw. Ihren Beruf wählen sie weniger aus Prestige oder aus finanziellen Gründen, sondern aus Berufung.

Im Gegensatz zum verstandesorientierten Menschen haben sie ein ausgesprochen starkes Bedürfnis nach Nähe. Ihr Grundproblem ist die Angst vor dem Verlassenwerden und vor der Einsamkeit. Um die Zuwendung anderer Personen nicht zu verlieren, bemühen sie sich, liebenswert zu sein, übernehmen für alles Verantwortung und meiden Konflikte. Dabei begeben sie sich auch in Abhängigkeit von anderen Personen oder machen andere von sich abhängig, indem sie sich als hilflose Wesen stilisieren. Da dieser Typ sich Aggressionen gegenüber anderen Personen verbietet, kehrt er negative Gefühle oft unbewusst gegen sich selbst und fühlt sich darüber minderwertig, ungeliebt und depressiv.

In der Kindheit fühlten sich Menschen dieses Typs ungeliebt, erlebten den Verlust eines geliebten Menschen oder mussten einen traumatischen Liebesentzug bewältigen.

Zum Ausgleich ihrer oft einseitigen Persönlichkeitsprägung stehen gefühlsorientierte Menschen vor der Lebensaufgabe, ein stärkeres Selbstwertgefühl und Selbstständigkeit zu entwickeln.

Zu 3: Die ordnungsorientierte Persönlichkeit

Die positiven Seiten dieses Typs sind ein ausgeprägter Ordnungssinn, Stabilität, Ausdauer und Pflichtgefühl. Aufgrund dieser Eigenschaften und ihrer zielstrebigen Art können ordnungsorientierte Menschen Großes erreichen. Wir finden sie unter Beamten, Juristen, Bankleuten, Buchhaltern, Pädagogen, Polizisten, Geistlichen und Handwerkern. In Ge- fühlsangelegenheiten sind sie zurückhaltend, versuchen sich unter Kontrolle zu halten, sind aber sehr verlässlich und pflichtbewusst. Zeit und Geld spielen bei ihnen eine große Rolle.

Ordnungsorientierte Persönlichkeiten stehen in der Gefahr, ihr Bedürfnis nach Ordnung und Sicherheit überzubetonen. Sie haben mitunter eine starke Angst vor dem Risiko, vor Veränderung und Vergänglichkeit und entwickeln oft eine übergroße Vorsicht und einen Hang zum Perfektionismus, die leicht zwanghafte Formen annehmen können. Sie sind Neuerungen gegenüber misstrauisch und halten gerne an Überkommenem und Traditionen aller Art fest. In politischen Fragen finden wir sie dementsprechend überwiegend im konservativen Lager.

Menschen dieses Typs haben in ihrer Kindheit zu früh die Erfahrung gemacht, dass Dinge in einer ganz bestimmten Weise getan werden müssen und dass vieles, was für sie reizvoll war, verboten war. Aber auch Kinder, die in einem chaotischen Milieu aufwachsen, entwickeln in Reaktion auf ihre Umwelt leicht einen Hang zur Ordnung und zwanghafte Neigungen.

Für ordnungsorientierte Persönlichkeiten ist es wichtig, die positiven Seiten von Veränderung und Vergänglichkeit wahrzunehmen. Sie müssen lernen, zuzulassen und ihr ausgeprägtes Bedürfnis, über ihre Umgebung Kontrolle auszuüben, zurückzunehmen.

Zu 4: Die veränderungsorientierte Persönlichkeit

Menschen diesen Typs sind im Gegensatz zum vorher beschriebenen Persönlichkeitsbild risikofreudig, unternehmungslustig und gerne bereit, sich Neuem zuzuwenden. Traditionen, starren Ordnungssystemen und Werten stehen sie ablehnend gegenüber. Wo sie sich aufhalten, ist immer etwas los, sie haben Charme und verstehen andere für sich einzunehmen. Ihre Stärken sind persönliches Engagement, schnelles Reagieren auf den jeweiligen Augenblick, Kontaktfreudigkeit und Überzeugungskraft. Sie sprühen

hen vor Ideen und erkennen rasch neue Möglichkeiten, überlassen jedoch gerne die Durchführung anderen Personen. Ihre bevorzugten Berufe sind Starverkäufer, Manager, Unternehmer, Künstler und Mannequin. Besonders liegen ihnen Tätigkeiten, in denen sie repräsentieren können und in denen ihr Wunsch nach »Publikum« befriedigt wird.

Das Grundproblem veränderungsorientierter Persönlichkeiten ist ihre Angst vor dem Unausweichlichen, der Endlichkeit und Begrenztheit. Sie leben daher gerne im Hier und Jetzt, ohne feste Pläne und klare Ziele, auf der Suche nach immer neuen Reizen und Herausforderungen. Sie brauchen das Gefühl der Freiheit. Feste Verpflichtungen, Pünktlichkeit und Zeitplanung sind ihnen lästig. Beziehungen werden von ihnen gerne genutzt, um im Mittelpunkt zu stehen und eine Bestätigung ihrer Einmaligkeit zu erhalten. Bei Kritik sind sie hingegen sehr schnell gekränkt. Mit Aggressionen gehen sie sehr spontan und unbekümmert um. Ihr Motto: Angriff ist die beste Verteidigung.

Menschen diesen Typs haben in ihrer Kindheit oft zu wenig Orientierung und Halt vermittelt bekommen. Verschiedentlich wuchsen sie im »goldenen Käfig« auf und sind sehr früh in eine Scheinwelt geraten. Das zentrale Problem ist jedenfalls, dass sie ihre Identität nicht finden konnten und fremde, ihnen aufgedrängte oder angebotene Rollen übernahmen. Eine wichtige Lernaufgabe veränderungsorientierter Persönlichkeiten ist daher die Arbeit an ihrer Identität. Weitere große Aufgaben für diesen Typ sind die Entwicklung partnerschaftlicher Beziehungen und die Erkenntnis der positiven Aspekte von Grenzen, Gesetzen, Regeln und Werten.

Die vier Grundorientierungen im Überblick

Wir können die oben beschriebenen Grundorientierungen in einem Überblick folgendermaßen darstellen:

Verstandesorientierung

Stärken:
Sachlichkeit, Logik, Vernunftgebrauch, Beobachtungsgabe, Kritikfähigkeit.

Schwächen:
Misstrauisch, kontaktarm, wenig Emotionalität, leicht kränkbar.

Kampfmittel:
Zynismus, Distanz (rationalisieren, argumentieren ...)

Vermeidung:
Nähe, Gefühle, Hingabe.

Ordnungsorientierung

Stärken:
Ordnungssinn, Stabilität, Ausdauer, Pflichtgefühl, Genauigkeit.

Schwächen:
Zwanghaft, übervorsichtig, rigid, uneinsichtig, autoritär und machtorientiert.

Kampfmittel:
Formalismus (Berufung auf Ordnung, Moral, Gesetz ...) Macht (Druck, Sanktionen ...)

Vermeidung:
Unruhe, Veränderung, Chaos, Risiko, Unvorhersehbares.

Veränderungsorientierung

Stärken:
Risikofreude, Spontaneität, Unternehmungslust, Aufgeschlossenheit für Neues, Kontaktfreude.

Schwächen:
Selbstbezogen, unverlässlich, leicht kränkbar, wenig Ausdauer.

Kampfmittel:
Szenen machen (dramatisieren, intrigieren ...)

Vermeidung:
Ordnung, Dauer, Bindung, Verpflichtung.

Gefühlsorientierung

Stärken:
Einfühlsamkeit, Verständnis, Pflichtgefühl, Geduld, Zuwendungsbereitschaft.

Schwächen:
Konfliktscheu, Dulderhaltung, Angst vor Alleinsein, wenig Selbstständigkeit

Kampfmittel:
emotionale Erpressung (Hilflosigkeit, Abhängigkeit zeigen, Schuldgefühle wecken ...) Moralische Überlegenheit demonstrieren.

Vermeidung:
Trennung, Eigenständigkeit

Die vier Grundorientierungen beschreiben Persönlichkeitsmerkmale, die man an sich selbst und anderen wahrnehmen kann. Sie sind nach Riemann Resultat eines bereits in der Kindheit erlernten Umgangs mit bestimmten Ängsten.

Menschen mit einer einigermaßen glücklichen Kindheit sind in der Lage, ihre Grundängste zu verarbeiten. Wer ihnen jedoch zu früh und zu intensiv ausgesetzt war, wird sie in der Folge seines weiteren Lebens zu meiden suchen und wird ihnen auf spezifische Weise aus dem Weg gehen. Erwachsene, die die erforderliche Auseinandersetzungen mit ihren Grund- ängsten nicht eingehen, stehen in Gefahr, eine einseitige Persönlichkeitsentwicklung mit jeweils typischen Schwierigkeiten zu erfahren. In Fällen starker Verleugnung können regelrechte Krankheitssymptome auftreten.

Behindernd werden ausgeprägte Grundorientierungen dann, wenn Menschen durch sie andere Sichtweisen nicht mehr akzeptieren können, in unauflösbare Konflikte mit sich selbst und ihrer Umgebung bzw. in soziale Isolation geraten.

Aus all diesen Gründen weist F. Riemann den Grundängsten eine wichtige Bedeutung zu: Sie sind für ihn ein Signal für eine wichtige persönliche Entwicklungsaufgabe. Durch die Annahme der Angst und den Versuch, sie zu überwinden, wachsen dem Menschen neue Fähigkeiten zu.

Interessant ist in diesem Zusammenhang die Faszination, die zwei entgegengesetzte Persönlichkeitstypen aufeinander ausüben können. Ganz nach dem Motto »Gegensätze ziehen einander an« fühlen sich ordnungsorientierte von veränderungsorientierten Persönlichkeiten und gefühlsorientierte von verstandesorientierten Typen außerordentlich angezogen – möglicherweise ein Hinweis auf das unbewusste Bedürfnis nach Ergänzung und Vollständigkeit, das jedem Menschen innewohnt.

Vielleicht haben Sie beim Lesen festgestellt, dass auf Sie Merkmale aller vier beschriebenen Typen zutreffen und Sie sich daher keiner der vier Grundorientierungen eindeutig zuordnen können. Selbstverständlich kommt auch das vor, weil die dahinter liegenden Ängste in jeder Kindheitsgeschichte eine Rolle spielen und daher von jedem Menschen erfahren werden, ohne dass es zu einer eindeutigen Ausprägung kommen muss.

Der Persönlichkeitstyp bestimmt auch die Berufsneigung

Für unsere Analyse wichtig ist die Beobachtung, dass je nach Persönlichkeitstyp sowohl eine Neigung als auch Eignung zu bestimmten Berufen vorhanden ist. Daraus können wir jedoch auch schließen, dass man bei konträr gelagerten Anforderungen in Konfliktsituationen geraten kann. Schwer vorstellbar ist etwa die Tätigkeit einer ordnungsorientierten Person in einer Werbeabteilung, in der Individualisten regieren und »kreatives Chaos« vorherrscht.

Neben den allgemeinen Anforderungen eines Berufs ist es sicherlich von Wert festzustellen, was speziell an Ihrem Arbeitsplatz bzw. in dem von Ihnen hauptsächlich wahrgenommenen Organisationsbereich, Ihrem Team oder Ihrer Abteilung verlangt wird. Auch hier kann es wiederum typische Differenzen zur jeweiligen Persönlichkeit eines Mitarbeiters geben, die Erklärungswert für die Situation haben und für Entscheidungen im Rahmen des Selbstmanagements berücksichtigt werden müssen. Wenn Sie etwa in der oben angeführten Werbeabteilung als Ordnungsmensch Schwierigkeiten haben, könnte zum Beispiel die Lösung sein, dass Sie eine ordnende Tätigkeiten übernehmen und damit eine für die gesamte Gruppe wichtige Funktion ausüben.

Übung

Wir bitten Sie, im Folgenden Ihre **Einschätzung** der Ausprägung **Ihrer persönlichen Grundorientierungen** auf einer Skala von 0 bis 5 einzutragen und die so entstandenen Punkte auf den Achsen miteinander zu verbinden.
Machen Sie anschließend das Gleiche für die **Grundorientierungen**, die in **Ihrer Organisation** (oder Ihrer Abteilung) gefordert werden, und verbinden Sie die Punkte ebenfalls, aber mit einem Stift einer anderen Farbe.

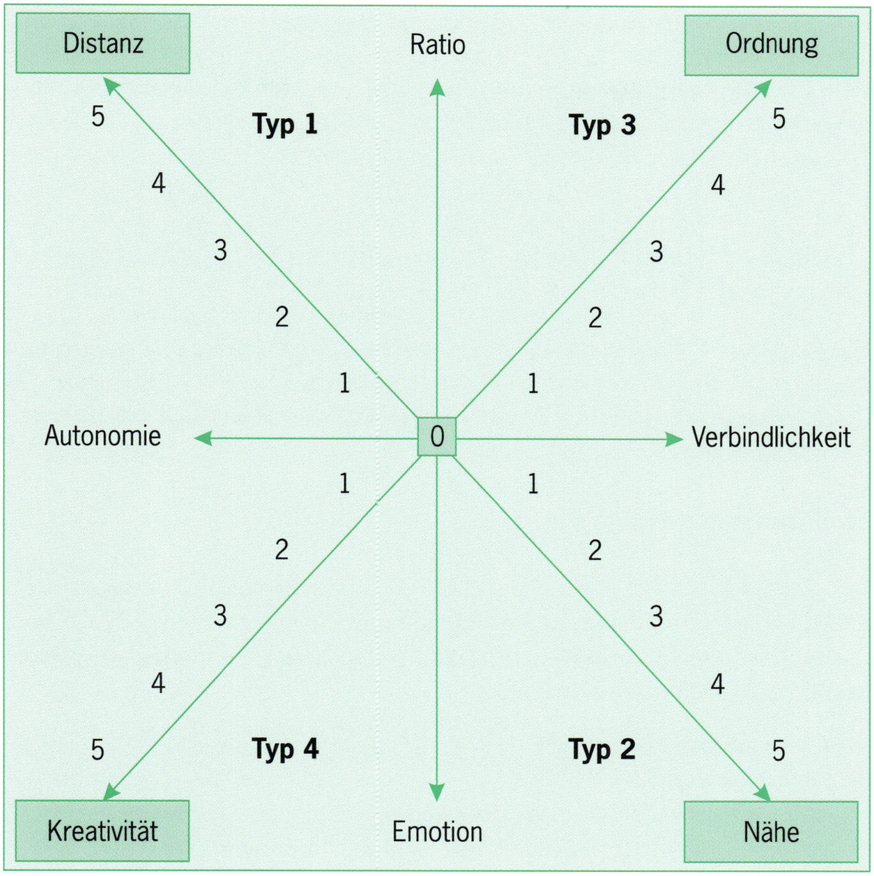

Stellen Sie nun fest, wo **Übereinstimmungen** Ihrer Grundorientierungen mit den Anforderungen Ihres Arbeitsplatzes vorliegen.

- Stellen Sie auch fest, wo Ihre Grundorientierungen und die Anforderungen ihrer Organisation auseinander klaffen.
- Welche Arbeitsplatzerfahrungen fallen Ihnen zu Ihrer Visualisierung ein?
- Welche Rückschlüsse ziehen Sie nach Kenntnis des Riemannschen Modells daraus?

Ein weiterer, zusätzlicher Schritt zur Erforschung Ihres »Selbst« ist der Rückblick auf die einzelnen Stationen Ihres Werdegangs.

Entdecken Sie Ihre beruflichen Beweggründe

Eine eingehendere Betrachtung Ihrer beruflichen Entwicklung gibt die Chance, den Beweggründen in der eigenen beruflichen Entwicklung auf die Spur zu kommen. Dieser Rückblick ist nicht nur eine Erinnerung an vergangene, heute nicht mehr aktuelle Ereignisse, sondern lässt Sie in Kontakt treten mit Bedürfnissen, Hoffnungen und Fähigkeiten, die Sie heute noch in sich haben – auch wenn Sie sie an irgendeiner Wegkreuzung Ihrer Geschichte begraben haben sollten.

Die folgende Rückschau wird Sie also an Ressourcen Ihrer Person erinnern und gleichzeitig an verschiedene Entscheidungssituationen, in denen Sie Ihre berufliche Entwicklung so gestaltet haben, wie sie letztlich verlaufen ist.

Die Phasen und Ereignisse

Überlegen Sie sich, in welche einzelnen Abschnitte sich Ihre Berufslaufbahn untergliedern lässt. Erinnern Sie sich dazu an die verschiedenen Ereignisse, die Einfluss auf Ihren beruflichen Werdegang hatten. Wichtige Abschnitte und Ereignisse können sein:

- Ausbildung.
- Erste Tätigkeit.
- Alle weiteren Arbeitsstellen und wichtige Ereignisse bis heute.
- Veränderungen oder Wechsel, die nicht der Routine entsprachen.

Gehen Sie so vor, dass Sie Ihren beruflichen Werdegang wie unten vorgestellt für sich visualisieren. Tragen Sie dazu die von Ihnen erinnerten beruflichen Abschnitte und Ereignisse auf einer Linie ein, und deuten Sie mit der Linienrichtung (nach oben oder nach unten) an, ob Sie die daran anschließende Entwicklung jeweils förderlich oder negativ erlebt haben.

Visualisierungsbeispiel:

So können Sie Ihren beruflichen Werdegang visualisieren

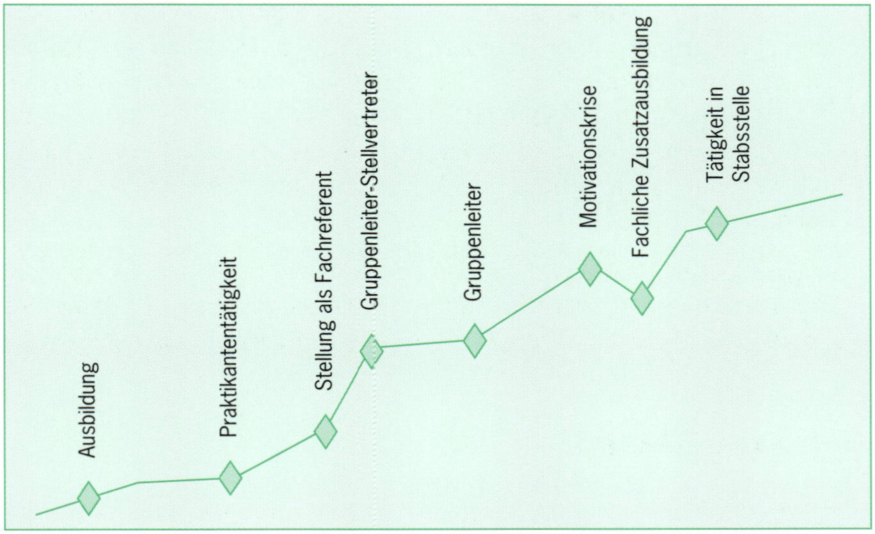

Hilfreich ist, wenn Sie sich für den folgenden Arbeitsschritt einen Gesprächspartner suchen, der die nachfolgenden Fragen zu den von Ihnen festgehaltenen Abschnitten und Ereignissen mit Ihnen durchgeht. Falls Sie diesen Gesprächspartner nicht zur Hand haben, beantworten Sie die Fragen für die einzelnen Entwicklungen für sich selbst:

Beantworten Sie die Fragen zu Ihrer beruflichen Entwicklung

Fragen zu den Beweggründen Ihres beruflichen Werdegangs
Wie kam es dazu? Wer/Was hat diese Veränderung / diesen Wechsel ausgelöst?
Aus welchem Grund haben Sie sich dafür entschieden? Was waren Ihre Ziele?
Welche Empfindungen haben Sie heute im Hinblick auf diese Entscheidung/Veränderung?
Wie konnten Sie diese mit Ihren Zielen vereinbaren?

Betrachten Sie nun Ihre gesamte bisherige berufliche Entwicklung anhand Ihrer Visualisierung und verschaffen Sie sich Klarheit zu folgenden Fragen:

Erarbeiten Sie ein Profil Ihres beruflichen Werdegangs

Wie würden Sie Ihre Arbeit anderen gegenüber beschreiben?
Gab es in ihrem beruflichen Werdegang Zeitabschnitte, die Ihnen besonders angenehm waren? Warum?
Gab es in ihrem beruflichen Werdegang Zeitabschnitte, die Ihnen besonders unangenehm waren? Warum?
Haben sich Ihre Ambitionen und Ziele seit Anfang Ihres beruflichen Werdeganges verändert? Wann? Warum?
Wenn Sie an Ihre berufliche Zukunft denken, gibt es Dinge, auf die Sie sich wirklich freuen?
Was, warum?
Was können Sie wirklich gut?
Was erwarten Sie von Ihrem Beruf und Ihrer Arbeit am meisten?
Welche Werte versuchen Sie in Ihrem Beruf unbedingt hochzuhalten?
Was ist Ihr Endziel?
Was wird sich Ihrer Meinung nach innerhalb der nächsten zehn Jahre Ihrer beruflichen Tätigkeit tun? Warum?

Sehen Sie Ihre Antworten durch und versuchen Sie zusätzliche Klärungen durchzuführen:

Wenn Sie Ihre Ausssagen überdenken, erkennen Sie bestimmte Muster oder Hauptthemen in Ihrem beruflichen Werdegang?
Gibt es Ungereimtheiten, Widersprüche oder Konflikte?
Welche (hypothetischen/denkbaren) Situationen wären dazu geeignet, diese Konflikte oder Ungereimtheiten zu lösen?

Im Anschluss an die obige Auseinandersetzung mit Ihrer bisherigen beruflichen Entwicklung sollte es Ihnen schon möglich sein, ein genaueres Profil Ihres persönlichen Karriereankers zu erkennen. Beantworten Sie daher zusammenfassend folgende Fragen schriftlich:

Das Resümee

Welches sind meine besonderen Fähigkeiten und Fertigkeiten, welche Kompetenzen haben ich? Wo liegen meine Stärken und Schwächen?

✎ ______________________________

____

____

____

____

Welches sind die Hauptbeweggründe, Bedürfnisse, Motivationen und Ziele in meinem Leben? Was will ich, und was will ich nicht? Entweder weil ich es noch nie wollte oder weil ich zur Erkenntnis gelangt bin, dass ich es nicht mehr will?

✎ ______________________________

____

____

____

____

Welches sind meine Werthaltungen, die Hauptkriterien, mit denen ich meine Tätigkeit beurteile?
Bin ich in einer Organisation tätig, oder habe ich eine Aufgabe, die sich mit meinen Werten vereinbaren lassen?
Wie wohl fühle ich mich bei meiner Tätigkeit? Wie stolz bin ich auf meine Arbeit? Ist mir mein beruflicher Erfolg angenehm?

✎ ______________________________

____

____

____

____

Bestimmen Sie Ihren persönlichen Karriereanker

Wer es versteht, seine persönlichen Vorstellungen und Bedürfnisse mit seiner beruflichen Entwicklung in Einklang zu bringen, wird nicht nur größere Zufriedenheit erlangen, sondern auch seine Fähigkeiten optimal entwickeln können. Da Sie im Zusammenhang mit Ihrer Reise in die Vergangenheit Ihre Einstellung zum Beruf, Ihre Werte und Beweggründe sowie Ihre besonderen Fähigkeiten erforscht haben, können Sie sie bei Ihren künftigen Entscheidungen besser berücksichtigen. Sie haben nach E. Schein (1992) die Funktion eines Karriereankers.

Jeder entwickelt sein eigenes »Selbstkonzept«

Nach Langzeituntersuchungen von Schein entwickelt jeder Mensch im Verlaufe seiner Kindheit und Jugend durch die gesammelten Erfahrungen ein »Selbstkonzept«, das seine ganz persönlichen Karrieremotive enthält. Solange keine oder wenig berufliche Erfahrungen vorhanden sind, ist dieses Konzept noch nicht ausgereift. Nach zehn oder mehr Berufsjahren sind in der Regel ausreichend Erfahrungen vorhanden, um persönliche Motive, Fähigkeiten und Werte zu erkennen.

Schein nennt dieses Selbstkonzept »Karriereanker«. Der Karriereanker ist eine Beschreibung der oft verborgenen inneren Vorstellungen, die Berufstätige von Ihrer Karriere haben.

Er enthält die persönlichen Beweggründe, die jemand auch bei schwierigen Entscheidungen keinesfalls freiwillig aufzugeben bereit ist. Äußere Kriterien wie Beruf, Einkommen, Position in der Hierarchie, soziales Ansehen, Besitz von Statussymbolen sind nur dann Bestandteile des Karriereankers, wenn Sie auch der persönlichen Berufsorientierung dienen. Das Konzept des Karriereankers berücksichtigt also, dass der Maßstab, mit dem der Einzelne seinen persönlichen beruflichen Erfolg misst, sich von den Maßstäben seiner Umgebung sehr unterscheiden kann.

Wir wollen Ihnen zusätzlich zu den Ergebnissen Ihrer Entdeckungsreise in Ihre ganz persönliche Geschichte Scheins Typologie der Karriereanker vorstellen. Sie enthält knappe und prägnante Beschreibungen verschiedener Karrieretypen und stellt eine ergänzende Klärungshilfe dar.

Die acht Karriereanker
(von Edgar H. Schein)

1 Technisch-funktionale Kompetenz

Typologie der Karriereanker

Angehörige dieser Gruppe beziehen ihre Identität vor allem aus ihrer Fachkompetenz. Sie suchen in erster Linie fachliche Herausforderungen und nützen auch alle Möglichkeiten zur Weiterbildung ihrer technisch-funktionalen Kompetenz. Sie sind bemüht, Ziele gemeinsam mit anderen zu definieren, wollen aber bei deren Umsetzung freie Hand. Sie erwarten, dass ihre Entlohnung nach Fähigkeiten und Kompetenz geschieht. Möglicherweise sind sie zur Übernahme von Führungsaufgaben in einem Fachbereich bereit, eine Tätigkeit im General Management interessiert sie aber nicht.

2 Befähigung als »General Manager«

»General Manager« wollen Einfluss auf das Gesamtergebnis einer Organisation nehmen. Sie streben an, Mitarbeiter verschiedener Abteilungen zu koordinieren und wichtige Teilbereiche der Organisation zu leiten. Personen, die dieser Gruppe angehören, streben eine hohe Bezahlung an und wollen vor allem ein deutlich höheres Gehalt als die vorangehende Hierarchiestufe. Sie sind ansprechbar für Prämien auf erreichte Unternehmensziele. Die Tätigkeit in einer Fachabteilung wird nur als Durchgangsstadium auf dem Weg zu höheren Aufgaben angesehen. Personen mit diesem Karriereanker weisen hohe analytische, soziale und emotionale Kompetenz auf.

3 Wunsch nach Selbstständigkeit und Unabhängigkeit

Vertreter dieser Gruppe suchen bei jeder Beschäftigung das größtmögliche Maß an persönlicher Freiheit. Vorschriften und Einschränkungen sind ihnen ein solcher Gräuel, dass sie lieber auf auf bessere Entlohnung oder Beförderung verzichten. Am liebsten ist ihnen eine direkte Entlohnung für erbrachte Leistungen. Wir finden Personen mit diesem Karriereanker sehr oft in so genannten »freien Berufen«, im Projektmanagement, in der Forschung und Entwicklung, im Außendienst, ausgelagerten Unternehmensteilen und anderen Bereichen, die eine große Selbstständigkeit ermöglichen. Finden sie die Freiheit, die sie anstreben, nicht in Organisationen, gründen sie manchmal auch eigene Betriebe.

4 Suche nach Sicherheit und Beständigkeit

Für Personen mit diesem Karriereanker haben die Sicherheit des Arbeitsplatzes und der Entlohnung oberste Priorität. Der genauere Inhalt ihrer Beschäftigung oder eine bestimmte Karriere sind für sie nachrangig. Bevorzugt wird eine Entlohnung, die die Dauer der Betriebszugehörigkeit berücksichtigt und eine regelmäßige Erhöhung vorsieht. Wird ihr Bedürfnis nach Sicherheit und Beständigkeit befriedigt, entwickeln sie zum Arbeitgeber hohe Loyalität. Angehörige dieser Gruppe finden wir in Beamtenberufen und ähnlichen Arbeitsverhältnissen.

5 Schwerpunkt unternehmerische Kreativität

Menschen mit dem Karriereanker »unternehmerische Kreativität« vertrauen auf ihre Fähigkeiten und sind bereit, Risiken zu übernehmen. Einer Sache, die nicht läuft, kehren sie schnell den Rücken und suchen nach neuen Projekten. Unselbstständige Tätigkeiten nutzen sie als zweites Standbein und Lernfeld, daneben suchen sie jedoch ständig nach Möglichkeitein, ein eigenes Unternehmen auf die Beine zu stellen. In unselbstständigen Beschäftigungsverhältnissen streben sie nach wichtigen Aufgaben und Schlüsselpositionen. Angehörige dieser Gruppe nehmen zwar finanzielle Durststrecken auf sich, streben jedoch nach vorzeigbarem Wohlstand.

6 Dienst oder Hingabe für eine Idee oder Sache

In dieser Rubrik finden sich Personen, die mit ihrem Beruf einen moralischen, gesellschaftlichen Auftrag verbinden wollen. Wir finden sie in pädagogischen und sozialen Berufen, im Umweltschutz, in der Politik oder in anderen Berufen, die im allgemeinsten Sinn eine Verbesserung der Welt zum Ziele haben. Den Arbeitgeber suchen sie sich dort, wo sie ihren Auftrag am besten zu erfüllen glauben. Bezahlung und Karriere sind nebenrangig und werden nur angenommen, wenn sie sie nicht von ihrer Aufgabe entfernen. Sie erwarten eine gerechte, faire Entlohnung.

7 Suche nach der totalen Herausforderung

Angehörige dieser Gruppe suchen immer wieder nach neuen Herausforderungen, stellen sich schwierigsten Problemen und überwinden größte Hindernisse. Personen mit diesem Karriereanker finden sich unter Technikern und Anlagenbauern, die gerne schwierige Konstruktions- und Organisationsaufgaben lösen, Rechtsanwälten und Unternehmensberatern, die gerne aussichtslos scheinende Fälle übernehmen, unter Starverkäufern, die einen kämpferischen Wettbewerb mit ihren Kollegen betreiben, und im Krisenmanagment. »Die Bewältigung neuartiger Situationen und Schwierigkeiten ist das Ziel, und wenn etwas zu einfach ist, wird es sofort langweilig« (Schein 1992, S. 83).

8 Wunsch nach Übereinstimmung von Berufs- und Privatleben

Menschen mit diesem Karriereanker haben das Ziel, ihre persönlichen Bedürfnisse mit denen ihrer Familie und ihren beruflichen Anforderungen in Einklang zu bringen. Für sie ist es wichtig, wie sie ihr Leben gestalten. Erfolg wird nicht nur auf den Beruf bezogen. Daher neigen sie auch dazu, auf eine berufliche Karriere zu verzichten, wenn sie andere wichtige Aspekte ihrer Lebenführung dadurch gefährdet sehen. Personen mit dieser Ausrichtung finden sich häufig unter Frauen, in Beraterberufen oder allgemein bei jüngeren Menschen mit alternativen Lebensorientierungen.

Schein fordert Berufstätige auf, ihren Karriereanker näher zu bestimmen und ihren Vorgesetzten und/oder den Personalverantwortlichen ihres Unternehmens ihre Wünsche und Ziele für ihre berufliche Zukunft mitzuteilen. Im gemeinsamen Gespräch soll entwickelt werden, welche Aufgabenbereiche und Funktionen ihren Bedürfnissen und Vorstellungen am nächsten kommen.

Nach den vorangegangenen Entdeckungsreisen haben Sie mehr über sich und die Art und Weise, wie Sie Ihr berufliches und Ihr privates Leben wahrnehmen und gestalten, erfahren. Möglicherweise haben Sie sich gedanklich neue Gebiete erschlossen, und Sie können verschiedene Entdeckungen in Ihre Landkarte einzeichnen.

Zeichnen Sie die persönliche Landkarte neu

Im Allgemeinen sind uns die Landkarten, nach denen wir unser Leben gestalten, unbekannt.

Sie sind Kristallisationen von Erfahrungen, die uns meist gar nicht mehr bewusst sind. Somit ist uns nicht einmal bewusst, dass wir Landkarten benutzen. Wir gehen einfach davon aus, dass die Art und Weise, wie wir Dinge sehen und reagieren, richtig ist.

Diese stillschweigende Annahme ist für Stephen R. Covey der Grund dafür, dass viele Menschen das Gefühl von Ineffizienz haben (Covey 1996, S. 18ff). Eine Landkarte kann nämlich auch falsch sein. Und mit einer falschen Landkarte können wir uns noch so sehr anstrengen: Die Chance, früher ans Ziel zu kommen, wird dadurch kaum steigen. Der Stress, unter dem wir leiden, und das Gefühl von Insuffizienz werden hingegen zunehmen. Die gängige Art und Weise, mit diesem Problem fertig zu werden, ist, zu Techniken greifen, zum Beispiel eine bessere Zeitplanung einzusetzen oder sich soziale Techniken für den Umgang mit Menschen anzueigenen, aber am grundsätzlichen Problem ändert sich dadurch nichts.

Effektivität ist auch eine Frage der Persönlichkeitsentwicklung

Die Voraussetzung für ein effektives Selbstmanagement liegt einzig und allein darin, sich der eigenen Landkarte zu vergewissern und sie gegebenenfalls neu zu zeichnen. Und somit ist die Frage der Effektivität immer eine Frage der Persönlichkeitsentwicklung. Wir sehen die Welt nämlich immer so, wie wir selbst sind bzw. so, wie wir zu sehen gelernt haben.

Coveys Empfehlung ist, für die eigene Weltsicht und das Verhalten in der Welt Grundsätze und Werte festzuhalten, die sich im Zusammenleben der Menschen bewährt haben.

Sie könnten auf unseren Landkarten Fixpunkte darstellen, die uns das Zurechtfinden in einer zunehmend komplexeren Wirklichkeit ermöglichen und uns die erforderliche Orientierung für unser Handeln geben.

Klären Sie Ihre Werte

All unsere Wahrnehmungen unterliegen einem ständigen Wertungsvorgang. Oft lässt sich gar nicht nachvollziehen, warum uns eine Sache oder ein Begriff etwas bedeutet oder nicht.

Wichtig ist allerdings, sich der eigenen Einstellung bewusst zu werden und auch die Werte zu erkennen, die das Verhalten anderer Menschen oder sozialer Systeme leiten, um gegebenenfalls in eine Verhandlung über eine gemeinsame Prioritätensetzung einzutreten.

Wenn Sie Ihre Werte erforschen, lernen Sie Ihre Antriebe und sich selbst ein Stück weit kennen. Um Ihnen diese Forschungsreise zu erleichtern, bieten wir Ihnen folgende Übersicht zur Bearbeitung an:

Markieren Sie die unten angeführten Werte in der rechten Spalte jeweils

- mit einem Haken ✔, wenn Sie sie persönlich teilen,
- mit einem ✕, wenn Sie sie ablehnen,
- mit einer **0**, wenn Sie ihnen gegenüber neutral eingestellt sind.

Finden Sie die Ihnen wichtigen Werte heraus

Fachwissen		Erfülltes Familienleben	
Unabhängigkeit		Freundschaft	
Sicherheit		Gesundheit	
Spaß		Führungsposition	
Sozialer Kontakt		Sportlichkeit	
Einkommen		Teamarbeit	
Selbstverwirklichung		Hobby	
Einfallsreichtum		Konkurrenz	
Allgemeinbildung		Künstlerische Betätigung	
Soziales Handeln		Soziale Anerkennung	
Ordnung			

- Welche Werte haben in Ihrem augenblicklichen Leben den größten Stellenwert?
- Unterstreichen Sie die drei für Sie wichtigsten Werte, und reihen Sie sie zusätzlich nach der Priorität, die sie für Sie haben.
- Bestimmen Sie anschließend die drei Werte, die Sie am stärksten ablehnen.
- Gehen Sie nun im Geist schwierige Situationen in Ihrem Berufs- oder Privatleben durch, und überprüfen Sie, ob irgendwelche Wertkonflikte dahinter stehen.
- Überprüfen Sie in diesen Konfliktsituationen Ihre eigene Position, und überlegen Sie Angebote, die die Interessen der Gegenseite berücksichtigen.

Finden Sie die richtige Balance

Wir haben oben bereits ausgeführt, dass die Vielfalt der Rollen, die wir in unserem Berufs- und Privatleben übernehmen, verschiedene und widersprüchliche Ansprüche mit sich bringen. Viele Menschen versuchen, den daraus entstehenden Konflikten dadurch zu entgehen, dass Sie sich allein auf einen Lebensbereich konzentrieren. Verführerisch ist es für viele, die Arbeit als einen solchen zentralen Bereich zu wählen.

Unser Beruf und Arbeitplatz trägt wesentlich zu unserer sozialen Identität und unserem materiellen Status bei. Daraus leitet sich einiges an individuellem Wohlbefinden ab. Aber wir sind auch bald krank und ausgebrannt, wenn wir uns ausschließlich auf diesen Bereich konzentrieren. Solange die Arbeit beispielsweise ausreichend Gelegenheit gegeben hat, die Bedürfnisse des Körpers nach Bewegung und frischer Luft zu befriedigen, war ein wichtiger Ausgleich vorhanden. Die Arbeitssituation heute, die häufig aus sitzender oder rein stehender Tätigkeit besteht und im Stress der Terminerfüllung das Essen oder das Nachhausegehen vergessen lässt, verlangt eine ausreichende Planung von Bewegung, Nahrung, Entspannung und Schlaf.

Beachten Sie auch die Gegenpole zur Arbeit

Notwendige Gegenpole zur Arbeit sind:

- eine befriedigende Beziehung zu Ihrem Partner,
- die Pflege von Freundschaftsbeziehungen,
- die Beschäftigung mit Kindern,
- eine sportliche oder künstlerische Betätigung,
- der Besuch kultureller Veranstaltungen
- sowie ausreichend Zeit zur Erholung.

Diese Gegenpole verhindern, dass wir alle unsere Erwartungen ausschließlich auf den Arbeitsplatz konzentrieren, was notwendigerweise zu Enttäuschungen führen muss.

Versuchen Sie, ausgehend vom unten vorgestellten Balancemodell, festzustellen, auf welche Bereiche sich Ihr Engagement und Ihre Erwartungen konzentrieren.

Balance-Modell für Ihr Selbstmanagement

1. Kontakt ❖ Familie, Freunde ❖ soziale Anerkennung ❖ Liebe	**2. Leistung** ❖ Produktivität ❖ Wissen ❖ Erfolg
3. Sinn ❖ Werte ❖ Visionen ❖ Träume	**4. Körper** ❖ Ernährung ❖ Sport ❖ Entspannung

Folgende Fragen sollten sie dabei beantworten:

- In welchen Gebieten ist Ihr Engagement hauptsächlich angesiedelt?
- In welchen Bereichen erleben Sie Befriedigung und Glück?
- Wo finden Sie Ihren Ausgleich?
- Wo sehen Sie Ihre Defizite?
- Mit welchem Vorhaben könnten Sie beginnen, Ihre persönliche Balance herstellen?

Definieren Sie Ihre beruflichen Ziele und Pläne

> »Der Mensch kann nicht in einem einzelnen Lebensbereich recht tun, während er in irgendeinem anderen unrecht tut. Das Leben ist ein unteilbares Ganzes.«
> Mahatma Gandhi

Aus dem Sport kennen wir, dass ein Erfolg nur zu erreichen ist, wenn sich das Training an Zielen orientiert, die die Ressourcen des Sportlers berücksichtigen und ihn in optimaler Weise an die im Wettbewerb erforderliche Spitzenleistung heranführen. In unseren Unternehmen läuft es dagegen oft noch anders. Es werden wohl Spitzenleistungen erwartet, aber die Personalentwicklung ist in der Regel ein zu grobes Instrument, um die einzelne Person gezielt zu fördern. Es liegt jedoch auch in der Selbstverantwortung des Einzelnen, persönliche Ziele zu setzen und geeignete Pläne zu ihrer Umsetzung zu entwickeln.

Nachdem Sie sich im vorangegangen Abschnitt intensiver mit Ihrem beruflichen Werdegang beschäftigt und sich Ihre Stärken bewusst gemacht haben, werden Ihnen Ihre Bedürfnisse und Vorstellungen so nahe sein, dass Sie sich berufliche Ziele setzen können.

Beantworten Sie folgende Fragen:

> »Wer seinen Hafen nicht kennt, für den weht kein Wind günstig.«
> *Seneca*

Was möchten Sie verändern?

Welcher Arbeitsbereich und welche Position entsprechen meinen beruflichen Vorstellungen am meisten?

✎ ______________________________

____

____

____

Welche Kenntnisse und Fertigkeiten muss ich mir aneignen, um den Anforderungen meines Traumjobs zu genügen?

Was muss ich unternehmen, um meine Wünsche zu realisieren?

✎ ______________________________

____

____

Welche Bedürfnisse und Interessen möchten Sie in Ihrem Privatleben stärker wahrnehmen?

✎ ______________________________

____

____

Womit beginne ich, und wie setze ich meinen Selbstentwicklungsplan fort?

✎ ______________________________

____

____

Setzen Sie sich Ziele

Wir wollen Sie nun bitten, für jede Ihrer oben festgehaltenen Absichten verschiedene Fragen zur genaueren Zielbestimmung zu beantworten:

Was ist Ihr Ziel? Was wollen Sie konkret erreichen? (Formulieren Sie Ihr Ziel positiv!)

✎ ______________________________

____

Was wird sich für Sie durch die Realisierung dieses Zieles beruflich bzw. privat verändern?

✎ ______________________________

____

Woran werden Sie merken, dass Sie Ihr Ziel erreicht haben?

✎ ______________________________

____

Woran werden Ihrer Einschätzung nach die Personen des relevanten Umfeldes die Erreichung Ihres Zieles merken?

✎ ______________________________

____

Was sind die Kosten / der Nutzen dieses Ziels?

✎ ______________________________

____

Nach der Beschäftigung mit der eigenen Person und ihren individuellen Fähigkeiten, Bedürfnissen und Werthaltungen wollen wir uns näher mit der beruflichen Rolle und den damit verknüpften Anforderungen auseinander setzen.

3. Die Anforderungen der Organisation

Im Unterschied zur »Stelle« wird die »Rolle« als der Bereich der Organisation angesehen, in dem sich sowohl die Person als auch die Organisation verwirklichen. Indem sie einerseits von den Bedürfnissen und Fähigkeiten der jeweiligen Person und andererseits von der Organisation (durch Stelle, Aufgaben, Ressourcen, andere Rollenträger, Kultur etc.) bestimmt ist, wird sie als die Schnittstelle von Person und Organisation gesehen. Das hat zur Konsequenz, dass dem einzelnen Rollenträger neben dem förmlichen Verhalten, das ihm vom jeweiligen Organisationszweck her auferlegt ist, ein Spielraum für persönliches Selbstmanagement offen steht. Wir können die »Rolle« als den Ort ansehen, an dem die Spannung zwischen Individuum und Organisation zum Tragen kommt und wo in immer neuen Aushandlungsprozessen Veränderungen vorgenommen werden können. Das setzt jedoch voraus, dass man neben seinen persönlichen Bedürfnissen und Interessen auch die Anforderungen der Organisation genau kennen lernt.

»Die ganze Welt ist eine Bühne, und alle Frauen und Männer sind bloße Spieler. Sie treten auf und gehen wieder ab, und jeder spielt im Leben viele Rollen.«
Shakespeare:
Ein Sommernachtstraum

Organisationsinterne und -externe soziale Rollen

Jede Person nimmt am Arbeitsplatz und im Privatbereich mehrere Rollen ein. Was die Sache kompliziert macht, ist, dass man Rollen auch durch Zuschreibung erhält und nicht ausschließlich durch eigene Entscheidung etwa eine »Lieblingsrolle« wählen kann.

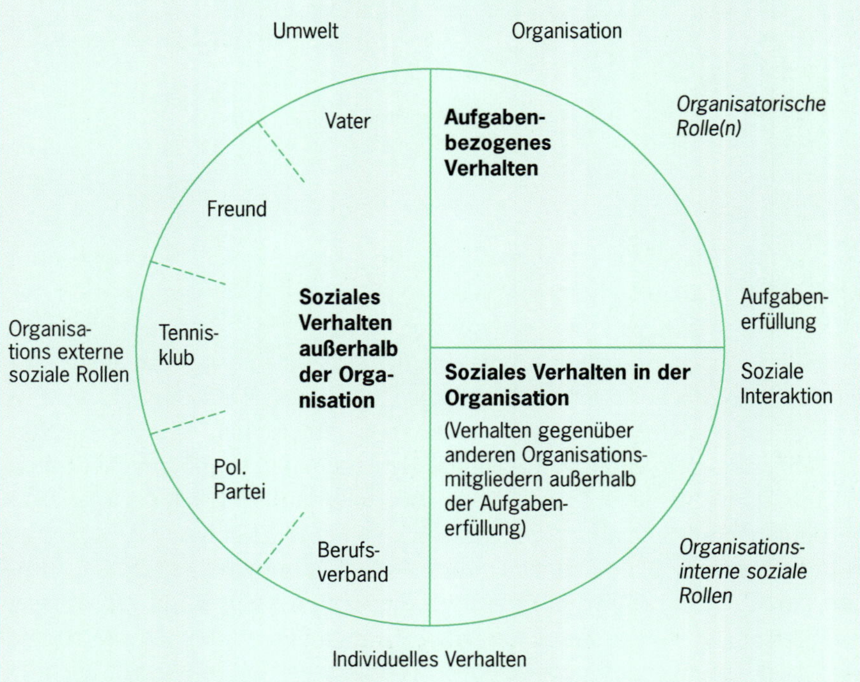

Kieser/Kubicek. Quelle: Staehle 1987

Organisatorische Rollen: Sie dienen der Aufgabenerfüllung in der Organisation, zum Beispiel Mitarbeiter, Kollege, Vorgesetzter, Betriebsrat etc.

Organisationsinterne soziale Rollen: Sie beschreiben ein Verhalten gegenüber anderen Organisationsmitgliedern außerhalb der Aufgabenerfüllung, zum Beispiel Berater, Mentor, Experte, Visionär; Controller, Opfer usw.

Organisationsexterne soziale Rollen: Sie beschreiben ein soziales Verhalten außerhalb der Organisation, beispielsweise Vater, Vereinsmitglied, ehrenamtlicher politischer Funktionär, Hobbymaler etc.

Häufig wird ein Organisationsmitglied in einer Situation in mehreren Rollen angesprochen ist und gerät dabei in Konflikt zu entscheiden, welche Art von Beziehung aufgenommen werden soll oder ob eventuell, in einer nicht so eindeutigen Erwartungshaltung, eine Rollenklärung angesagt ist.

Im Rollenbereich sind Fragen angesiedelt wie:

- Wie verhalte ich mich als neuer Chef meinen ehemaligen Kollegen gegenüber?
- Nehme ich in meiner Rolle als Elternteil Pflegeurlaub für mein krankes Kind in Anspruch, oder bringt mit das bei meiner beruflichen Karriere Nachteile?
- Kann man zugleich Vorgesetzter und Freund sein?
- Wie kritisiere ich Personen, die alles persönlich nehmen?
- Kann ich einem Kunden, der mich persönlich attackiert, die Meinung sagen?
- Wie komme ich aus meiner Opferrolle?
  Und vieles mehr.

Der Katalog von Aufgaben für ein im Rollenbereich angesiedeltes berufliches Selbstmanagement umfasst folgende Aspekte:

- Management meiner selbst.
- Management von Arbeitsbeziehungen.
- Management von Gruppen bzw. Subsystemen nach innen und außen.
- Management von System-Umwelt-Beziehungen.
- Management von Intersystembeziehungen.
- Management eines Gesamtsystems nach innen und außen.

Die Stellenbeschreibung

Einen wichtigen Anhaltspunkt für die eigenen Rollenplanung stellt die Aufgaben- bzw. Stellenbeschreibung dar. Die Stellenbeschreibung zählt die Aufgaben, Kompetenzen und verschiedene andere Daten einer Stelle auf. Sie ist damit eine wichtige Orientierung für das Selbstmanagement.

Die Stellenbeschreibung ist eine wichtige Orientierung für das Selbstmanagement

Eine Stellenbeschreibung enthält folgende Bestandteile:
Die Bezeichnung der Stelle sowie Namen und Dienstrang des Inhabers.
Die Einordnung der Stelle in den horizontalen und vertikalen Organisationsaufbau, z.B. Ressort, Hauptabteilung, Abteilung, Referat.
Die Stellvertretung und die Unterstellungsverhältnisse.
Das Stellenziel bzw. die Hauptaufgabe.
Technisch-organisatorische Angaben zur Stellenbeschreibung, beispielsweise Gültigkeitsdauer. Verteiler, Unterschrift des Stelleninhabers, Zeichnungsbefugnis etc.
Einzelne Aufgaben, Befugnisse, Verantwortlichkeiten.
Anforderungen an die Person des Stelleninhabers und insbesondere Belastungen (Ausbildung, Berufserfahrungen, Persönlichkeitstruktur usw.).
Den Beurteilungsmaßstab für die Leistung des Stelleninhabers (= Stellenbewertung).

Stellenbeschreibungen haben für den einzelnen Arbeitsplatzinhaber den Vorteil, dass er seine Aufgaben, Verantwortlichkeiten und Kompetenzen zugeschrieben erhält. Sie erweisen sich jedoch als nachteilig, wenn in der Organisation neue Aufgaben und veränderte Problemstellungen entstehen.

In diesem Fall kann es leicht geschehen, dass mit Hinweis auf vorhandene Stellenbeschreibungen sich niemand zuständig fühlt und Arbeiten zwischen Einzelpersonen oder Abteilungen hin- und hergeschoben werden. In einer solchen Kultur kommen gerade motivierte Mitarbeiter unter die Räder. Sie bekommen alle Arbeiten zugeschoben, die übrig bleiben, und wachsen mitunter in die unbedankte Rolle »des Mädchens für alles«.

Eine andere Möglichkeit ist, dass sich Stellenbeschreibungen für die Aufgabenerfüllung des Unternehmens als hinderlich erweisen und nicht ernst genommen werden.

In beiden Fällen ist anzunehmen, dass der Widerspruch zwischen Aufgabenregelung und Arbeitsrealität eine ständige Quelle von Konflikten darstellt.

Das Anforderungsprofil

Ein Anforderungsprofil wird angefertigt, um die Anforderungen, die an eine Stelle oder einen Arbeitsplatz gerichtet sind, zu erfassen. Die Anfertigung geschieht durch Auswertung eigener Erfahrungen und Interviews mit den jeweiligen Bezugspersonen.

Verschiedene Betriebe sind dazu übergegangen, anstatt der statischen Stellenbeschreibungen für die einzelnen Arbeitsplätze und Stellen Anforderungsprofile anzufertigen. Anforderungsprofile beinhalten keine präzise Beschreibung der einzelnen Aufgaben und Funktionen, haben aber den Vorteil, dass sie die Anforderungen, die von den verschiedenen Seiten an einen Arbeitsplatz gerichtet sind, umreißen und dafür offen bleiben, wie die daraus resultierenden Aufgaben aussehen.

Für den einzelnen Mitarbeiter einer Organisation, der die Anforderungen, die an seinen Arbeitsplatz gerichtet sind, nicht ausreichend kennt, kann es hilfreich sein, im Rahmen seines persönlichen Selbstmanagements das Anforderungsprofil seiner Stelle selbst zu erarbeiten.

Auf der nächsten Seite finden Sie Leitfragen zur Erarbeitung eines Anforderungsprofils.

Erarbeiten Sie Ihr persönliches Anforderungsprofil

Leitfragen zur Erarbeitung eines Anforderungsprofils für eine ganz bestimmte Stelle innerhalb einer Organisation:
1 Welche konkreten Tätigkeiten sind an meiner Stelle zu verrichten? Was ist dort normalerweise zu tun? Verschaffen Sie sich einen ersten Überblick über die zu leistende Arbeit in quantitativer und qualitativer Hinsicht.
2 Welches Problem, welche Aufgabenstellung möchte die Organisation (bzw. meine Abteilung) durch die Einrichtung dieser Stelle lösen? Wozu gibt es diese Stelle überhaupt, welche Ziele werden mit ihr verfolgt? Welche Problemlösungskompetenz ist für diese Position besonders charakteristisch?
3 Welche Widersprüche sind bei diesen unterschiedlichen Leistungserwartungen feststellbar? Welche wichtigen Zielkonflikte sind von dieser Stelle aus demzufolge zu bewältigen?
4 Worin bestehen die Kernaufgaben, die von dieser Stelle aus unbedingt zu bewältigen sind? Wird sich daran in absehbarer Zukunft etwas ändern? Wie sieht die strategische Ausrichtung der betroffenen Organisationseinheit aus, und welche Konsequenzen ergeben sich daraus für die genannten Kernaufgaben? Welche Aufgaben werden eventuell wegfallen, sich inhaltlich ändern, welche werden neu dazukommen?
5 An welchen markanten Situationen im Rahmen seiner Aufgabenbewältigung wird der/die Stelleninhaber/in besonders gemessen? Wodurch wird er/sie auf jeden Fall scheitern? Was sind die ausschlaggebenden Kriterien dafür?
6 Welche Entscheidungen sind von dieser Stelle aus unbedingt herbeizuführen? Welcher Qualitätsdruck lastet auf diesen Entscheidungen? Welches Wissen ist im Prozess der Entscheidungsfindung zu mobilisieren? Welche Entscheidungen können eigenständig getroffen werden, wie hoch ist der Grad der Akzeptanzabhängigkeit? (Routineentscheidungen oder außergewöhnliche Entscheidungssituationen? Einzelentscheidungen oder gezielte Beteiligung anderer?)
7 Welche Fähigkeiten, Erfahrungen, Verhaltensweisen und sonstigen Voraussetzungen sind zur Bewältigung Ihrer Aufgaben erforderlich?
(nach: O.S.B. Organisationsberatung GmbH)

Wer über die Ermittlung der Anforderungen an seinen Arbeitsplatz hinaus eine Klärung der Rollenerwartungen durchführen möchte, kann sich zusätzlicher Instrumente bedienen.

Analyse der Rollenerwartungen an meinem Arbeitsplatz

Eine systematische Erfassung der Rollenanforderungen an Mitarbeiter bietet die Chance,

- das soziale Netzwerk, in das seine Stelle eingebunden ist, genauer kennen zu lernen,
- an ihn gerichtete Erwartungen zu identifizieren,
- Veränderungen dieser Erwartungen frühzeitig zu erkennen,
- Auswirkungen von Veränderungen des sozialen Umfelds auf seine Stelle und die vom Stelleninhaber geforderten Qualifikationen festzustellen,
- sich auf diese Veränderungen frühzeitig vorzubereiten.

Eine Rollenplanung (s. Schein 1992) geht von den an einem Arbeitsplatz oder einer Stelle vorhandenen Erfahrungen aus. Darüber hinaus hat sie zu berücksichtigen, dass jede Stelle in einem »Rollennetzwerk« wichtiger Bezugspersonen und »Schlüsselkunden« angesiedelt ist.

Mittels Interviews dieser Bezugspersonen können die aktuellen Erwartungen an eine Stelle sowie die Auswirkungen, die mögliche Umfeldveränderungen auf diese Erwartungen haben, erfasst werden.

Instrumente der Rollenanalyse und -planung werden auch von Personalverantwortlichen eingesetzt. Personalplaner versuchen mittels der Rollenanalyse abzuschätzen, welche neuen oder zusätzlichen Kenntnisse, Werthaltungen und Fähigkeiten aufgrund der Entwicklung bestimmter Stellen erforderlich sind. Das Ergebnis soll eine bessere Personalauswahl bzw. -entwicklung ermöglichen.

Mein Stellen- und Rollenprofil

Erfassen Sie die genaueren (aktuellen) Merkmale Ihres Verhaltens an Ihrer gegenwärtigen Stelle mit Hilfe der nachfolgenden Rollenbeschreibungen. Falls Sie sich in der Auflistung nicht wieder finden, definieren Sie die Merkmale Ihrer Rolle(n) selbst.

- Stellen Sie nun die drei Rollen fest, die Sie zur Zeit am häufigsten ausüben.
- Stellen Sie auch die drei Rollen fest, die Sie am liebsten ausüben würden.

Mögliche Rollen	Anforderungen von außen	Meine Wunschrolle
Teamarbeiter Ich arbeite in und mit unterschiedlichen Gruppen (Arbeits- und Projektgruppen, Konferenzen etc.).		
Berater Ich nehme die Rolle eines Beraters oder Anregers wahr.		
Koordinator/Projektleiter Ich koordiniere die Arbeit anderer, die in ihrem Fachbereich (als Experten) kompetenter sind als ich.		
»Troubleshooter« Ich bin überall dort, wo es brennt, und packe selbst an, damit die Dinge wieder ins Laufen kommen.		
Assistent Ich habe die Aufgabe, die Überlegungen und Entscheidungen anderer zu unterstützen, zu begleiten und zu kontrollieren (statt sie selbst zu führen bzw. zu treffen).		
Wegbereiter Ich ermögliche und fördere Management- und Entscheidungsprozesse (statt sie an mich zu ziehen).		
Schwerpunktsetzer Ich identifiziere die wichtigen Problemfelder und stelle sicher, dass die »richtigen« Probleme bearbeitet werden.		

Mögliche Rollen	Anforderungen von außen	Meine Wunschrolle
Zahnrädchen In meiner Arbeit hänge ich primär von anderen ab, z.B. von Mitarbeiterinnen und Mitarbeitern, Kolleginnen und Kollegen (kann sie nicht mehr entscheidend selbst beeinflussen).		
Generalmanager Der mir übertragene Verantwortungsbereich ist größer als der Bereich, den ich direkt beeinflussen und selbst kontrollieren kann.		
Stratege/Visionär Ich verwende meine Zeit primär für Aufgaben zur langfristigen Sicherung des Unternehmenserfolgs, weniger für das operative Tagesgeschäft.		
Controller Ich überprüfe die Zielerreichung anderer Mitarbeiter und Stellen und die Effizienz der Arbeitsabwicklung.		
Ideengeber Ich habe immer wieder gute Einfälle und Ideen, die die Dinge voranbringen.		
Klimaproduzent Meine wichtigste Funktion sehe ich darin, das Klima zu entspannen und Schwung und Stimmung unter die Leute zu bringen.		
Mädchen für alles Ich kümmere mich um alle Dinge, weil sonst nichts vorangeht.		

Rollen- und Beziehungsnetzwerk

Die Analyse wird nun auf das für Ihren Arbeitsplatz maßgebliche Rollen- und Beziehungsnetzwerk ausgedehnt. Ihre Aufgabe ist es, ihre wichtigen Bezugspersonen und deren Erwartungen zu identifizieren.

Entwickeln Sie Ihr Beziehungsnetzwerk, indem Sie sich selbst ins Zentrum setzen und mit Namen oder Funktionsbezeichnung all diejenigen Personen oder Gruppen eintragen, mit denen Sie beruflich verkehren. Berücksichtigen Sie dabei alle real existierenden Beziehungen, also nicht nur Vorgesetzte und Mitarbeiter, sondern auch Kunden, den Betriebsrat, interne und externe Servicestellen etc. Wenn Sie zur Gruppe derer gehören, die sich leicht von ihrer Arbeit »auffressen lassen«, sollten Sie in Ihr Beziehungsnetzwerk auch Ihre Familie, Ihre Freunde und sich selbst als Privatperson aufnehmen. Wenn Sie auch die Ansprüche von dieser Seite festhalten, können Sie für sich bewusst die Grenze zwischen Privat- und Berufsleben ziehen und entsprechende Markierungen für ihre Ziel- und Ressourcenverteilung setzen. Mit Variierung der Pfeildicke können Sie die Wichtigkeit der Beziehung anmerken.

Visualisieren Sie Ihr persönliches Beziehungsnetzwerk

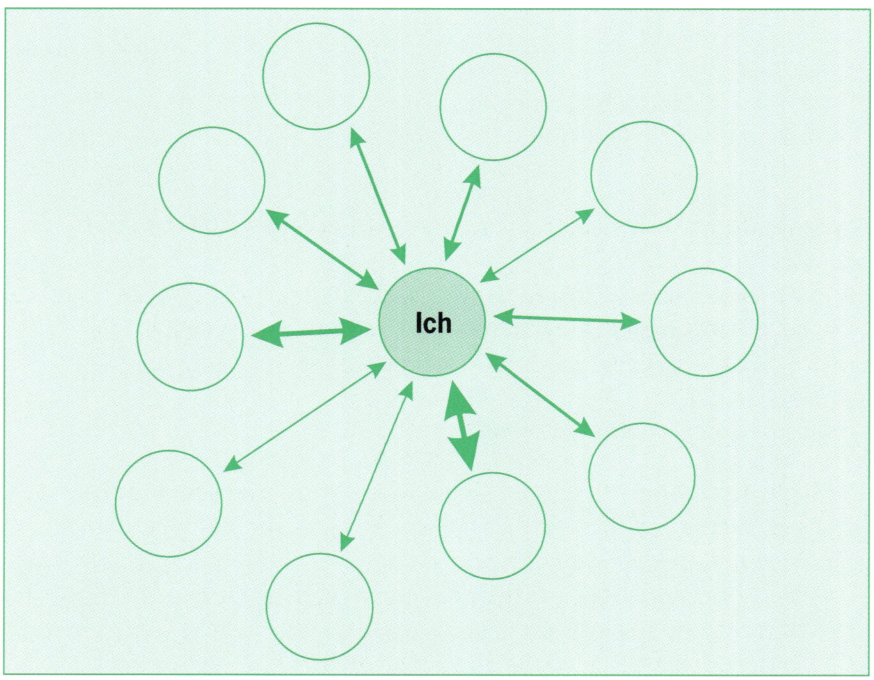

Die wichtigsten Bezugspersonen und ihre Erwartungen

Unterstreichen Sie in Ihrem Diagramm die fünf bis sechs Bezugspersonen, deren Erwartungen für Sie die größte Bedeutung haben. Dazu sollten auf jeden Fall all die Bezugspersonen gehören, deren Erwartungen Sie unbedingt zu erfüllen haben. Dabei sollten Sie sich selbst nicht vergessen, vorausgesetzt natürlich, Sie stellen bei der Ausführung Ihrer Tätigkeit Ansprüche an sich. Schreiben Sie nun die Namen oder Funktionsbezeichnungen der Bezugspersonen auf, und notieren Sie Ihnen bekannte oder vermutete Erwartungen derselben.

Bezugsperson	Erwartet von mir:

Analyse von Rollenunklarheit – Rollenüberlastung – Rollenkonflikt

Edgar H. Schein macht darauf aufmerksam, dass Sie bei näherer Untersuchung der Erwartungen, die in Ihrem Beziehungsnetz feststellbar sind, unter Umständen auf drei verschiedene Problemstellungen stoßen werden.

❖ **Rollenunklarheit**

Möglicherweise ist Ihnen bei einigen Ihrer Bezugspersonen unklar, welche Erwartungen diese an Sie richten. Sie haben drei Möglichkeiten, mit Rollenunklarheiten umzugehen:

- Sie können in Gesprächen mit den betreffenden Personen zusätzliche Informationen einholen bzw. ihre eigenen Vorstellungen äußern und bitten, diese gegenenfalls zu korrigieren bzw. zu ergänzen.

- Sie können die relevanten Bezugspersonen beobachten und versuchen, ihre Erwartungen aus ihrem Verhalten zu erschließen, bzw. sie befragen Dritte.
- Oder Sie entschließen sich, mit der Rollenunklarheit weiterzumachen.

❖ Rollenüberlastung

Wenn Sie nach Durchsicht der Summe der Erwartungen, die an Sie gerichtet werden, feststellen müssen, dass Sie die daraus resultierenden Aufgaben gar nicht schaffen können, stecken Sie in einer so genannten Rollenüberlastung. Möglicherweise sind Sie selbst daran beteiligt, indem Sie Anforderungen an sich richten, die zeit- oder energiemäßig gar nicht zu schaffen sind. Sie reagieren darauf, indem Sie
- mit ihrem unmittelbaren Vorgesetzten oder dem Kreis ihrer wichtigsten Bezugspersonen die Prioritäten ihres Tätigkeitsfeldes neu festlegen. Das ist auf jeden Fall wirkungsvoll;
- die Erwartungen ihrer Bezugspersonen nur zu dem für Sie erfüllbaren Teil annehmen;
- die Erwartungen der weniger wichtigen Bezugspersonen ignorieren und sich auf Ihre »Schlüsselkunden« konzentrieren.

❖ Rollenkonflikt

Wenn Sie feststellen, dass zwei oder mehrere Ihrer Bezugspersonen einander widersprechende Erwartungen an Sie richten, liegt ein Rollenkonflikt vor. Auch hier sind Sie möglicherweise selbst beteiligt, indem Sie nicht realisierbare Ansprüche an Ihre Arbeit stellen und das, was sie konkret tun, nicht wertschätzen können.

Einen Rollenkonflikt können Sie lösen, indem Sie
- mit den relevanten Bezugspersonen, also unter Umständen mit sich selbst, die eigene Stelle und das Rollenverständnis neu aushandeln.

Dabei ist wichtig, dass Sie den Rollenkonflikt und die daraus entstehenden Schwierigkeiten anschaulich darstellen und mit Ihrer Bezugsperson gemeinsam nach einer Lösung suchen.

Entwerfen Sie ein Zukunftsbild Ihres Arbeitsplatzes

Nach der Analyse der aktuellen Erwartungen soll in einem nächsten Schritt das Zukunftsbild Ihres Arbeitsplatzes gezeichnet werden, um auch zukünftige Anforderungen erfassen und in die Rollenplanung einbeziehen zu können. Dehnen Sie dabei den Untersuchungszeitraum auf fünf bis zehn Jahre aus, und beziehen Sie auch die in Ihrem Umfeld zu erwartenden Trends ein, soweit sie Auswirkungen auf Ihre Stelle haben.

Es ist ratsam, diese Untersuchung in einer Gruppe von mehreren Personen vorzunehmen, da so unterschiedliche Erfahrungszusammenhänge und Sichtweisen einfließen und eine vertiefte Betrachtung stattfinden kann.

Überlegen Sie, welche Veränderungen in fünf Jahren in Ihrem Umfeld stattgefunden haben:

- Entwicklung der Technologie.
- Rechtslage.

Der Computer hat mir gerade aufgrund unserer mehrjährigen Zusammenarbeit das »Du« angeboten.

- Politische Situation.
- Soziokulturelles Umfeld.
- Konkurrenzsituation.
- Andere relevante Bereiche.

Beschreiben Sie, wie Ihr Arbeitsplatz in fünf Jahren aussehen wird:

- Welche Produkte und Dienstleistungen stellen Sie her?
- Wie sehen die Arbeitsprozesse aus?
- Welchen Einfluss haben die Veränderungen auf die Erwartungen Ihrer wichtigen Bezugspersonen?
- Wie gestaltet sich der Kundenkontakt?
- Wie kommunizieren Sie mit Ihren Mitarbeitern und Mitarbeiterinnen?
- Wie sehen die Technologien aus, die Sie verwenden?
- Wer sind Ihre wichtigsten Kooperationspartner?
- Woran wird Ihr Erfolg gemessen werden?

Bestimmen Sie die Chancen und die Gefahren, die sich für Ihre berufliche Stelle abzeichnen:

✎ ______________________________

____

____

Welche Konsequenzen ergeben sich für die Stelle und die damit verbundenen Rollen?

Beschreiben Sie nun Ihre Stelle und die damit verbundenen Rollen nochmals. Integrieren Sie dazu die Ihnen wichtigen Analyseergebnisse der vorangegangenen Arbeitsschritte.

Listen Sie Ihre Hauptaufgaben und -verantwortlichkeiten so auf, wie Sie sie jetzt sehen:

✎ ______________________________

____

____

Listen Sie die wichtigsten Ressourcen auf (Personen und Mittel, die Sie zur Erfüllung Ihrer Aufgaben benötigen), so, wie Sie sie jetzt sehen:

✎ ______________________________

____

____

Führen Sie die wichtigsten Fähigkeiten, Erfahrungen, Verhaltensweisen, Werthaltungen und andere persönliche Voraussetzungen auf, die zur Bewältigung Ihrer Aufgaben erforderlich sind:

Motive und Werthaltungen

✎ ______________________________

____

____

Analytische Fähigkeiten und Fertigkeiten

✎ ______________________________

____

____

Soziale Kompetenzen

✎ ______________________________

____

____

Emotionale Fähigkeiten und Fertigkeiten

✎ ______________________________

____

____

Im letzten Schritt soll eine Entwicklungsplanung erfolgen, die dem Analyseergebnis Ihrer Stelle gerecht wird. Konzentrieren Sie sich dabei zunächst auf die Daten, bei denen sich zwischen aktuellen und künftigen Erwartungen die größte Diskrepanz ergeben hat.

Überlegen Sie sodann die Maßnahmen, die Sie setzen können, um den neuen Anforderungen gerecht zu werden. (Beachten Sie, dass eine Veränderung Ihrer Stelle mit den relevanten Bezugspersonen oder »Schlüsselkunden« neu verhandelt werden muss.)

Die in diesem Zusammenhang erforderliche Planung wird schriftlich festgehalten. Die erforderlichen Maßnahmen werden mit einem Zeithorizont versehen und in den Terminkalender übertragen.

Aussage bzw. Anforderungsmerkmal

✎ ______________________________

____

____

Entwicklungsplan

✎ ______________________________

____

____

Aussage bzw. Anforderungsmerkmal

✎ ______________________________

____

____

Entwicklungsplan

✎ ______________________________

____

____

Aussage bzw. Anforderungsmerkmal

✎ ______________________________

____

____

Entwicklungsplan

✎ ______________________________

____

____

Die bisherigen Ausführungen gaben Anstöße für die Analyse und Reflexion der beruflichen Situation und daraus resultierender Rollenanforderungen. Im Folgenden werden Anregungen für eine Strategieentwicklung gegeben.

4. Strategien des Selbstmanagements

»Wenn nicht ich für mich bin, wer ist dann für mich?«
Talmud

Individuelle Erfolge in Organisationen kann nur derjenige haben, der einerseits weiß, was er selbst möchte, und andererseits auch zum Nutzen der Gesamtorganisation und ihrer Mitglieder beiträgt. Dem Erfassen der für ein erfolgreiches Selbstmanagement maßgeblichen individuellen Motive und Interessen wurde in den vorangegangenen Ausführungen breiter Raum gegeben. Auch die vonseiten der Organisation kommenden Anforderungen wurden analysiert. Im Folgenden soll nun darauf eingegangen werden, wie die Früchte der umfangreichen Analysearbeit geerntet werden, d.h. Selbstmanagement betrieben werden kann, damit es erfolgreich ist. Dem ist voranzuschicken, dass Organisationen individuellem Engagement gegenüber a priori nicht aufgeschlossen sind, und ist es noch so sachlich begründet. Organisationen sind soziale Systeme, die das Merkmal der Ordnung aufweisen und Individuen als beharrende Kraft gegenüberstehen. Sie versuchen, in Form von geschriebenen und ungeschriebenen Regeln das Verhalten von Personen beeinflussen.

Die geheimen Regeln der Organisation

Das Leben in Organisationen wird von Regeln gesteuert. In vergangenen Zeiten wurden sie noch sehr offen festgeschrieben und an öffentlichen Orten zur Kenntnis gebracht.

Bureau-Ordnung

zur Beachtung des Personals

I. Gottesfurcht, Sauberkeit und Pünktlichkeit sind die Voraussetzungen für ein ordentliches Geschäft

II. Das Personal braucht jetzt nur noch an Wochentagen zwischen 6 Uhr vormittags und 6 Uhr nachmittags anwesend zu sein. Der Sonntag dient dem Kirchgang. Jeden Morgen wird im Hauptbureau das Gebet gesprochen.

III. Es wird von jedermann die Ableistung von Überstunden erwartet, wenn das Geschäft sie begründet erscheinen läßt.

IV. Der dienstälteste Angestellte ist für die Sauberkeit der Bureaus verantwortlich. Alle Jungen und Junioren melden sich bei ihm 40 Minuten vor dem Gebet und bleiben auch nach Arbeitsschluß zur Verfügung.

V. Einfache Kleidung ist Vorschrift. Das Personal darf sich nicht in hellschimmernden Farben bewegen und nur ordentliche Strümpfe tragen. Überschuhe und Mäntel dürfen im Bureau nicht getragen werden, da dem Personal ein Ofen zur Verfügung steht. Ausgenommen sind bei schlechtem Wetter Halstücher und Hüte. Außerdem wird empfohlen, in Winterszeiten täglich 4 Pfund Kohle pro Personalmitglied mitzubringen.

VI. Während der Bureaustunden darf nicht gesprochen werden. Ein Angestellter, der Zigarren raucht, Alkohol in irgendwelcher Form zu sich nimmt, Billardsäle und politische Lokale aufsucht, gibt Anlaß, seine Ehre, Gesinnung, Rechtschaffenheit und Redlichkeit anzuzweifeln.

VII. Die Einnahme von Nahrung ist zwischen 11.30 Uhr und 12.00 Uhr erlaubt. Jedoch darf die Arbeit dabei nicht eingestellt werden.

VIII. Der Kundschaft und den Mitgliedern der Geschäftsleitung nebst Familienangehörigen ist mit Ehrerbietung und Bescheidenheit zu begegnen.

IX. Jedes Personalmitglied hat die Pflicht, für die Erhaltung seiner Gesundheit Sorge zu tragen, im Krankheitsfalle wird die Lohnzahlung eingestellt. Es wird daher dringend empfohlen, daß jedermann von seinem Lohn eine hübsche Summe für einen solchen Fall wie auch für die alten Tage beiseitelegt, damit er bei Arbeitsunvermögen und auch bei abnehmender Schaffenskraft nicht der Allgemeinheit zur Last fällt.

X. Zum Abschluß sei die Großzügigkeit dieser Bureau-Ordnung betont. Zum Ausgleich wird eine wesentliche Steigerung der Arbeit erwartet.

Entnommen aus den verschiedensten Arbeitsbestimmungen
von Manufakturen, Comptoirs und Amtsstuben
der Jahre 1863 bis 1872

Das ist heute nicht mehr der Fall. Betriebsordnungen wirken als unsichtbare Normengeber und erfüllen nach wie vor die Funktion, wesentliche Abläufe in unseren sozialen Systemen zu steuern und damit die Interessen und Identität der jeweiligen Organisation zu wahren. Offizielle Regelwerke wie Führungsgrundsätze und Leitbilder finden dagegen oft weniger Beachtung, auch wenn sie auf teurem Papier ihren Niederschlag gefunden haben. Vor allem junge und engagierte Mitarbeiter bringt zur Verzweiflung, dass geheime Regeln erst nach einer längeren Versuchs- und Irrtumsphase ins Blickfeld geraten.

Die geheimen Regeln (nach Tracy 1995):
Ein Mitarbeiter ist vor allem Diener der Organisation. Forderungen an die Organisation dürfen nicht gestellt werden.
Behandle deine Vorgesetzte höflich.
Der Chef hat immer Recht und darf nicht angegriffen und öffentlich kritisiert werden.
Beachte den Dienstweg.
Der äußere Schein ist wichtiger als die Realität.
Fehler gehören bestraft.
Vertraue keinem anderen.
Zeige keine starken Gefühle.
Mische dich nicht in die Angelegenheiten anderer ein.
Unterscheide dich nicht zu sehr von deinen Kollegen.

Auch hier schützt Unkenntnis nicht vor Bestrafung. Wer eine dieser geheimen Regeln verletzt, darf davon ausgehen, dass er die Folgen zu spüren bekommt.

Geheime Regeln sichern im Wesentlichen die bestehende Organisation und ihre Strukturen. Sie richten sich gegen die Ansprüche der Einzelperson und den Forderungen nach Veränderung.

Wie Diane Tracy in ihrem Buch »Machen Sie das Beste aus ihrem Job« (1995) ausführt, führt die Beachtung der geheimen Regeln zur Unterdrückung vernünftiger Argumente und damit zur Zurücknahme eigener Ansprüche. Die Folge davon ist eine Verminderung des eigenen Selbstwertgefühls, verbunden mit der Gefahr, sich selbst zu verlieren und sich »in das

Heer der wandelnden Leichen« einzureihen. Sie betont daher die Notwendigkeit, einschränkenden Regeln dieser Art die Rechte des Individuums entgegenzustellen. Dafür führt sie zwei Gründe an:

- sich selbst zu schützen und
- dem Unternehmen zu nützen.

Als Drittes möchten wir hinzufügen:

- das eigene Entwicklungspotenzial zu nutzen und zu entfalten.

Den Forderungen der Organisation stellt Tracy daher Rechte der Person gegenüber. Diese Rechte sind ebenso ungeschrieben wie die geheimen Regeln der Organisation. Sie sind jedoch Voraussetzung für ein befriedigendes Berufsleben und eine optimale Arbeitsleistung. Daher sollten sie im Interesse beider Seiten Geltung erlangen.

Die Rechte des Individuums in der Organisation
Das Recht auf einen klar definierten Verantwortungsbereich.
Die Ausstattung mit ausreichenden Kompetenzen, um der übertragenen Verantwortung nachkommen zu können.
Das Recht auf Kenntnis der Arbeitsanforderungen.
Das Recht auf das Wissen und Informationen, die zur Erledigung der Aufgaben nötig sind.
Das Recht auf Aus- und Weiterbildung, um Arbeitsanforderungen optimal erfüllen zu können.
Das Recht auf Rückmeldung über geleistete Arbeit.
Das Recht, Spitzenleistungen zu bringen und Anerkennung zu erhalten.
Das Recht auf Vertrauen, wenn man es verdient.
Das Recht, Fehler machen zu dürfen.
Das Recht auf respektvolle Behandlung.

Die Rechte der Individuen in der Organisation sind ethischer Natur. Sie sind wie die geheimen Regeln der Organisation nirgendwo festgeschrieben und daher nicht einklagbar. Sie sind allerdings im Rahmen eines klugen Vorgehens, das die jeweilige Situation berücksichtigt, verhandelbar.

Fünf Strategien beruflichen Selbstmanagements

1 Bauen Sie sich ein soziales Netz auf

Der aufgabenbezogene Kontakt ist in der Regel zu wenig, um zu erfahren, was in der Organisation vor sich geht und wie andere Personen denken. Sie brauchen natürlich auch die passende Gelegenheit, Ihre Meinungen und Ideen anderen Organisationsangehörigen vorzustellen, um Rückmeldungen zu erhalten. Sie erhalten so eine Bestätigung oder Ablehnung ihrer Meinung und können sich daran orientieren, bevor Sie etwas unternehmen. Genauso wichtig ist es, dass Sie außerhalb der sachorientierten Meetings Gelegenheit zur Aufarbeitung Ihrer eigenen Eindrücke und Gefühle erhalten. Hin und wieder werden Sie auch jemanden benötigen, um sich »auszuweinen« und aufgestauten Ärger loszuwerden. Bauen Sie sich für all diese Bedürfnisse ein soziales Netz auf. Nehmen Sie Kontakte zu Personen auf, von denen Sie meinen, dass sie für Ihre Anliegen angenehme und anregende Gesprächspartner sein könnten.

»Im Zeitalter der Netzwerke«, so meint die Motivforscherin Helene Karmasin, »ist eine der Schlüsselqualifikationen, um an die Spitze zu kommen, das Spinnen und Nützen sozialer Netze.«
Kurier, 4./5./6. Januar 1997, S. 11

Aus dem gleichen Grund sollten Sie an Feiern, Sportveranstaltungen oder Ausflügen ihres Betriebes teilnehmen.

Darüber hinaus muss uns bewusst sein, dass das Arbeiten in Gruppen und Netzwerken Synergieeffekte bewirkt, die in isolierten Situationen nie auftreten können. Synergie bedeutet, vereinfacht ausgedrückt, dass das Ganze mehr ist als die Summe seiner Teile. Zu Synergieeffekten kommt es durch die Beziehung der Teile zueinander. Sie äußern sich durch die Kreativität, die Lerneffekte, den Spaß und die letztlich erreichten Ergebnisse, die in guten Gesprächssituationen und Kooperationen entstehen.

2 Kommunizieren Sie

Viele Menschen warten darauf, dass ihre persönlichen Eigenschaften, ihre berufliche Qualifikation und ihr persönlicher Arbeitseinsatz anerkannt und belohnt werden. Sie wollen sich keinem Vorgesetzten »anbiedern« oder Mitglied einer Seilschaft werden, die »nur die eigene Karriere im Auge« hat. Schon das Anknüpfen von Gesprächen, die nicht mit Arbeitsinhalten zu tun haben und als Speichelleckerei verstanden werden könnten, erachten sie unter ihrer Würde. Geht die Erwartung, ob der eigenen Qualitäten und Vorzüge entdeckt zu werden, nicht auf, stellen sich rasch Frustration und Kränkung ein.

Diese Menschen übersehen eines: Kommunikation und Kontaktfähigkeit sind nicht mit egoistischen Machenschaften zu verwechseln. Sie stellen her, was Paul Watzlawick (Watzlawick/Beavin/Jackson 1969) als Bedingung für konstruktives, sachorientiertes Arbeiten ansieht, nämlich Beziehung.

Auch in Organisationen lässt sich Zusammenarbeit nicht auf den vernunftbetonten Diskurs reduzieren, weil es auch auf so »irrationale« Momente wie soziales Einfühlungsvermögen, Vertrauen, Wertschätzung oder Konfliktfähigkeit ankommt, die abseits der Vorstandssitzungen im informellen Bereich ihren Platz haben. Dies umso mehr, als

- die Informationen immer mehr werden,
- jedes Argument auch sein Gegenargument hat,
- dadurch Entscheidungssituationen unübersichtlicher werden.

Lehrling Franz Simke testet die Grenzen der neuen Kleiderordnung seiner Firma.

Entscheidungen können daher keine ausschließlich sachlichen Grundlagen haben.

> »Unsere Liebe zur Wahrheit zeigen wir am deutlichsten in der Behandlung der ›Wahrheiten‹, welche andere dafür halten: da verrät sich, ob wir wirklich die Wahrheit oder nur uns selber lieben.«
> Friedrich Nietzsche

Die Fähigkeit, Beziehungen zu anderen Menschen aufzubauen und zu pflegen, muss als eine berufliche Qualität angesehen werden, die der Arbeit und nicht zuletzt dem eigenen Wohlbefinden zugute kommt.

Ein weiteres Argument für eine Intensivierung der Kommunikation ist pragmatischer Natur: Jeder Mensch nimmt aufgrund seines jeweiligen Standortes nur einen eingeschränkten Bereich der Wirklichkeit wahr. Diese »eingeschränkte Wirklichkeit« wird er außerdem seiner Lebenserfahrung entsprechend in einem bestimmten Sinne interpretieren. Durch Kommunikation haben wir nun die Chance, individuell vorgefasste Wirklichkeitsbilder zu ergänzen und so zu verändern, dass differenziertere Einschätzungen und damit auch ein effektiveres Handeln möglich wird.

Unser Rat: Untersuchen Sie von Zeit zu Zeit Ihre wichtigsten Arbeitsbeziehungen und überlegen Sie die Punkte, die Sie bei einer Aussprache mit den betreffenden Personen klären sollten.

Stellen Sie sich, ausgehend von der »Beziehungslandkarte« (s. S. 239), folgende Fragen zur Beziehungsentwicklung:

- Welchen Menschen wollten Sie schon immer Ihre Wertschätzung ausdrücken?
- Gibt es in Ihrer Umgebung Kollegen, denen Sie ob ihrer Freundlichkeit, ihrer Hilfsbereitschaft oder ihres Humors schon immer ein Kompliment machen wollten?
- Wessen Meinung interessiert Sie bei den Projekten, die Sie eben bearbeiten?
- Holen Sie sich Rat bei ihrem Vorgesetzten, wenn Sie das Bedürfnis danach haben?
- Kennen Sie jemanden, mit dem sie gerne auch über persönliche Dinge plaudern wollen?
- Gibt es jemanden, bei dem Sie sich auch einmal richtig ausweinen können?
- Wie könnten Sie Ihre Erwartungen verändern, damit Sie auch mit Personen, mit denen Sie heute Schwierigkeiten haben, besser auskommen?
- Wem sollten Sie besser aus dem Weg gehen?

Lassen Sie Ihre Beziehungslandkarte entstehen

Meine Beziehungslandkarte

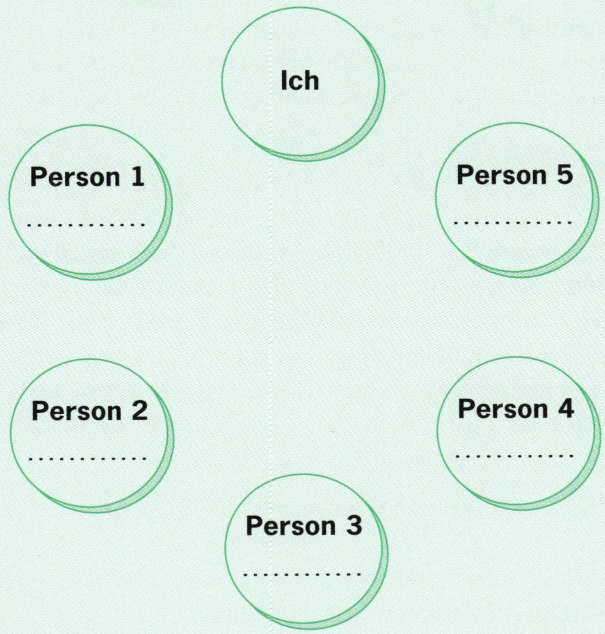

- Tragen Sie die Namen jenes Personenkreises ein, mit dem Sie Arbeitsbeziehungen haben.
- Klären Sie Ihre Arbeitsbeziehungen, indem Sie zur näheren Beschreibung die rechts angeführten Symbole heranziehen.
- Notieren Sie Punkte für fällige Aussprachen.

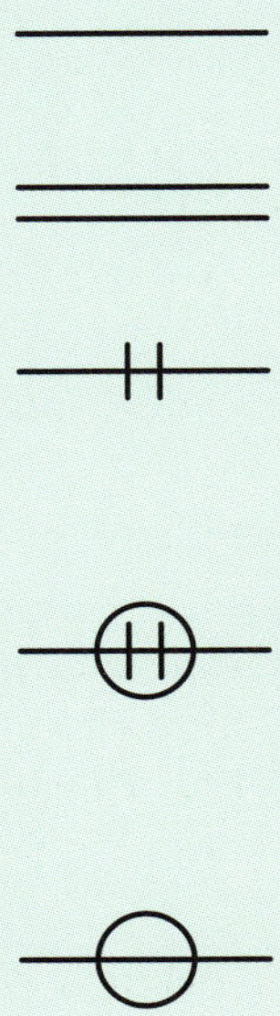

unbelastete, gute Arbeitsbeziehung

sehr gute, offene Beziehung

für alle erkennbare Konfliktbeziehung

verdeckte Konfliktbeziehung (z.B. keine Gesprächsbasis); Partner vermeiden jedoch die Konfliktaustragung

Bündnisbeziehung (Koalition von Personen gegenüber Dritten)

»Man muß aufhören, seine Probleme seinem Umfeld zuzuschreiben, und wieder lernen, seinen Willen zu üben – seine persönlichen Verantwortlichkeiten.«
Albert Schweitzer

3 Übernehmen Sie Verantwortung für ihre berufliche Situation

Die Arbeitserfahrungen in Unternehmungen sind nicht immer rosig. Neben fachlicher Inkompetenz gibt es auch Ungerechtigkeiten und andere Missstände. Nur sich ausschließlich darüber zu beklagen verändert an der Situation nichts. Damit flüchten wir aus der Eigenverantwortung und schieben alle Schuld an unserem Schicksal der bösen Umwelt zu. Aber letztlich spielen wir das Spiel mit, wenn auch in der Rolle des Opfers.

Verantwortung übernehmen heißt nicht, sich mit allen Kräften gegen die kritisierten Zustände zur Wehr zu setzen. Das ist aufgrund der herrschenden Kräfteverhältnisse oft auch gar nicht möglich. Verantwortung übernehmen heißt vielmehr, nicht alle Energien für das Klagen einzusetzen und auf Verbesserung durch andere zu warten, sondern selbst Schritt für Schritt dafür zu sorgen, dass eigene Bedürfnisse am Arbeitsplatz Berücksichtigung finden. Auf diesem Weg erzielte Verbesserungen ändern in einem negativen Umfeld auf Dauer mehr als auf Sieg oder Niederlage ausgefochtene Kämpfe, weil sie den Keim der positiven Veränderung bereits in sich tragen.

Ist die Situation jedoch auf Grund der eigenen Einschätzung so miserabel, dass Verbesserungsversuche keinerlei Chancen haben, bleibt noch die Alternative, den Arbeitsplatz zu wechseln. Ist auch das aufgrund der Arbeitsmarktsituation nicht möglich, bin wiederum ich es, der die Entscheidung trifft: trotz aller bekannten Unzulänglichkeiten keinen Stellenwechsel durchzuführen. Wenn ich mich zu dieser Entscheidung bewusst bekenne, übernehme ich wieder die Verantwortung für meine Situation und muss nicht über andere klagen, weil sie mein Leben beeinflussen. Und ich werde umso weniger klagen müssen, je mehr es mir gelingt, meine Erwartungen gegenüber diesem bestimmten Arbeitsplatz der Realität entsprechend zu korrigieren.

Das heißt selbstverständlich nicht, dass Sie ihren Ärger nicht mehr loswerden dürfen. Im Gegenteil: Lassen Sie ihn heraus, um wieder positiveren Stimmungen zugänglich zu werden.

Wir sollten es den Umständen am Arbeitsplatz nicht gestatten, uns zu frustrierten, verbitterten Menschen zu machen. Wir gelangen dabei allzu schnell zu einer pessimistischen Weltsicht und geraten in Gefahr, selbst alle Chancen auf Veränderung zu übersehen, weil wir nicht mehr sein lassen können, was nicht sein darf.

Bilanz der persönlichen Arbeitsplatzsituation:

- Beschreiben Sie die Beeinträchtigung, die Sie aufgrund herrschender Missstände auf Ihrem Arbeitplatz erfahren.
- Listen Sie dagegen die Vorteile und Chancen auf, die Ihr Arbeitsplatz für Sie hat.
- Ziehen Sie Bilanz, und stellen Sie fest, ob die Nachteile die Vorteile überwiegen bzw. umgekehrt.
- Befragen Sie dazu auch Ihr Gefühl.
- Wie beurteilen Ihre Kollegen Ihren Arbeitsplatz?
- Vergleichen Sie Ihre Arbeitssituation mit der anderer Unternehmen. Wie verteilen sich bei dieser Betrachtung Vor- und Nachteile Ihres Arbeitsplatzes?
- Stellen Sie sich vor, Sie verlassen Ihren Arbeitsplatz. Gibt es Betätigungsfelder, Karrieremöglichkeiten oder unerledigte Dinge, die Ihren Arbeitsplatz noch wertvoll für Sie machen?

Wenn Sie zu einer positiven Bilanz kommen oder noch unsicher sind, können Sie noch auf folgende Fragen eingehen:

- Welche Schritte können Sie zur weiteren Verbesserung Ihrer Situation in Ihrem Wirkungsbereich einleiten?
- Gibt es eventuell andere interessante Wirkungsbereiche in der Organisation? Was ist zu tun, um diesbezügliche Veränderungen einzuleiten?

Wenn Sie zu einer negativen Bilanz kommen, überlegen Sie sich bitte:

- Welche alternativen Beschäftigungsmöglichkeiten haben Sie in Aussicht?
- Haben Sie über die konkrete Beschaffenheit dieser Alternativen verlässliche Informationen?
- Wie realistisch sind die Chancen eines Wechsels?

Falls Sie noch keine andere Alternative vor Augen haben:

- Sind Sie bereit, die psychische Belastung einer Stellensuche auf sich zu nehmen?
- Wie wird sich eine Kündigung kurz- oder mittelfristig auf Ihren Lebensstandard auswirken?

4 Verschaffen Sie sich berufliche Erfolgserlebnisse

Der termingerechte Abschluss einer Arbeit, ein befriedigendes Verhandlungsergebnis, eine konstruktive Teamsitzung, all das sind Erfolge, die wir bei unserer Arbeit erleben können.

Sie treten auch oft genug ein, nur die explizite Anerkennung dafür erhalten wir recht selten. Es ist leider ein häufiges Merkmal unserer Unternehmenskulturen, dass auf misslungene Arbeit stärker reagiert wird als auf erfolgreiche. Wir erhalten die positive Bestätigung für unsere Arbeit dem subjektiven Empfinden nach viel zu selten. Gleichzeitig sind wir von der Anerkennung unserer Arbeit durch andere oft so abhängig, dass wir unseren Erfolg selbst gar nicht genießen können, wenn diese Anerkennung ausbleibt. Das kann bedeuten, dass wir womöglich sehr stark außengeleitet handeln und zu unseren eigenen Zielen und Erfolgen nicht stehen können. In voller Konsequenz sollte jedoch gerade der einzelne Arbeitnehmer selbst seine Arbeit wertschätzen und anerkennen können. Diese Anerkennung ist die einzige, die wirklich zählt. Wer imstande ist, seine Arbeit daran zu orientieren, wird frei und kann seine eigenen Ideen und seine Kreativität leben. So wird er persönliche Erfolge ernten, wo er im Fall einer Abhängigkeit von der Bestätigung anderer bestenfalls zu einem Gefühl der Nützlichkeit kommen könnte.

Selbstakzeptanz ist ein wichtiger Faktor

Sich des Werts der eigenen Arbeit bewusst zu werden und sich selbst zu akzeptieren ist eine Fähigkeit, die entwickelt werden muss. In unseren Familien wurde uns die notwendige Selbstakzeptanz meist nicht vermittelt. Deshalb sind viele Menschen ihr Leben lang auf der Lauer, um von außen zu bekommen, was sie sich selbst nicht geben können. Und sie brauchen die Anerkennung ihrer Umgebung, weil sie sich selbst gegenüber kritischer sind als gegenüber ihren Kollegen.

Durch Fehler kann man lernen

Nun kann es allerdings auch einmal Misserfolge geben. Beim näheren Nachsehen werden vielleicht Fehler festgestellt. Die entscheidende Frage ist, wie wird damit umgegangen? Wirft mich die Erkenntnis, einen Fehler gemacht zu haben, um, oder sehe ich ihn als das, was er ist: als fallweise auftretende Rückmeldung über eine falsche Entscheidung und damit als Lernchance für eine zukünftige Optimierung meiner Arbeit?

Wiederum ist die Selbstakzeptanz das einzige Mittel, Selbstvorwürfe erst gar nicht aufkommen zu lassen und die an diesen Mechanismus anknüpfenden Schuldzuweisungspielchen in Organisationen abzuwehren.

Erfolge anerkennen
Wenn Sie eine wichtige Arbeit abgeschlossen haben, warten sie nicht auf die Anerkennung anderer Personen, sondern halten Sie für sich selbst das Erreichte als Erfolg fest.
Gehen Sie dazu über, Ihre Erfolge zu feiern. Laden Sie Personen dazu ein, die Ihnen wichtig sind und von denen Sie wissen, dass sie Ihren Erfolg aufrichtig mitfeiern können.
Gönnen Sie sich selbst nach Abschluss einer Arbeit öfter einmal etwas Gutes.
Wenn Sie die fehlende Anerkennung von anderen Personen öfters schmerzt, überlegen Sie, wann Sie dieses Gefühl das erste Mal hatten. Kann es sein, dass Sie in Ihrem Beruf auf Anerkennung warten, die Sie früher einmal nicht bekommen haben?
Überprüfen Sie Ihre eigenen Ansprüche. Überlegen Sie, was Sie sich alles in nächster Zeit vorgenommen haben, und vergleichen Sie rückblickend diese Vorhaben mit den Dingen, die Sie im gleichen Zeitraum in der Vergangenheit erledigen konnten. Falls Sie erkennen, dass Sie sich mit Ihren Erwartungen an sich selbst unter Druck setzen, reduzieren Sie Ihre Vorhaben.
Blicken Sie auf Ihre vergangenen Leistungen, Ihre Erfahrungen und Fähigkeiten, und zollen sie sich dafür selbst die notwendige Anerkennung.

Erkennen Sie Ihre Erfolge an

5 Setzen Sie kleine Schritte der Veränderung

Alle Pläne für große, umfassende Veränderungen sind vom Scheitern bedroht, weil sie eine Machbarkeit voraussetzen, die vielfach nicht existiert. Das trifft oft schon auf die guten Vorsätze zum Jahreswechsel zu und selbstverständlich noch mehr auf Veränderungswünsche in einem komplexen Organisationsgefüge mit mehreren Beteiligten. Die fatale Folge solcher Pläne sind Defeziterlebnisse, die starke Schuldgefühle hervorrufen und jede Motivation für Veränderung sukzessive untergraben. Deshalb ist es besser, getreu nach dem Pfadfindermotto lieber jeden Tag eine gute Tat zu tun, sprich: einen kleinen Schritt zu setzen, als sich selbst und die vorhandenen Möglichkeiten zu überfordern.

Untersuchen Sie nun die von Ihnen als negativ empfundenen Zustände, und stellen Sie im Schichtenmodell (vgl. S. 244) fest, auf welcher Ebene die angestrebten Veränderungen stattfinden müssen.

Das Schichtenmodell: Auf welcher Ebene müssen Veränderungen stattfinden?

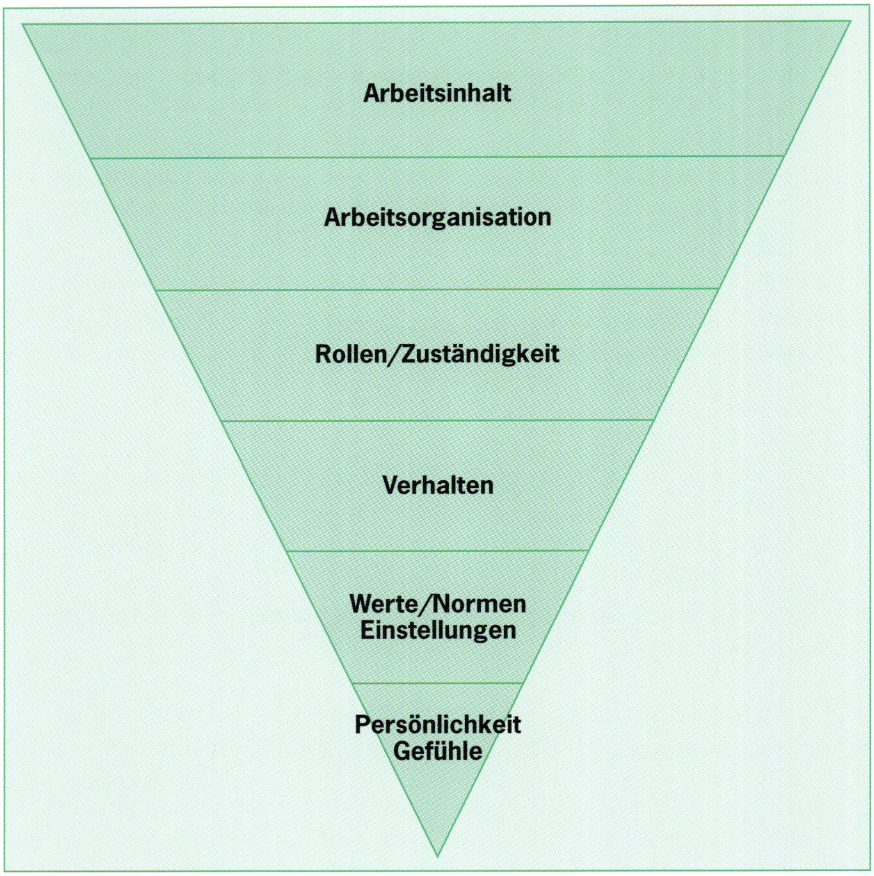

Veränderungen im oberen Bereich des Schichtenmodells sind sachlicher Natur. Sie sind in der Regel verhandelbar und auch realisierbar, wenn keine organisationsinternen Gründe dagegen sprechen.

Themen, die im Modell im unteren Bereich angesiedelt sind, berühren hingegen Beziehungen, Gefühle und tief verwurzelte Gewohnheiten. Hier sollten Sie Veränderungsversuche starten, zuerst einmal feststellen, woher Ihre negativen Gefühle kommen und was möglicherweise Ihr Anteil am Problem ist.

Nutzen Sie zur Klärung ihrer Veränderungswünsche in jedem Fall das oben vorgestellte Modell »Grundschritte des beruflichen Selbstmanagements« (s. S. 184).

Ziehen Sie zur Klärung Ihrer Situation auch folgende Fragen heran:

- Ist der Zustand Ausdruck einer allgemeinen Situation an Ihrem Arbeitsplatz?
- Ist es realistisch, Verbesserungen anzustreben?
- Was ist der Nutzen einer Veränderung, und welchen Nutzen hat die aktuelle Situation?
- Inwieweit haben Sie selbst Einfluss auf eine mögliche Veränderung?
- Mit wem müssten Sie mögliche Veränderungen vereinbaren?
- Haben Sie das Gefühl, dass die Veränderung von Ihnen ausgehen muss?

Falls Sie das Gefühl haben, dass Sie mit Ihrem Problem alleine nicht ins Reine kommen, besprechen Sie sich mit guten Freunden, Ihrem Partner, oder suchen Sie professionelle Beratung im Rahmen einer Supervision oder eines Coachings.

Persönliche Veränderungswünsche verhandeln und durchsetzen

Wie wir bereits beschrieben haben (s. S. 112), ist das Verhandeln ein wichtiges Instrument der betrieblichen Interaktion. Natürlich ist eine Verhandlung auch immer ein wichtiges Instrument zur Wahrung und Durchsetzung der persönlicher Interessen in der Organisation.

Verhandeln will gelernt sein

Doch Verhandeln will gelernt sein. Der wichtigste Grundsatz des Verhandelns ist wohl die Beachtung der Ausgewogenheit von Forderungen und Angeboten. Sie können nur dann auf Dauer im Geschäft bleiben, wenn auch die Konten Ihrer Verhandlungspartner stimmen, d.h., »wenn nach deren innerer Bilanzanalyse Gewinn und Aufwand (Geben und Nehmen) ausgeglichen sind« (Simon 1992, S. 104). Gute Verhandler (Partner 1 und Partner 2) stellen sich daher folgende Fragen:

Partner 1	Partner 2
Was könnte die Gegenseite bieten?	Was könnte die Gegenseite bieten?
Was brauche ich von der Gegenseite?	Was brauche ich von der Gegenseite?
Was könnte die Gegenseite brauchen?	Was könnte die Gegenseite brauchen?
Was biete ich der Gegenseite?	Was biete ich der Gegenseite?

Fisher u.a. (1997) haben anhand vieler Fallbeispiele das Wesen des Verhandelns genau untersucht und geben in ihrem Buch »Das Harvard-Konzept. Sachgerecht verhandeln – erfolgreich verhandeln« viele wertvolle Empfehlungen.

Ein erfolgreicher Verhandler ist ihrer Erfahrung nach hart in der Sache, aber weich gegenüber den Menschen. Es greift auf keine faulen Tricks oder Imponiergehabe zurück. Seine Methode des sachgerechten Verhandelns hält zu fairem Verhalten an und enthält gleichzeitig Hinweise darauf, wie man sich vor Gesprächspartnern schützt, die die Fairness ihres Gegenübers ausnützen wollen.

Im Folgenden wollen wir die wesentlichsten Prinzipien daraus wiedergeben:

Prinzipien erfolgreicher Verhandler

- **Menschen und Probleme getrennt voneinander behandeln**
  In einer sachgerechten Verhandlung werden die menschliche Beziehung und das sachliche Problem streng voneinander unterschieden. Indem die Vorstellungen und Emotionen des Gesprächspartners ernst genommen werden, wird eine konstruktive Kommunikationsbasis hergestellt.

- **Auf Interessen konzentrieren, nicht auf Positionen**
  So wie ich die Interessen meines Verhandlungspartners erkunde, so muss ich auch meine Interessen bekannt machen. Möglicherweise weiß die Gegenseite gar nichts über sie oder hat verzerrte, auf Vorurteilen beruhende Vorstellungen. Wenn die Interessen der Verhandlungspartner bekannt sind, kann nach Alternativen gesucht werden, die allen Parteien zugute kommen.

- **Verschiedene Wahlmöglichkeiten entwickeln**
  Gute Verhandler suchen nach Vorteilen für beide Seiten. Deshalb sollte man möglichst viele Optionen produzieren, ehe man unter ihnen auswählt. Man sollte nach unterschiedlichen bzw. gemeinsamen Interessen Ausschau halten und zum Nutzen aller Beteiligten verwenden.

- **Bestehen auf der Anwendung objektiver Kriterien**
  Üblicherweise suchen Verhandlungspartner Konflikte durch das Feilschen um Positionen zu lösen. Den besseren Ansatz sehen Fisher u.a. darin, dass auf einer vom beiderseitigen Wollen unabhängigen Basis verhandelt wird, nämlich auf Grundlage von objektiven Kriterien. Man kommt mit den Leuten viel besser aus, wenn objektive Kriterien zur Lösung des Problems herangezogen werden, als wenn eigene Standpunkte absolut gesetzt werden.

Nun, mein lieber, was fehlt Ihnen denn?
Ja, wenn Sie mich so direkt fragen:
Mehr Geld, mehr Freizeit, mehr Urlaub, ein schönerer Beruf, eine preiswertere Wohnung...
Ich werde Ihnen erst einmal ein paar Beruhigungstabletten verschreiben.
W.B.

Dazu können folgende Kriterien herangezogen werden:

- Marktwert,
- frühere Vergleichsfälle (Gerichtsurteile),
- wissenschaftliche Gutachten,
- Kalkulationen bezüglich Auswirkungen,
- Kosten,
- Tradition.

Wenn sich aber die andere Partei überhaupt nicht bewegen will und auch keine überzeugende Basis für ihre Position entwickelt, dann gibt es schlichtweg keine Verhandlung mehr. Bevor man allerdings den Verhandlungsabbruch feststellt, sollte noch einmal geprüft werden, ob nicht doch ein geeignetes Kriterium übersehen wurde, unter dem das Angebot der anderen Seite als fair angesehen werden könnte. Führt das zu keinem Ergebnis, kann man immer noch abschätzen, ob es besser ist, die ungerechtfertigte Position der Gegenseite in Kauf zu nehmen oder sich besser einer Alternative zuwendet.

Und was können Sie machen, wenn die Gegenseite nicht mitspielt? Fisher u.a. empfehlen für diesen Fall das Verhandlungs-Judo.

Jeder, der sich einer starken Position gegenübersieht, versucht, diese zu kritisieren, zurückzuweisen und darauf loszuschlagen. Umgekehrt, wenn jemand Ihre Vorstellungen kritisiert, werden Sie diese verteidigen und sich in Ihrer Position immer mehr eingraben.

Attacke führt zur Gegenattacke. Dieser Vorgang führt zu einem zähen Feilschen um Positionen, und Sie finden sich plötzlich in einem unfruchtbaren Teufelskreis von Angriff und Verteidigung.

Wenn aber Zurückschlagen fruchtlos ist, was hilft dann? Ganz einfach: Durchbrechen Sie den Teufelskreis, indem Sie sich weigern, auf eine Aktion mit einer Reaktion zu antworten.

Schlagen Sie also nicht zurück. Nutzen Sie – wie beim Judo – Ihre Beweglichkeit, springen Sie zur Seite, lassen sie die Attacke der anderen ins Leere laufen.

In der Praxis sieht das folgendermaßen aus:

- Greifen Sie nicht die Position der anderen an, werfen Sie lieber einen Blick dahinter.
- Verteidigen Sie nicht Ihre Vorstellungen, sondern laden Sie die Gegenseite zu Kritik und Ratschlag ein.
- Wandeln Sie persönliche Angriffe in eine sachbezogene Auseinandersetzung um.
- Stellen Sie Fragen, und nützen Sie auch die Macht des Schweigens.

Wir empfehlen Ihnen zur weiteren Lektüre über dieses Thema: Cole (1996) und Toelstede (1997).

Wie zu Beginn des dritten Kapitels bereits ausgeführt, gehört zum Selbstmanagement auch der Umgang mit dem Faktor Zeit. Sind nämlich Strategien vorhanden, können auch Pläne angefertig werden. Diese werden in einzelne Realisierungsschritte zerlegt und hinsichtlich Terminen, Dauer, Abhängigkeiten und Abfolgen eingeschätzt. Wir wollen daher im Folgenden auf verschiedene wichtige Fragen des Umgangs mit der Zeit eingehen.

5. Selbstmanagement und Umgang mit der Zeit

Anleitungen zur effizienten Arbeitsgestaltung und zur persönlichen Zeitplanung zählen zu den ältesten Beiträgen zum Thema Selbstmanagement.

Den Beginn machten Ratgeber, die zu verschiedensten Situationen Checklisten und Tipps aufführten. Sie sind Ausdruck des Bemühens, den vielen Ansprüchen an unsere Arbeit mit vollständiger Information und umfassender Vorbereitung zu begegnen.

In der weiteren Folge wurden verschiedene Kalender und Terminplaner vorgestellt, die eine effiziente Zeitplanung versprachen und die Möglichkeit geben sollten, auch längerfristig Ereignisse und Handlungen für die Zukunft festzulegen. Einer der ersten Autoren, der zum Thema Zeitmanagement schrieb, war der Amerikaner R. Alec Mackenzie. Die in seinem Buch »Die Zeitfalle« (1985) vorgestellten Arbeitstechniken und -hilfen sind mit geringen Veränderungen und Ergänzungen in einer wahrhaft explodierenden Zahl von einschlägigen Ratgebern übernommen worden und sind Gegenstand häufig angeboter Seminare. Im Titel dieser Angebote ist meist der Begriffe »Zeitmanagement« enthalten. Versprochen wird nicht nur eine bessere Terminverwaltung, sondern auch »mehr Zeit für das Wesentliche«, d.h., die gesamte Lebensgestaltung besser in den Griff zu bekommen.

Diese Versprechen werden jedoch nicht immer eingelöst. Die meisten Menschen, die sich in Zeitmanagement versuchen, legen ihre Planer bald wieder aus der Hand und greifen zu herkömmlichen Terminkalendern.

Wie Mackenzie feststellt, ist der Begriff »Zeitmanagement« auch irreführend. Die Zeit entzieht sich jeder Steuerung. Sie »vergeht mit einer vorherbestimmten Geschwindigkeit, ganz gleich, was wir tun« (S. 13). Daher organisieren wir nicht die Zeit, sondern unsere Person selbst. Dies wird üblicherweise auch unter Zeitmanagement verstanden. Es ist daher konsequent, das Augenmerk nicht auf die Dinge und die Zeit zu richten, sondern auf Ziele und

Grundsätze, die uns als Person wichtig sind. Vorrangig anzustreben ist Effektivität und nicht Effizienz.

Dinge richtig tun	=	effizient arbeiten.
Die richtigen Dinge tun	=	effektiv arbeiten.

Zielplanung und Prioritätensetzung

Zeitmanagement besteht im Wesentlichen aus Techniken, die uns anleiten, die Dinge richtig zu tun. Wir wollen uns nun der Frage zuwenden, welche Hilfestellung Zeitmanagement dafür leistet, dass wir auch die richtigen Dinge tun.

Zielplanung

Ziele beschreiben vorausgedachte Ergebnisse. Sie geben die Richtung an, in die Energie eingesetzt werden soll. Wer die Zielplanung vernachlässigt, verliert den Blick auf das Wesentliche und gerät unter den Druck der Aufgaben, die an Ihn herangetragen werden.

Er mag unter diesen Bedingungen noch so effizient arbeiten, erfolgreich wird er nicht sein können, weil sein Tun nicht gleichzeitig effektiv ist. Wer aber keine Ziele hat, kann keine Erfolge haben und wird demzufolge auch bald seine Motivation verlieren.

Ziele sind Voraussetzung für Erfolg

Zielbildung geschieht im Rahmen eines größeren Planungsprozesses
Analyse der gegenwärtigen Lage (Wo stehe ich?)
Entwicklung von sachbezogenen Annahmen (Welche Bedingungen werden wahrscheinlich innerhalb des Zeitbereichs des Plans vorliegen?)
Festsetzung von Zielen (Was will ich erreichen?)
Entwicklung von Alternativen (Über welche verschiedenen Wege sind diese Ziele erreichbar?)
Treffen und Durchführung der Entscheidung und
schließlich Erfolgskontrolle
(nach Mackenzie 1985, S. 60)

> »Wer sich dem Notwendigsten widmet, geht überall am sichersten zum Ziel.«
> Goethe: Wilhelm Meisters Wanderjahre

Um den ganzheitlichen Charakter der Zielplanung nicht zu vernachlässigen, empfiehlt sich eine Unterscheidung in

- Standardziele (Ziele, die tagtäglich Berücksichtigung finden sollen),
- Innovationsziele (Ziele, die über den Tag hinausweisen),
- persönliche Entwicklungsziele (Ziele, die Sie für Ihre berufliche und private Entwicklung setzen wollen).

Ziehen Sie für Ihre Zielbildung auch die Instrumente heran, die im Rahmen des Kapitels »Selbstmanagement« vorgestellt wurden!

Sind die Gesamtaufgaben und langfristigen Ziele einmal fixiert, werden sie in einzelne kleine Schritte zerlegt, damit Sie bereits in der konkreten Tagesplanung wirksam werden können.

Für komplexe Aufgaben werden eigens entwickelte Instrumente wie Balkendiagramm oder Netzplan eingesetzt (s. S. 167)

Falls Sie mit einem Zeitplaner arbeiten, haben Sie die von den Zielen abzuleitenden Aktivitäten jeweils aus dem Aufgabenteil in die Aktivitätenliste der verschiedenen Planungshorizonte (Monats-, Wochen-, Tagesplanung) zu übertragen.

Wie diese Detailplanung durchzuführen ist, das demonstrieren die oben erwähnten »Zeitmanagement«-Ratgeber, die sich im Handeln befinden. Für all die Leser, die eine konkretere Anleitung für ihre Terminplanung suchen, verweisen wir in diesem Zusammenhang auf Hovestädt (1997).

Wir wollen in unseren diesbezüglichen Ausführungen einzig und allein auf die Prioritätensetzung eingehen, die für uns das Kernstück einer dem Selbstmanagement verpflichteten Terminplanung darstellt.

Prioritätensetzung

Die Erledigung von Aufgaben kann nach unterschiedlichen Systemen und Logiken erfolgen:

- in der Reihenfolge ihres Auftretens,
- nach Schwierigkeitsgrad,
- nach Lust und Laune,
- Chefsachen zuerst,
- ...

Überlegen Sie sich, welche Kriterien Sie für Ihre Prioritätensetzung heranziehen wollen. Prioritätensetzung hilft, den eigenen Zielen und Erfolgen näher zu kommen, indem sie dazu anhält, sich auf die wichtigen Aktivitäten zu konzentrieren.

Pareto-Prinzip

In den meisten Lehrbüchern für Zeitmanagement wird als Denkhilfe für die Prioritätensetzungen eine von dem italienischen Volkswirtschaftler und Soziologen aus dem 19. Jahrhundert, Vilfredo Pareto, stammende Faustregel vorgestellt:

Mit 20 Prozent Zeitaufwand werden 80 Prozent der Ergebnisse erzielt, wenn eine Konzentration auf die strategisch wichtigen Aktivitäten erfolgt.

Diese Regel findet für viele Situationen Anwendung:

20% der Kunden	80% des Umsatzes
20% eines Artikels	80% der Information
20% der Produktfehler	80% der Beschwerden

Die 80:20-Regel wurde unter dem Namen »Pareto-Prinzip« bekannt.

20:80 Regel des Paretoprinzips

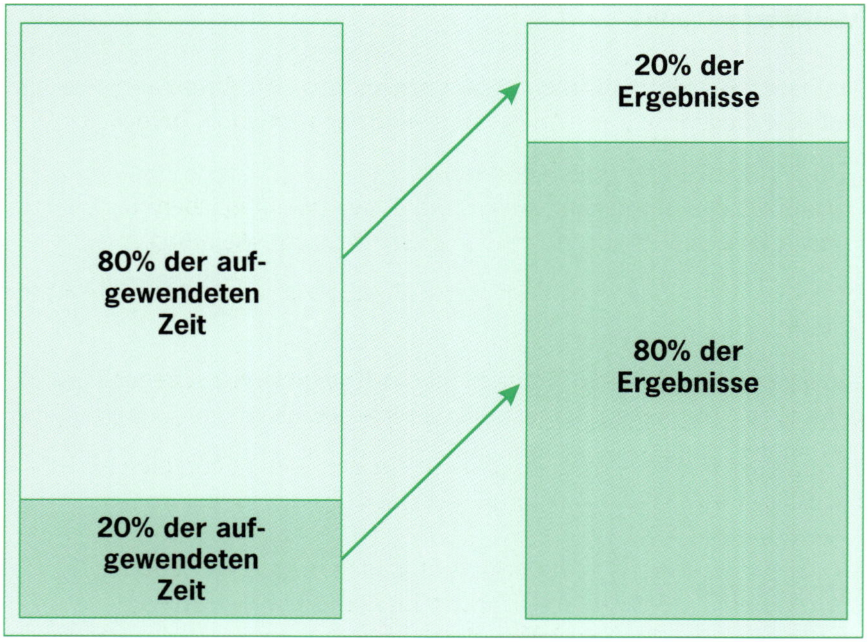

Wenn Sie das Pareto-Prinzip anwenden, um eine Prioritätensetzung für Ihre Tagesaufgaben zu erreichen, haben Sie zu fragen: »Welche der Aktivitäten bringt den größten Nutzen?«

Selbstverständlich setzt die Beantwortung dieser Frage voraus, dass Sie in Ihrem Aufgabenbereich Zielstellungen formuliert haben, die erkennen lassen, was anzustrebende wichtige Ergebnisse sind. In der Regel handelt es sich um strategische Ziele, die im operativen Tagesgeschäft immer in Gefahr sind unterzugehen.

Die Empfehlung ist, sich auf diese Erfolg verheißenden Aufgaben zu konzentrieren und die unwesentlicheren, meist mit dem Mantel der Dringlichkeit versehenen Aufgaben hintanzustellen. Mehr davon im nächsten Abschnitt.

Das Eisenhower-Prinzip

Das Eisenhower-Prinzip ist eine Planungsmethode, die davon ausgeht, dass die Prioritätensetzung bei Aufgaben zwei Dimensionen zu berücksichtigen hat.

1. Die **Wichtigkeit**. Aufgaben, die je nach Ziel größtmöglichen Nutzen bringen (persönlichen Erfolg, Profit, Bekanntheit, Anerkennung ...).
2. Die **Dringlichkeit**. Aufgaben, deren Erledigung unter hohem Zeitdruck steht.

Innerhalb der zwei Dimensionen werden Aufgaben in vier Kategorien unterteilt und mit Hinweisen zur Erledigung versehen.

Die gängige Empfehlung, wie Aufgaben in den vier Quadranten zwischen den Achsen »dringlich« und »wichtig« zu erledigen sind, lautet:

A-Aufgaben:	wichtig und dringend, daher sofort zu erledigen.
B-Aufgaben:	wichtig, aber nicht dringend; Termine setzen, teilweise delegierbar.
C-Aufgaben:	keine hohe Wichtigkeit, aber dringlich; delegieren oder sofort und in Kürze erledigen.
D-Aufgaben:	weder wichtig noch dringend, daher bei Zeitknappheit eleminieren.

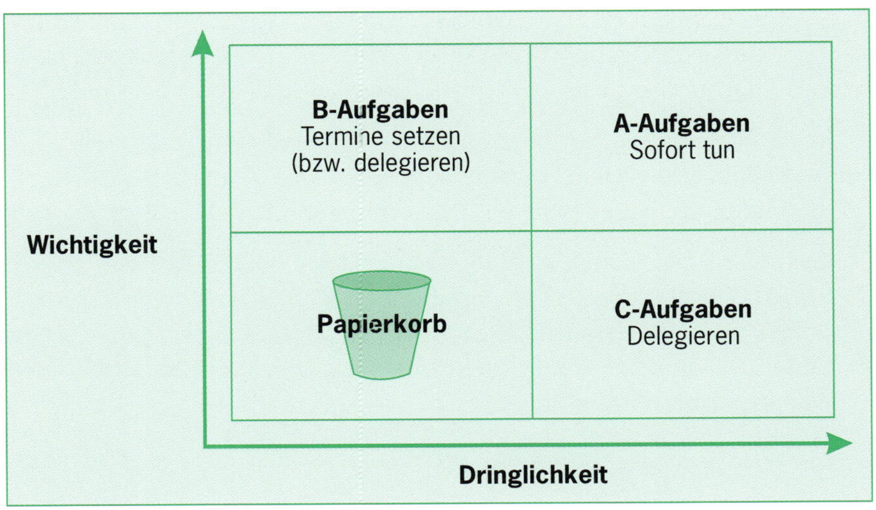

Wir dürfen jedoch gegenüber dieser Empfehlung Bedenken anmelden. Die Praxis zeigt, dass Menschen, die vorrangig auf A-Aufgaben reagieren, dem Termindruck bald nicht mehr entkommen. Sie hasten von einem Termin zum anderen, werden von Problemen gebeutelt und sehen trotzdem keinen Erfolg. Die einzige Erleichterung, die sie finden können, ist die Flucht zu den unwichtigen, nicht so dringenden Tätigkeiten der Quadranten C oder D. Wer sich von den Problemen nicht auffressen lassen und aus dem Reagieren herauskommen möchte, wird sein Hauptaugenmerk auf die Aufgaben des Quadranten B setzen müssen. Der Quadrant B beinhaltet die Aufgaben, die nicht dringend, aber wichtig sind: langfristige Planung, Beziehungen aufbauen, Kommunikation, persönliche Entwicklung, Weiterbildung, Vorbeugen, Vorbereiten usw. Es sind meist Aufgaben, die in unserem persönlichen und beruflichen Leben einen positiven Unterschied machen. Wenn wir sie ausführen, leiten wir Entwicklungssprünge ein, werden proaktiv und wahrhaft effektiv. An B-Aufgaben denken wir zwar oft, aber sie bleiben meist liegen, weil sie nicht dringend sind und sich nicht so in den Vordergrund schieben wie die A-Aufgaben.

Grundsätze und Tipps

Bevor Sie nun Ihre beruflichen und privaten Planung beginnen und neben all Ihrem Tagesstress sukzessive Ihre B-Aufgaben angehen, wollen wir Ihnen zuletzt noch einige bewährte Grundsätze und Tipps vorstellen.

- **Planen Sie nicht einsam**
  Betriebliche Ziele und damit verbundene Realisierungsmaßnahmen können nicht am grünen Tisch entwickelt werden. Überall dort, wo gemeinsame Erarbeitung, Abstimmung oder Koordinierung erforderlich ist, muss auch gemeinsam geplant werden.
- **Planen Sie schriftlich**
  Wenn Sie Ihre Planung schriftlich niederlegen, hat das den Vorteil, dass Sie Ihr Gedächtnis entlasten und Ihre Hauptaufgaben ständig vor Augen haben. Dadurch, dass jede erledigte Arbeit abgehakt wird, haben Sie am Ende der Planungsperiode einen Überblick über Ihre Leistung und ein entsprechendes Erfolgserlebnis.

Falls Ihre Planung einmal nicht ganz so aufgeht, wie Sie wollten, analysieren Sie die näheren Umstände, und entwickeln Sie Gegenstrategien. Unerledigtes wird auf die nächste Planungsperiode übertragen.

- **Halten Sie sich an die 50:50-Regel**
  Verplanen Sie niemals den ganzen Tag. Die Hälfte des Tages sollten Sie für unvorhergesehene und spontane Aktivitäten wie soziale Kontakte, Telefonanrufe, Besucher u.a. reservieren. Planen Sie niemals zu viel. Denn alles, was Sie nicht schaffen, schafft Sie.

- **Berücksichtigen Sie Pufferzeiten**
  Bei Aktivitäten, die zeitlich nicht genau kalkulierbar sind, empfiehlt sich die Einplanung von Pufferzeiten. Andernfalls blüht Ihnen das Schicksal, mit hängender Zunge von Termin zu Termin zu hasten. Pufferzeiten sind angebracht bei Mitarbeitergesprächen, Teamsitzungen, Konferenzen, Kundenkontakten, Konzeptarbeiten usw. Diese Empfehlung gilt vor allem für die Personen, die dazu neigen, sich zu viele Termine und Arbeiten aufzuhalsen. Es gilt heute zwar als in, einen vollen Terminkalender zu haben, aber Sie sollten für sich selbst überprüfen, ob Sie unter zeitlichem Druck noch in der Lage sind, Ihre persönlichen Ansprüche an die Arbeit zu erfüllen oder ob Sie, allein einem Pflichtgefühl folgend, ausschließlich Termine »abarbeiten«. Neben der Frage nach der persönlichen Effektivität erhebt sich auch die Frage nach den gesundheitlichen Folgen von Stresssituationen.

Zum Thema Stress

Stress ist an und für sich eine völlig normale körperliche Reaktion auf eine plötzliche eintretende Veränderung in unserer Umwelt. Dabei schießt bekanntlich Adrenalin, ein äußerst wirksames Hormon, in unseren Blutkreislauf und bewirkt eine stärkere Blutzirkulation, eine Erhöhung der Atemgeschwindigkeit, die Anspannung der Muskeln sowie eine Verschärfung der Sinneswahrnehmung. Der ganze Körper wird in einen Zustand erhöhter Alarmbereitschaft versetzt. Stress ist somit Teil unserer biologischen Grundausstattung, der uns erlaubt, Gefahren schnell und wirkungsvoll zu begegnen.

Unser Körper kann diesen Zustand der Anspannung allerdings nur für ganz kurze Zeit aufrechterhalten. Bleibt die Stresssituation zu lange Zeit erhalten, tritt ein Ungleichgewicht ein, das den Namen »Distress« erhalten hat. Untersuchungen haben nun bewiesen, dass Stressphasen, die längere Zeit andauern, unser Immunsystem schwächen. Das bedeutet, dass Personen, die an ihrem Arbeitsplatz kontinuierlich Stresssituationen erleben, tatsächlich gefährdet sind. Wenn Sie in einer solchen Situation sind, blättern Sie bitte auf Seite 211 zurück, und überlegen Sie anhand des Balancemodells, welchen Formen des Ausgleichs und der Entspannung im Rahmen Ihres Selbstmanagements ausreichend Platz eingeräumt werden muss.

Abschließend wollen wir Ihnen noch eine zusätzliche Betrachtungsperspektive zum Thema Zeit anbieten, indem wir Ihnen verschiedene aus der Zeitphilosophie und anderen Wissenschaftsdisziplinen stammende Reflexionen vorstellen.

> »Was also ist ›Zeit‹? Wenn mich niemand danach fragt, weiß ich es; will ich es einem Fragenden erklären, weiß ich es nicht.«
> Augustinus

Zeitmanagement – ein Paradefall für den Widerstand gegenüber Planung

Wie ablehnend sich vor allem die Zeit gegenüber technokratischer Verplanung verhält, ist Gegenstand zahlreicher Betrachtungen.

Die gesellschaftlich dominante Vorstellung von Zeit ist die eines gleichmäßig fließenden Flusses. Sie entstammt wie viele unserer Vorstellungen dem naturwissenschaftlichen Denken der Aufklärung und ist spätestens seit Einsteins Relativitätstheorie völlig überholt.

Einstein verwirft nämlich die Idee einer absoluten Zeit und schreibt jedem bewegten Bezugssystem seine »eigene« Zeit zu. Er modifiziert den vorherrschenden Zeitbegriff noch in verschiedenen anderen Punkten, aber diese und alle anderen Ergebnisse der im letzten Jahrzehnt modern gewordenen Zeitforschung haben nichts daran geändert, dass wir an der Einbildung eines linearen Zeitablaufs festhalten.

Ein Phänomen allerdings sollte uns stutzig machen. Jedermann, sobald er einmal in die Berufswelt eingetreten ist, klagt darüber, dass ihm die Zeit verfliegt, ein Jahr vergeht schneller als das andere, und im Übrigen kommt man ja zu gar nichts mehr. Nimmt man Äußerungen dieser Art ernst, haben wir es seit längerem mit einer eklatanten Beschleunigung dieser ach so gleichmäßig fließenden Zeit zu tun. Und nicht zufällig geht diese Erfahrung von der Berufswelt aus, wo – wie wir von Benjamin Franklin seit 1748 wissen – Zeit Geld ist. Ein Paradoxon jedoch, darauf sei noch verwiesen, ist, dass diejenigen, die Geld haben, meist nicht ausreichend über Zeit verfügen, und diejenigen, die viel Zeit haben, meist kein Geld besitzen. Ein Umstand, der die Aussage »Zeit ist Geld« sich in ihr Gegenteil verkehren lässt! In der Wirtschaft jedoch, in der dieser Spruch beheimatet ist, ist Zeit tatsächlich wie Rohstoff, Energie, Kapital usw. eine Ressource, die unglaublich interessant geworden ist, weil eine Menge Einsparungspotenzial sichtbar wurde, das zur Zeit an allen Ecken und Enden realisiert wird: Just-in-time-Produktion verkürzt teure Lagerzeiten, Lean Management verflacht Hierarchien und verkürzt Entscheidungswege, Faxgeräte sparen den langen Postweg usw. Die auf diesem Weg »gesparte« Zeit wird in Form beschleunigter Prozesse zum Marktvorteil, so lange, bis auch die Konkurrenz so weit ist, worauf sich die Spirale weiter- und weiterschraubt.

Auf diese Weise sind wir bei der paradoxen Situation angelangt, dass wir unsere Entscheidungssituationen wohl als hoch komplex und dramatisch erfahren, aber immer weniger Zeit für eine verantwortliche Auseinandersetzung vorfinden. Die folgende Grafik soll zeigen, wie sich die Komplexität unserer Entscheidungssituationen und der für Entscheidungen nötige Zeitbedarf sukzessive auseinander entwickeln.

Die paradoxe Situation der Entscheidungssituationen: zunehmende Komplexität – weniger Zeit

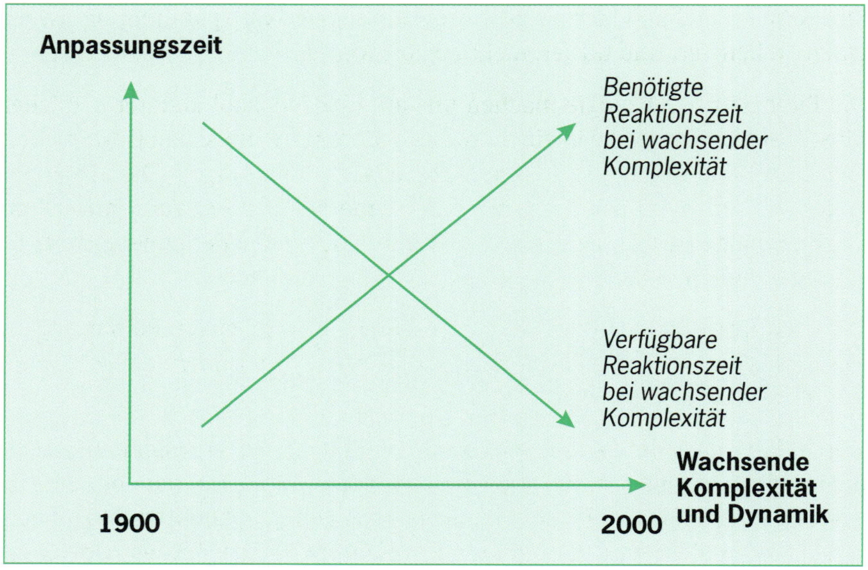

Auch das viel propagierte Zeitmanagement leistet seinen Beitrag zum allgemeinen Beschleunigungsprogramm, hat jedoch insofern Neuheitswert, als der Umgang mit der Zeit im Unterschied zum Zeitalter der großen Industrie der individuellen Disposition überantwortet wird (s. Geißler 1997b, S. 61). Charly Chaplin trägt in seinem Filmklassiker »Moderne Zeiten« seinen »Zeitkonflikt« noch mit der Unternehmensleitung aus, die laufend die Geschwindigkeit des Fließbands steigert, mit Fütterungsmaschinen experimentiert, die die Esspausen einsparen helfen sollen usw. Dieser Konflikt ist heute dem einzelnen Arbeitnehmer übertragen, der seinen Planer entweder mit Terminen füllt oder doch noch einige Lücken lässt. Und da es fast als unschicklich gilt, noch ausreichend Zeit zu haben, müssen wir wohl annehmen, dass wir die Antreiber und Aufpasser aus Chaplins »Moderne Zeiten« gar nicht mehr benötigen, weil wir uns bereits selbst kontrollieren.

Hier werden jedoch zunehmend negative Konsequenzen sichtbar: Arbeitnehmer in verantwortlichen Positionen leiden an Burnout-Syndromen, Herzinfarkt, Stress und anderen typischen »Managerkrankheiten«, und an den Stätten ihres Wirkens lassen viele ökologische Probleme erkennen, dass sich nicht alle Zeitläufe ungestraft verkürzen lassen. Zeitforscher weisen darauf hin, dass viele natürliche und soziale Abläufe einem Rhythmus unterliegen, der nicht beliebig manipuliert werden kann. So haben Wechsel von Ruhe und Arbeit, Fleiß und Muße sowie Anspannung und Entspannung sehr wohl einen Stellenwert und dürfen nicht negiert werden.

Die Biologie und Ökologie machen uns auf eine Vielzahl anderer zeitlicher Muster aufmerksam, die in einer jeweils anderen rhythmischen Gestalt, vielfach in Anbindung an die äußere Natur unser Leben prägen. Die allgemein angesagte Entrhythmisierung, die durch eine Verkürzung von natürlichen Zeitintervallen eintritt, ist eine ernste Gefahr, der sich jeder angehende Zeitmanager stellen muss.

Warnend lässt Michael Ende Momo in seinem gleichnamigen Roman sagen: *»Zeit ist Leben. Und das Leben wohnt im Herzen. Und je mehr die Menschen daran sparten, um so weniger hatten sie.«*

Wir hoffen, dass die gedanklichen Anstöße und die verschiedenen Instrumente, die wir Ihnen im dritten Teil des Buches angeboten haben, zu einer Klärung Ihres Bild von Selbstmanagements beigetragen konnten. Möglicherweise hatten Sie bei einem genaueren Durcharbeiten des Textes auch Gelegenheit, einiges über Ihre persönlichen Stärken und offenen Lernfelder zu erfahren sowie verschiedene Zielstellungen und konkrete Entwicklungsschritte für die Gestaltung Ihres beruflichen und privaten Lebens zu entwickeln. Vielleicht fühlen Sie sich auch nur angeregt, etwas für Ihr Selbstmanagement zu tun.

Alles das sind wichtige erste Ansätze, den vielen Veränderungen um uns herum und besonders den beruflichen Herausforderungen vorbereitet zu begegnen. Anzustreben ist, einen eigenen Kurs zu steuern und das hohe Ziel der Selbstentwicklung nicht außer Augen zu verlieren. Den Kurs halten heißt, keinen aussichtslosen Kampf gegen Wind und Wetter zu führen, sondern die Elemente so gut wie möglich zur Beförderung der eigenen Ziele zu nutzen.

Erfolgreiches Selbstmanagement ist natürlich umso aussichtsreicher, wenn es gelingt, die künstliche Trennung von Prozessen der individuellen Selbstentwicklung und Prozessen der Unternehmensentwicklung zu überwinden und beide Elemente integrativ zu einem lernfähigen System zu vernetzen. Ansätze für eine solche Entwicklung finden wir im Modell der lernenden Organisation (s. S. 82). Mit diesem Modell wird der Versuch gestartet, interaktive Lernprozesse zu installieren, die Fragen aufnehmen, die sowohl das Individuum als auch das Unternehmen betreffen und in jedem Fall einer gemeinsamen Antwort bedürfen.

Zum Beispiel:

- Welche Veränderungen sollen eingeleitet werden?
- Was sind die Kosten, was ist der Nutzen für den einzelnen Mitarbeiter und die Organisation?
- Wie kann Veränderungsenergie geschaffen werden?
- Wie kann Neuorientierung emotional verarbeitet werden?
- Wie können Netzwerke des Wandels gestaltet werden?

  Usw.

Selbstverständlich sind individuelle Entwicklung und Unternehmensentwicklung nicht ganz ohne Widersprüche. Will der einzelne Mitarbeiter sein wirtschaftliches Überleben absichern und seine Arbeitssituation verbessern, wird er seinen Qualifizierungsprozess so anlegen, dass er die Abhängigkeit von einem bestimmten Unternehmen verhindert. Er wird sogar versuchen, das Unternehmen von sich abhängig zu machen, weil er damit seinen »Marktwert« verbessern kann. Umgekehrt wird jedes Unternehmen ein starkes Interesse daran haben, dass jeder einzelne Mitarbeiter sich mit seinen Zielen identifiziert und möglichst fest mit seinem Arbeitsplatz verbunden bleibt. Es wird daher seinerseits danach trachten, dass die Mitarbeiter in einer abhängigen Situation verbleiben. Darüber hinaus muss es versuchen, die eigene Abhängigkeit möglichst gering zu halten und dafür zu sorgen, dass Mitarbeiter in ihrer Funktion austauschbar bleiben. Diesen Widerspruch zu managen ist Aufgabe der Führungskräfte. Sie haben dafür zu sorgen, dass aus dem scheinbar unüberwindlichen Konflikt zwischen Sicherheit und Unabhängigkeit kein »Entweder-oder«, sondern ein »Sowohl-als-auch« wird. (Simon 1997, S. 125)

Fest steht eines: Die Veränderungsprozesse, die allen Organisationen ins Haus stehen, die sich in ihrem Umfeld zukünftig erfolgreich behaupten wollen, benötigen hoch motivierte, kreative und selbst verantwortliche Mitarbeiter. Und welcher Mitarbeiter sollte ohne eigenen Nutzen, ohne Chance auf Selbstentwicklung die Herausforderungen, die in Zukunft auf ihn zukommen, annehmen?

Letzte grundsätzliche Bemerkungen

Organisationsgestaltung und Planung ist in jeder Organisation zur Koordinierung der eigenen Arbeit und der Tätigkeiten größerer Personenkreise unabdingbar. Auch in diesem Buch ist das verbreitete Bedürfnis nach effizienter Organisationsgestaltung und Planung aufgenommen worden, indem eine Reihe nützlicher Konzepte, Techniken und Tipps vorgestellt wurden. Dennoch soll abschließend zu diesen Themen noch Grundsätzliches angemerkt werden.

Gestaltung und Planung gehen in unseren Breiten meist von Zentralstellen und egozentrischen Managern aus, die ihre Konzepte häufig am grünen Tisch entwickeln. Dabei wird so getan, als ob alle Einflussfaktoren vorausseh- und kalkulierbar wären.

Entsprechend dieser Vorstellung wird nach wie vor davon ausgegangen, dass eine Organisation eine feste Struktur haben müsse, die sich in einem Organigramm abbilden lässt. Die Informations- und Entscheidungswege werden vorgezeichnet, es gibt Abteilungen mit festgeschriebenen Funktionen, fixe Stellenbeschreibungen usw. Was die Unternehmensstrategien anbelangt, verhält man sich so, als ob alte Erfolgsrezepte auch in der Zukunft Geltung haben müssten. Deshalb werden Pläne vorwiegend von Daten der Vergangenheit ausgehend entwickelt. – Und wenn sie anschließend nicht wie vorgesehen aufgehen, beginnt die Suche nach den Schuldigen.

Da wir in modernen Organisationen jedoch – wie bereits mehrmals ausgeführt – mit nie ganz überschaubaren Gegebenheiten und mit vielerlei Unwägbarkeiten zu tun haben, kann Organisation und Planung niemals allumfassend und starr sein. Darüber hinaus müssen wir erkennen, dass das Management zunehmend überfordert ist, wenn es diese Aufgaben alleine wahrnehmen soll, noch dazu mit Hilfe rein rationaler Instrumente und Techniken, die der Realität unserer Organisationen nicht mehr angepasst sind.

»Plane, und du wirst irren. Plane nicht, und du wirst nicht wissen, ob du geirrt hast.«

Um den gegenwärtigen Anforderungen gerecht zu werden, müssen Organisationen als Interaktions- und Kommunikationssysteme betrachtet werden (s. Simon 1997, S. 119). Das bedeutet also, dass die wesentlichen Merkmale moderner Organisation nicht mehr an Organigrammen ablesbar sind, sondern daran, welche Operationen und Prozesse einsetzen, um Kundenwünsche möglichst rasch und effektiv zu erfüllen.

Das Management muss sich von der Vorstellung verabschieden, dass es über diese Vorgänge den Überblick behalten kann und eine plan- und beherrschbare Situation vor sich hätte.

Dies verhindert, dass fertige Abläufe und ein bestimmter Ausgang von vornherein unterstellt werden. In Anerkennung der Offenheit von Situationen erkennen wir möglicherweise auch die Chance für die Eröffnung neuer Optionen, die nicht sofort sichtbar waren, und können zumindest nicht vorhersehbare negative Entwicklungen rechtzeitig korrigieren. Dem Management fällt in dieser Entwicklung zunehmend die Aufgabe zu, Selbstorganisationsprozesse einzuleiten. Dazu sind selbstverantwortliche, autonome Einheiten zu bilden, die unter immer wieder zu optimierenden Rahmenbedingungen arbeiten und zur Gesamtorganisation über Leitbilder und Nahtstellenvereinbarungen in Verbindung bleiben.

Wir haben versucht, Ihnen für diese aufregenden und spannenden Entwicklungen, die sich heute in unseren Organisationen abzeichnen, Informationen verschiedenster Art vorzustellen, Ihre Aufmerksamkeit auf zentrale Aspekte zu lenken und über viele Fragen Ihre eigenen Erfahrungen zum Verständnis dieses Prozesses zu erschließen. Wir hoffen, mit diesem Buch zu Ihrer besseren Orientierung und einem erfolgreichen Selbstmanagement im Umgang mit Organisationen beigetragen zu haben.

Literaturverzeichnis

Argyris, C.: Wissen in Aktion. Klett-Cotta, Stuttgart 1997.

Attems, R./Holzer, A: Spitzenleistungen in die Praxis umsetzen. Ueberreuter, Wien 1989 (vergriffen).

Baecker, D.: Experiment Organisation. In: Lettre international, 1994.

Baecker, D: Durch diesen schönen Fehler mit sich selbst bekannt gemacht: Das Experiment der Organisation. In: Managerie 3. Jahrbuch. Auer, Heidelberg 1995.

Baecker, D: Womit handeln Banken. Eine Untersuchung zur Risikoverarbeitung in der Wirtschaft. Suhrkamp, Frankfurt a.M. 1991.

Balck, H./Kreibich, R.: Evolutionäre Wege in die Zukunft – Wie lassen sich komplexe Systeme managen? Beltz, Weinheim und Basel 1991.

Baumgartner, I./Häfele, W./Schwarz, M./Sohm, K.: OE-Prozesse. Die Prinzipien systemischer Organisationsentwicklung. Haupt, Stuttgart [4]1996.

Beck, U.: Die Risikogesellschaft. Suhrkamp, Frankfurt a.M. 1986.

Block, P.: Der autonome Manager. Campus, Frankfurt a.M. 1992.

Boy, J./Dudek, C./Kuschel, S.: Projektmanagement. Gabal, Offenbach [4]1997.

Bruzelius, L.H./Svensson, P.H.: Integrierte Unternehmensführung. Goldmann, München 1976 (vergriffen).

Buchinger, K.: Balancing – ein ausbaufähiges Konzept. In: Hernsteiner (Hrsg.): Internationales Managementinstitut der Wirtschaftskammer Wien, [2]1994, S. 10ff.

Buchinger, K.: Organisationsbewußtheit. In: Meryn, S.: Strategien für ein persönliches Gesundheitsmanagement. Quintessenz, Wien 1991, S. 171–188.

Büschges, G. (Hrsg.): Organisation und Herrschaft. Rowohlt, Reinbek 1976 (vergriffen).

Cole, K.: Kommunikation klipp und klar. Beltz, Weinheim und Basel [3]2001.

Covey, S.R.: Die sieben Wege zur Effektivität. Campus, Frankfurt a.M. [11]2000.

Czichos, R.: Change-Management. Konzepte, Prozesse, Werkzeuge für Manager, Verkäufer, Berater und Trainer. Reinhardt, München [3]1997.

Decker, F.: Teamworking. Gruppen erfolgreich führen und moderieren. Lexika, München [3]1998.

Doerner, D.: Logik des Mißlingens. Rowohlt, Reinbek 1991.

Doppler, K./Lauterburg, C.: Change Management. Den Unternehmenswandel gestalten. Campus, Frankfurt a.M. [5]1996.

Doppler, K.: Management der Veränderung – Entwicklungen und Veränderungen erfolgreich steuern. In: Organisationsentwicklung 1/1991.

Drucker, P.: How to Be an Effective Executive. In: Nation's Business, April 1961.

Eiff, W. v.: Organisation – Erfolgsfaktor der Unternehmensführung. Moderne Industrie, Landsberg a.L. 1991.

Elias, N.: Über den Prozeß der Zivilisation. Suhrkamp, Baden-Baden [20]1997.

Fatzer, G.: Organisationsentwicklung für die Zukunft. Edition Humanistische Psychologie, Köln 1993.

Fischer, H.R.: Die unsichtbare Hand in Organisationen. In: Managerie 2. Jahrbuch. Auer, Heidelberg 1993.

Fischer, H.R.: Management by bye? In: Managerie 1. Jahrbuch. Auer, Heidelberg 1992, S. 15ff.

Fisher, R./Patton, B.M./Ury, W.: Das Harvard-Konzept. Sachgerecht verhandeln – erfolgreich verhandeln. Campus, Frankfurt a.M. [18]1999.

Foerster, H. von: Wissen und Gewissen. Suhrkamp, Frankfurt a.M. 1993.

French,W.L./Bell, C.H.: Organisationsentwicklung. UTB, Stuttgart [4]1994.

Gaitanidis M.: Prozeßmanagement. Hanser, München 1994.

Geißler, K.A.: Anfangssituationen. Was man tun und besser lassen sollte. Beltz, Weinheim und Basel, [8]2000 (a).

Geißler, K.A.: Zeit leben. Vom Hasten und Rasten, Arbeiten und Lernen, Leben und Sterben. Beltz Quadriga, Weinheim [6]1997 (b).

Glasl, F./Jäckel, H. (Hrsg.): Change Management. TRIGON Trainingspaket zum Change Management. Salzburg 1996.

Glasl, F./Lievegoed, B.: Dynamische Unternehmensentwicklung. Wie Pionierbetriebe und Bürokraten zu schlanken Unternehmen werden. Organisationsentwicklung in der Praxis, Bd. 6. Freies Geistesleben, Stuttgart [2]1996.

Glasl, F.: Konfliktmanagement. Diagnose und Behandlung von Konflikten in Organisationen. Freies Geistesleben, Stuttgart [5]1997.

Glasl, F.: Verwaltungsreform durch Organisationsentwicklung. Haupt, Bern/Stuttgart 1983.

Glasl, F.: Zwänge zu einem neuen Managementdenken. In: Brennpunkte. Zürich 1975.

Gordon, T.: Managerkonferenz. Effektives Führungstraining. Heyne, Hamburg 1995.

Habermas, J.: Die neue Unübersichtlichkeit. Suhrkamp, Frankfurt a.M. 1985.

Hammer, M./Champy, J.: Business Reengineering. Campus, Frankfurt a.M. ^{6}1996.

Handy, C.: Die Fortschrittsfalle. Gabler, Wiesbaden 1995.

Handy, C.: Im Bauch der Organisation. Campus, Frankfurt a.M. 1993.

Hartmann, M./Rieger, M./Pajonk, B.: Zielgerichtet moderieren. Ein Handbuch für Führungskräfte, Berater und Trainer. Beltz, Weinheim und Basel 1997

Hovestädt, W.: Sich selbst organisieren. Weg vom Zeitdruck: Wie man sich die Arbeit erleichtern kann. Beltz, Weinheim und Basel 1997.

Kälin, K./Müri, P. (Hrsg.): Führen mit Kopf und Herz. Ott, Thun ^{5}1998.

Kälin, K./Müri, P. (Hrsg.): Sich und andere führen. Ott, Thun ^{9}1996.

Kasper, H.: Organisationskultur. Service-Fachverlag der Universität Wien, Wien 1987.

Klebert, K./Schrader, E./Straub, W. u.a.: KurzModeration. Windmühle, Hamburg ^{2}1987.

Koreimann, D.S.: Management. Oldenbourg, München ^{7}1999.

Kriegel, R./Brandt, D.: Das letzte Muh der heiligen Kuh. Signum, Wien 1996.

Langmaack, B./Braune-Krickau, M.: Wie die Gruppe laufen lernt. Psychologie Verlags Union, Weinheim ^{5}1995.

Lauterburg, C.: Organisationsentwicklung – Strategie der Evolution. In: io Management-Zeitschrift. Verlag Industrielle Organisation. Zürich 1990.

Lievegoed, B.: Organisation im Wandel. Haupt, Bern/Stuttgart 1974 (vergriffen).

Mackenzie, R.A.: Die Zeitfalle. Sinnvolle Zeiteinteilung und Zeitnutzung. Sauer, Heidelberg 1985.

Management-Wissen, Heft 1. Würzburg 1987, S. 29.

Maturana, H.R./Varela, F.J.: Der Baum der Erkenntnis. Goldmann, Wemding 1990.

McGregor, D.: The human side of enterprise. New York 1960.

McGregor, D.: Der Mensch im Unternehmen. Düsseldorf 1970 (vergriffen).

Mehrmann, E./ Wirtz. T.: Effizientes Projektmanagement. Econ, Düsseldorf/ Wien ^{2}1996.

Mills, D.Q.: Rebirth of the Corporation. New York 1991.

Morgan, G.: Bilder der Organisation. Klett-Cotta. Stuttgart 1997.

Müri, P.: Dreidimensinal führen mit Verstand, Gefühl und Intuition. Bd. 1: Grundlagen. Ott, Thun [2]1995.

Müri, P.: Dreidimensinal führen mit Verstand, Gefühl und Intuition. Bd. 2: Anwendung. Ott, Thun 1990.

Nollen, S./Helen, A.: Managing Contingent Workers. American Management Association 1996.

O.S.B. Organisationsberatung GmbH: Mitarbeitercoaching. Unveröffentlichtes Seminarskriptum. Wien o.J.

Pechtl, W.: Zwischen Organismus und Organisation. Wegweiser und Modelle für Berater und Führungskräfte. Veritas, Linz 1995.

Pedler, M./Burgoyne, J./Boydell, T.: Das lernende Unternehmen. Campus, Frankfurt a.M. 1994.

Peseschkian, N.: Auf der Suche nach Sinn. Fischer, Frankfurt a.M. 1988.

Peters, T./Waterman, R.H.: Auf der Suche nach Spitzenleistungen. Moderne Verlagsgesellschaft, München [5]1994.

Peters, T.: Kreatives Chaos. Hoffmann und Campe, Hamburg [3]1994.

Probst, G.J.B.: Selbst-Organisation. Paul Parey, Berlin/Hamburg 1987.

Reddin, W.J.: Das 3-D-Programm zur Leistungssteigerung des Managements, München 1977 (vergriffen).

Riemann, F.: Grundformen der Angst. Ernst Reinhardt. München/Basel 1993.

Sattelberger, T. (Hrsg.): Die lernende Organisation, Konzepte für eine Qualität der Unternehmensentwicklung. Gabler, Wiesbaden [3]1996.

Schein, E.H.: Karriereanker. Die verborgenen Muster in Ihrer beruflichen Entwicklung. Landenberger Dr. Looss Stadelmann, Darmstadt 1992.

Schein, E.H.: Überleben im Wandel. Strategische Stellen- und Rollenplanung. Landenberger Dr. Looss Stadelmann, Darmstadt 1994.

Schwarz, G.: Konfliktmanagement. Sechs Grundmodelle der Konfliktlösung. Gabler, Wiesbaden [2]1995.

Schwarz, G.: Die »Heilige Ordnung« der Männer. Patriarchalische Hierarchie und Gruppendynamik. Westdeutscher Verlag, Wiesbaden [2]1985.

Seiwert, L.J.: Mehr Zeit fürs Wesentliche. Verlag Moderne Industrie, Landsberg 1992.

Senge, P.M.: Die fünfte Disziplin. Theorie und Kunst der lernenden Organisation. Klett-Cotta, Stuttgart 1996.

Servatius, H.G.: Reengineeringprogramme umsetzen. Schäffer-Poeschel, Stuttgart 1994.

Siegert, W./Lang, L.: Führen ohne Konflikte. Gesamtausgabe. Expert, Sindelfingen 1994.

Siemens: Organisationsplanung. Siemens, Berlin/München [7]1985.

Simon, F.B.: Die Organisation der Selbstorganisation. In: Managerie 4. Jahrbuch, Carl Auer, Heidelberg 1997.

Simon, F.B./Conecta: Radikale Marktwirtschaft. Carl-Auer-Systeme, Heidelberg 1992.

Sprenger, R.K.: Das Prinzip Selbstverantwortung. Campus, Frankfurt a.M./New York [10]1999.

Sprenger, R.K.: Mythos Motivation. Campus, Frankfurt a.M./New York [16]1999.

Staehle, W.: Management. Vahlen, München [7]1994.

Stroebe, B.: Arbeitsmethodik I. Sauer, Heidelberg [7]1996.

Stroebe, B.: Arbeitsmethodik II. Sauer, Heidelberg [5]1993.

Stürzl, W.: Lean Production. Junfermann, Paderborn [3]1993.

Suzaki, K: Die ungenutzten Potentiale. Hanser, München 1994.

Taylor, F.W.: Die Grundsätze wissenschaftlicher Betriebsführung. Psychologie Verlags Union, Weinheim 1995 (Reprint).

Toelstede, B.G.: Das Verhandlungskonzept. Hart in der Sache – menschlich im Dialog. Beltz, Weinheim und Basel 1997.

Tracy, D.: Machen Sie das Beste aus Ihrem Job. Campus, Frankfurt a.M. 1995.

Ulsamer, B.: Karriere mit Gefühl. So nutzen Sie Ihre emotionale Intelligenz. Campus Concret, Bd. 8. Campus, Frankfurt a.M. 1996.

Ulrich, H./Probst, F.J.B.: Anleitung zum ganzheitlichen Denken und Handeln. Haupt, Stuttgart [4]1995.

Watzlawick, P./Beavin, J./Jackson, D.: Menschliche Kommunikation. Hans Huber, Bern/Stuttgart, Wien 1969.

Weisbord, M.: Organisationsdiagnose. Ein Handbuch mit Theorie und Praxis. Bratt-Institut, o.J.

Wildenmann, B.: Professionell Führen. Luchterhand, Neuwied/Berlin [3]1996.

Wimmer, R.: Die permanente Revolution. Aktuelle Trends in der Gestaltung von Organisationen. In: Grossmann, R./Krainz, E.E./Oswald, M. (Hrsg.): Veränderung in Organisationen. Gabler, Wiesbaden 1995.

Wimmer, R.: Zur Eigendynamik komplexer Organisationen. Sind Unternehmen mit hoher Eigenkomplexität noch steuerbar? In: Fatzer, G. (Hrsg.): Organisationsentwicklung für die Zukunft. Edition Humanistische Psychologie, Köln 1993.

Bildquellen

S. 3, 15, 89, 177: Bernhard Zerwann, Bad Dürkheim
S. 18, 92, 181: Ulrike Rath, Aachen
S. 28: Karl-Heinz Brecheis/Baaske Cartoons
S. 44: Oswald Huber/Baaske Cartoons
S. 72: Björn Holm/Baaske Cartoons
S. 94, 141: Erik Liebermann/Baaske Cartoons
S. 96: Aus: Bruzelius/Svensson: Integrierte Unternehmensführung
S. 116: Bruno Peyer. In: Müri, P.: Dreidimensional führen. Ott Verlag, Thun/Schweiz
S. 117: Aus: Wildenmann, B.: Professionell führen. Luchterhand Verlag, Neuwied
S. 150: Jules Stauber/Baaske Cartoons
S. 165: Bruno Peyer. In: Müri, P.: Dreidimensional führen. Ott Verlag, Thun/Schweiz
S. 178: Hans Langer/Baaske Cartoons
S. 207: Renate Alf/Baaske Cartoons
S. 209: Burkhard Mohr/Baaske Cartoons
S. 227: Reinhold Löffler/Baaske Cartoons
S. 237: John McPherson
S. 247: Erich Rauschenbach/Baaske Cartoons
S. 257: Tiki Küstenmacher/Baaske Cartoons

Zu einigen Abbildungen konnten die Bildrechte nicht ermittelt werden. Sollten sich Inhaberinnen und Inhaber von Nutzungsrechten nachträglich melden, wird der Verlag das übliche Nutzungshonorar nachzahlen.

Stichwortregister